À mes parents,
à M. Divoire,
qui ont encouragé ma vocation d'entomologiste.

REMERCIEMENTS

Pour leur précieuse collaboration à la réalisation de cet ouvrage,
je tiens à remercier chaleureusement :
M. Vincent Albouy, président de l'association Ponema, pour des jardins sauvages,
M. Hervé Brustel, entomologiste à l'École nationale supérieure d'agriculture de Purpan,
M. Philippe Darge, président de l'Union de l'entomologie française,
M. Luc Gomel, conservateur du musée d'Histoire naturelle de Nîmes,
M. Jean-Marie Gourreau, directeur de recherches à l'Agence française de sécurité sanitaire des aliments,
M. Robert Guilbot, secrétaire général de l'Office pour l'information éco-entomologique,
M. Loïc Matile, directeur du laboratoire d'entomologie du Muséum national d'histoire naturelle de Paris,
Mme Marie-Lise Tichit, présidente de l'association des Amis de Jean Henri Fabre,
M. Alain Vezat, président de l'association Volvestre entomologie.

Loi 49.956 du 16.07.1949.
Dépôt légal : 1er trimestre 2007
ISBN : 978.2. 7459.1995.3

Direction d'ouvrage : Isabelle Rogez-Ochin
Conception graphique - montage - infographies : Didier Gatepaille

Imprimé par Egedsa en Espagne

Le guide du petit enthomologiste

Léon Rogez

Copain des Petites Bêtes

Illustrations

Benoît Charles, Anne Eydoux, Jean Grosson, Alexis Nouailhat, Frédéric Pillot, Nathaële Vogel

MILAN jeunesse

Ce livre est un résumé des connaissances sur les petites bêtes. Il est destiné aux naturalistes en herbe qui, comme toi, ont envie d'en savoir plus sur ce microcosme. L'entomologie est la science qui étudie les arthropodes, c'est-à-dire toutes les petites bêtes à carapace articulée. Tu trouveras donc mille informations sur les insectes, sur les myriapodes, ou mille-pattes, et sur les arachnides, ou araignées et scorpions. Les crustacés, qui vivent pour la plupart dans le monde marin, n'y figurent pas. En revanche, quelques mollusques et annélides, comme les escargots ou le ver de terre, se sont glissés dans cet ouvrage. Parce qu'ils font partie, eux aussi, du monde foisonnant des petites bêtes... Dans ces pages, tu découvriras les plus connus, les plus faciles à rencontrer des animaux de la microfaune européenne terrestre et d'eau douce. Mais pour identifier toutes tes trouvailles, il faudra te munir de guides spécialisés. Pour pratiquer l'entomologie sur un site protégé, fais-toi accompagner par un spécialiste qui te guidera. Et surtout, quand tu auras déterminé, observé ou élevé les petites bêtes récoltées, pense à les relâcher sur le lieu de leur capture. En bon naturaliste, aie une conduite respectueuse de la nature, de l'environnement et de la propriété d'autrui. Par exemple, referme les clôtures des prairies que tu traverses, respecte les talus ou les souches que tu explores. Replace les pierres que tu as retournées. Enlève tes pièges dès qu'ils ont servi, ne laisse pas mourir des petites bêtes oubliées dans une boîte.

Fais part de tes découvertes aux associations de naturalistes afin de participer à la protection du patrimoine entomologique de ta région.

126 La collection, un outil d'étude

134 Des vies très différentes

186 Petits mais surdoués

228 Les petites bêtes et l'homme

PROMENADES ET DÉCOUVERTES

Un entomologiste ne s'ennuie jamais.
À chaque instant, dans chaque endroit,
les petites bêtes sont au rendez-vous.
Sur les sentiers, la musette
en bandoulière et le filet à papillons
à la main, ouvre grand les yeux.
Elles sont là...

À la découverte de la prairie

Super ! Aujourd'hui, c'est balade à la campagne. C'est là, dans les prés, que tu peux découvrir le plus de petites bêtes, qui adorent les herbes folles et le chaud soleil.

Par milliers

À première vue, la prairie, c'est le domaine des fleurs. Rouge coquelicot, jaune pissenlit, tu en vois de toutes les couleurs ! Mais élance-toi dans les herbes... et tu soulèves une nuée de petites bêtes qui bondissent ou s'envolent sous tes pas... La prairie est un milieu très riche. De nouvelles populations d'insectes et de fleurs s'y succèdent tous les 15 jours, et sur chaque espèce de plante vivent plusieurs dizaines d'espèces d'insectes. Alors, imagine la multitude de petites bêtes que tu peux découvrir...

Que font les visiteurs des fleurs ?

Beaucoup de petites bêtes visitent les fleurs. Certaines s'y reposent, mais la plupart viennent s'y nourrir. Les abeilles et les papillons butinent le nectar. Les cétoines se régalent du pollen. Tandis que les prédateurs, comme l'araignée thomise, guettent d'autres petites bêtes imprudentes pour les dévorer.

1. Le demi-deuil, en juin et juillet.
2. Les syrphes, sur les fleurs.
3. L'helicella, par centaines sur les herbes sèches.
4. La punaise rayée, sur les ombellifères en graines.
5. Les zygènes volettent durant toute la belle saison.

6. Le grillon des champs, en juin.
7. La misumène, sur les fleurs au printemps.
8. L'argiope fasciée, au centre de sa toile, à la fin de l'été.
9. La tarentule des prés, dans les herbes sèches.

Regarde

Les insectes d'une même espèce aiment les mêmes emplacements, alors tu les vois passer au même endroit, chacun son tour. Des mouches et des papillons s'envolent à ton approche. Des coléoptères se nichent au cœur des fleurs. Dans l'herbe, tu trouveras des chenilles, tandis qu'araignées-loups, sauterelles et mantes fuiront sous tes pas.

Choisis ton heure

1 Ne te lève pas trop tard : le début de la matinée est un moment privilégié. Dans les fleurs et sur les herbes, tu surprendras les petites bêtes encore endormies par la fraîcheur de la nuit.

2 Dès que le soleil apparaît, il réchauffe tout ce petit monde qui devient plus actif et s'envole à ton approche !

Écoute

La prairie résonne de chants d'insectes. Au printemps, des grillons stridulent à l'entrée de leur terrier, relayés en été par la grande sauterelle verte au chant saccadé si puissant. Tu décèleras d'autres chanteurs plus discrets comme les criquets et leurs craquettements discontinus. Et tu ne peux pas rater le bourdonnement des abeilles ou des syrphes en vol stationnaire.

10. Le silène, en été au soleil. 11. L'uromène, sur les buissons en été.
12. Le trocoïde, coquille vide sur le sol des prairies calcaires.
13. Le myrtil, sur les ronces en été.
14. Le clairon, sur les fleurs au printemps.

15. La grande sauterelle verte chante dans l'herbe haute. 16. Le cryptocéphale, sur les fleurs jaunes.
17. La mante religieuse aime les herbes hautes. 18. Les criquets chortippus, dans l'herbe verte en été et à l'automne.

Dans les bois

Toute la famille a prévu une promenade en forêt ! L'occasion rêvée pour gambader dans les sous-bois, là où se cachent les petites bêtes des forêts.

Les meilleures rencontres

Les endroits de la forêt où tu trouveras le plus de petites bêtes sont les sentiers, les lisières et les clairières. Là, la lumière permet la croissance des plantes qui fuient l'obscurité de la forêt mais redoutent le grand soleil des prés. Les fleurs des clairières attirent de nombreux papillons. Les ombellifères sont visitées par de petits capricornes, des cétoines et des éristales, sortes de mouches imitant les abeilles. Au sol courent des carabes aux reflets métallisés. De grandes libellules bleues volent à l'automne au ras du sol en empruntant les sentiers.

1. La lepture maculée, sur les ombellifères des clairières ensoleillées. 2. Le citron, au début du printemps et à la fin de l'été.
3. La pomatie, dans les sous-bois calcaires, par terre. 4. Le carabe mordoré, en sous-bois la nuit, en automne et au printemps.

5. La limace des bois, après la pluie. 6. Le balanin du noisetier, sur les noisettes vertes, où il pond ses œufs.
7. Le grand capricorne, la nuit, sur le tronc des gros chênes, en juin et juillet. 8. Les taupins, près des arbres morts.

Découvre qui se cache dans le bois mort

Le bois mort abrite des insectes qui le décomposent.
Tu peux les récolter facilement.

1 Ramasse un fagot de bois mort ou procure-toi des bûches. Enferme le tout dans une caisse.

2 Perce un trou de 2 cm de diamètre dans le couvercle.

3 Couvre le trou d'un bocal renversé. Ferme le tout hermétiquement. Conserve ta caisse dans une remise non chauffée tout l'hiver. Dès le printemps, surprise ! Tu verras sortir de petits capricornes, de beaux buprestes et des scolytes.

Scolyte

0,5 cm

Clyte, un capricorne

1,5 cm

Bupreste

1 cm

Dans la litière

Les feuilles mortes tombent à l'automne. En s'accumulant, elles forment la litière forestière. Les vers de terre, les limaces, les escargots, les iules, les cloportes et les grillons sylvestres y habitent. Les collemboles, de minuscules insectes, sont aussi très nombreux dans la litière. Tous la grignotent et la font quasiment disparaître… en une année ! Ce sont des détritivores ou mangeurs de détritus naturels. Leurs crottes, sous l'action de bactéries, se transformeront en engrais qui nourrira la végétation. Dans la litière, vivent également les scolopendres ou les carabes qui, eux, chassent les détritivores.

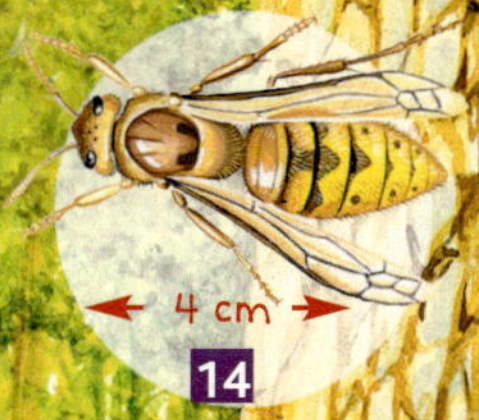

9. Le paon du jour, toute l'année dans les clairières.
10. L'éristale vole sur place dans les rayons de soleil des clairières.

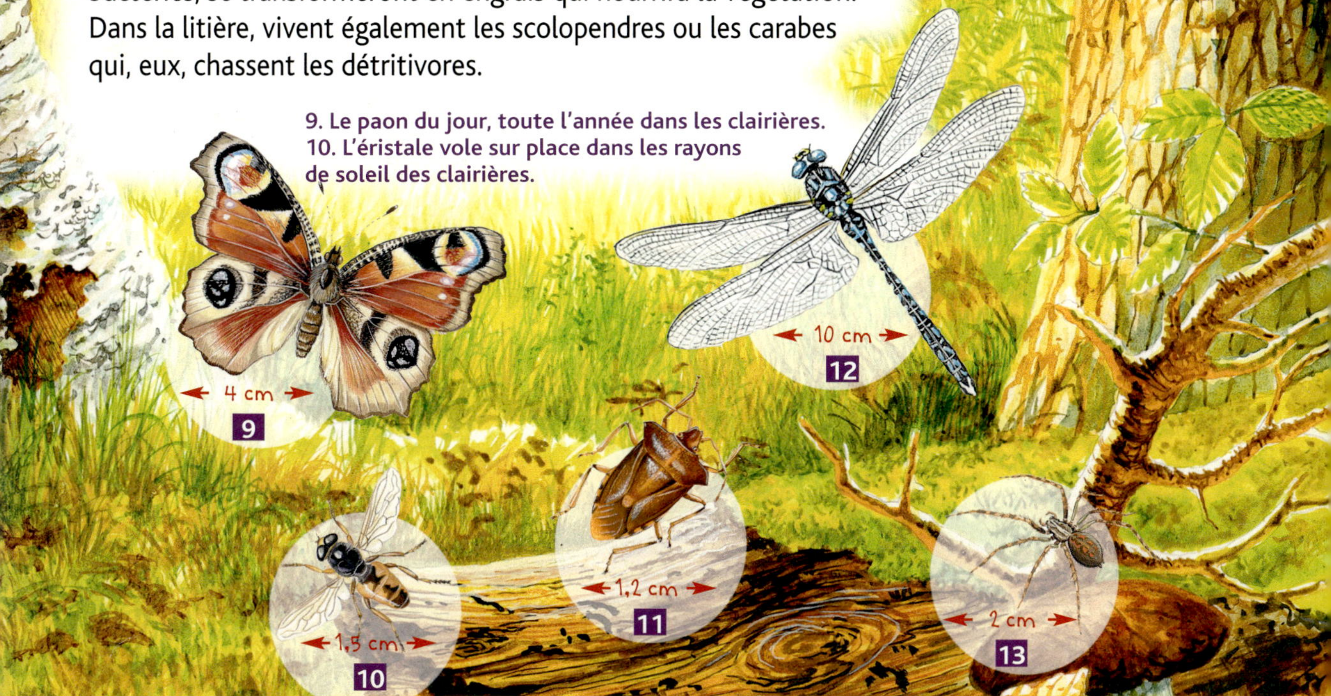

11. La punaise des bois, sur les mûres des ronciers. 12. L'æschne bleue, dans les sentiers, à l'automne.
13. La tégénaire sylvestre, sur sa toile dans les troncs creux. 14. Le frelon, en vol dans les chemins forestiers en été.

Promenade sur la rive

Chacun ses goûts ! Les insectes que tu vas rencontrer au bord des cours d'eau aiment l'humidité et la fraîcheur…

ÇA SENT LA ROSE…

À la fin du printemps, il n'est pas rare de sentir à proximité d'un vieux saule une agréable odeur de rose. Elle est émise par l'aromie musquée. La larve de ce grand capricorne vert métallique s'y développe et répand ce parfum en naissant. Cherche l'aromie sur le tronc ou dans l'herbe proche.

Au bord de l'étang

Sur les berges des eaux stagnantes poussent les carex, les joncs, les menthes. Ces plantes sont le lieu de repos des sialis, des phryganes et des agrions. Dans les buissons, des sauterelles vertes, grises et brunes chassent les petites proies. Sur les saules, les peupliers et les aulnes, tu trouveras de belles chenilles et des coléoptères multicolores, comme les chrysomèles. Le tronc de ces arbres est, lui, miné par les larves de capricornes qui sortent à la fin du printemps.

1. Le sphinx du peuplier, sur les troncs ou au sol dans la journée, toute la belle saison.
2. L'orthetrum réticulé, sur les berges en été.
3. Le sympetrum sanguin, sur le sol au soleil.

4. Le sphinx de la vigne : chenille sur les épilobes.
5. L'anax empereur, autour des points d'eau ensoleillés.
6. L'agrion vierge, sur les plantes du bord des cours d'eau, au début de l'été.

Au bord de la rivière

Au bord des cours d'eau rapides se déposent des galets et du sable. Des criquets et des libellules s'y chauffent au soleil. De petits carabiques, des grillons et de grands perce-oreilles se cachent sous les galets. Soulève-les délicatement, mais remets-les en place, car c'est leur abri ! Tu peux trouver aussi la mue (la carapace vide) des larves de libellules ou d'éphémères. Là où les berges sont couvertes de végétation, tu rencontres en été les belles hoplies, tandis que de petits capricornes et les cétoines dorées ou cuivrées butinent sur les angéliques.

Fais une farce à la libellule

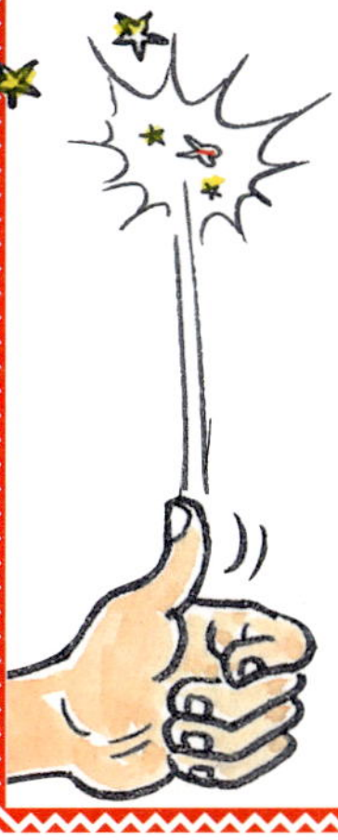

Prends le temps d'observer le ballet d'une grande libellule au-dessus de l'eau. C'est une chasseresse infatigable qui survole toujours le même territoire à la recherche d'une proie qu'elle capture en vol. Tu peux la berner en jetant en l'air un petit caillou. Elle va se détourner en plein vol pour venir voir s'il ne s'agit pas d'une proie à attraper ! Mais vise bien, il ne faut pas l'assommer !

7. Le conocéphale discolor, sur les buissons des lieux humides, en été.
8. Le pholidoptère, dans les sous-bois, au bord de l'eau.
9. La chrysomèle de la menthe, sur les menthes, qu'elle grignote.

10. Le cordulegastre, au-dessus des ruisselets ombragés, l'été. 11. L'hoplie bleue, sur les plantes des berges en juillet.
12. Le morime, au pied des grands saules et peupliers. 13 La chrysomèle de l'aulne, dans les aulnes.

Un monde sous l'eau

Allez, on plonge ! Dans l'eau, tu peux récolter quantité de larves d'insectes qui vivent sous l'eau avant d'émerger et de s'envoler pour leur vie d'adulte…

La star de l'étang

Les libellules sont les plus connus des insectes de l'étang. Elles pondent dans l'eau et leurs larves s'y développent. Les larves d'æschnes et celles des demoiselles vivent sur les plantes aquatiques, celles des « libellules vraies » s'enfouissent dans la vase. Pour approcher les libellules adultes, il faut faire preuve de patience. Les plus grandes ont l'habitude de revenir se poser au même endroit. Elles sont toutes carnassières et capturent d'autres insectes volants.

Dans les eaux qui stagnent

Dans les étangs, les marais, les mares et les rivières à courant lent, l'eau est calme. La vase se dépose sur le fond et les plantes aquatiques poussent facilement.
Cette vase abrite de nombreux vers, escargots aquatiques, larves de toutes sortes et même des moules d'eau douce : les anodontes.
Des punaises et des araignées marchent sur l'eau sans se mouiller ! Sous la surface, des coléoptères carnassiers nagent en eau libre pour attraper leurs proies. On rencontre aussi un petit crustacé, l'aselle, qui fréquente les mares sous les arbres.

1. La larve d'éristale, dans les eaux souillées.
2. Les tubifex, nombreux dans la vase.
3. L'hydrophile nage en pleine eau.
4. L'aselle, dans les eaux calmes, sous les arbres.
5. La pirata, petite araignée commune sur l'eau.
6. La nèpe, près du bord dans les mares et les rivières lentes.
7. L'anodonte, dans la vase des étangs et des rivières lentes.
8. Les gyrins tournoient à la surface.
9. La notonecte, dans toutes les eaux stagnantes.

UN PEU D'OXYGÈNE !

Dans les eaux courantes, plus il y a de tourbillons, plus l'oxygène de l'air s'y dissout. Alors, en étudiant les petites bêtes gourmandes en oxygène, perles, éphémères et phryganes, on se fait une idée de la qualité de l'eau d'une rivière. Plus l'eau est pure, plus il y vit de petites bêtes différentes. Ces petites bêtes servent de « bioindicateurs ».

Dans l'eau courante

Tu trouveras des larves d'insectes même dans les eaux tumultueuses des torrents ! Ces eaux agitées sont très oxygénées, mais les plantes aquatiques y poussent difficilement, gênées par le courant, et les petites bêtes ne peuvent pas s'y déplacer en nageant. Alors elles restent sous les pierres ou s'enfouissent dans le sable. Des larves de libellules se tiennent dans le sable, les larves d'éphémères et des perles se cramponnent aux cailloux. Sur les fonds des zones plus calmes rampent des larves de phryganes abritées dans leur fourreau.

CHACUN SA BULLE

De nombreuses petites bêtes vivant sous l'eau emportent avec elles une provision d'air pour respirer. Les dytiques, les hydrophiles et les notonectes emportent l'air collé sur eux, prisonnier des « poils » de leur abdomen. Les nèpes, les larves des dytiques et des éristales respirent à la surface à l'aide d'un tube. Il existe même une araignée, l'argyronète (ci-dessus), qui vit sous l'eau et construit une cloche de soie. Puis elle la remplit d'air et s'y installe !

Fabrique un aquascope

Pour observer ce qui se passe sous la surface sans te mouiller, utilise un aquascope.

1. Prends un seau de plage. Découpe le fond.
2. Remplace-le par un rond de plastique solide et transparent (plastique pour nappes). Tends-le bien à l'aide d'un gros élastique. En plongeant ce dispositif à moitié, tu vois net sous la surface.

10. La larve de dytique, dans les mares.
11. La sangsue, sur les plantes.
12. La planorbe, sur les plantes aquatiques.
13. Les larves de libellules, sur le fond des eaux calmes.
14. Les larves d'éphémères, dans les ruisseaux à fond pierreux.

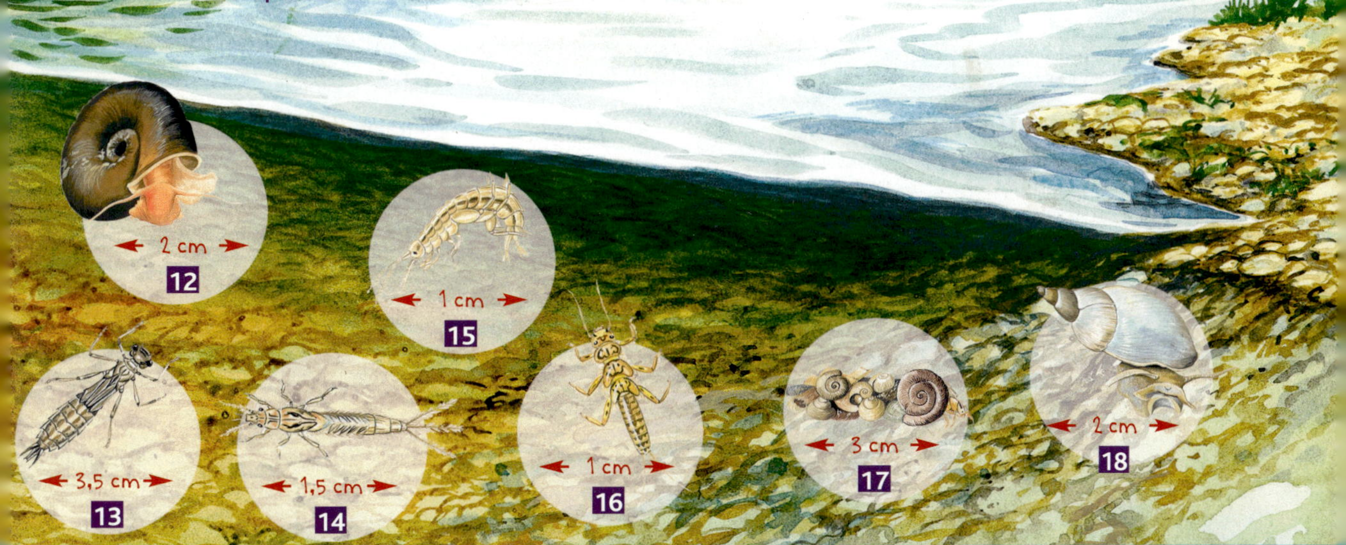

15. Le gammare, dans l'eau claire. **16.** Les larves de perles, dans l'eau courante, sous les pierres.
17. Les larves de phryganes, sur le fond des ruisseaux non pollués. **18.** La limnée, en eau calme.

Un petit tour au jardin

Le jardin, c'est le royaume des fleurs et des légumes, et beaucoup de petites bêtes s'y donnent rendez-vous. Ce sont des invités parfois bienvenus, parfois indésirables…

Besoin d'un plus petit que soi

Sans les petites bêtes, le jardin serait bien triste… Car elles savent se rendre très utiles. Les vers de terre et les fourmis aèrent le sol en creusant leurs galeries. Les insectes bourdonnants fécondent les fleurs en butinant. Les araignées, les carabes et les chrysopes, certaines punaises ou les larves des syrphes s'attaquent aux ravageurs. D'autres encore vivent sur les « mauvaises herbes » et leur font la vie dure.

Alors, en traitant les jardins aux insecticides pour obtenir des légumes parfaits, on condamne ces petits habitants qui donnent pourtant un sacré coup de main au jardinier !

1. Le machaon, chenille sur les feuilles des carottes.
2. Le carabe doré, par terre, la nuit.
3. Les piérides, sur les choux et autres crucifères.
4. Le doryphore, sur les feuilles de pomme de terre.
5. Le petit-gris, au pied des murs humides.
6. La larve de taupin, sous terre, au pied des plantes.
7. Le ver gris, dans la terre.
8. La coccinelle, sur les plantes envahies de pucerons.
9. La petite tortue, chenilles sur les orties.

La bonne aubaine

Les plantes du jardin, voilà un super-garde-manger pour les petites bêtes. Mais il y en a qui exagèrent ! On les appelle des ravageurs. Des chenilles découpent les choux et les feuilles de navet, d'autres grimpent aux arbres fruitiers ou s'enterrent au pied des plantes qu'elles grignotent la nuit. Sur les pommes de terre prolifère le doryphore. Les pucerons et les cochenilles se rassemblent en colonies pour sucer la sève des arbustes, tandis que les escargots et les limaces s'attaquent à tous les végétaux... s'ils sont tendres !

Ta planche d'observation

Observe les diverses petites bêtes vivant au sol.

1 Pose sur la terre nue, en un lieu plat, ombragé et humide du jardin, une planche de bois ou de carton ondulé de 50 cm x 50 cm.

2 Au bout de quelques jours, des limaces, des vers de terre, des vers luisants, des cloportes, des araignées auront élu domicile dessous !

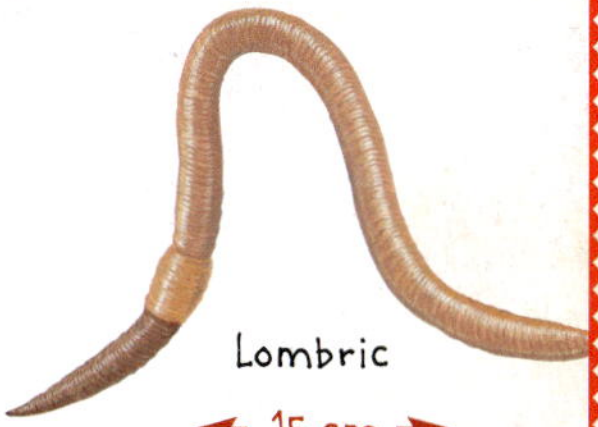

10. Les fourmis noires, sous les pierres.
11. Le ver luisant, dans l'herbe, les soirs d'été.
12. Le polydesme, dans les lieux sombres et humides.
13. La scolopendre, sous les pierres.

14. La larve de hanneton, dans la terre. 15. Le ver du fumier, dans le compost. 16. L'escargot des jardins, dans les buissons. 17. Les gendarmes, dans le jardin. 18. Le vulcain, sur les fruits tombés. 19. Les pucerons, sur les pousses.

À l'abri sous ton toit

Tu te sens bien chez toi ? Les petites bêtes aussi ! Si bien qu'un certain nombre s'installent sous ton toit toute l'année ou le temps d'une saison.

Locataires à l'année

Quel confort ! Certaines petites bêtes vivent en permanence à nos côtés, surtout à la campagne. Il faut dire que, chez nous, elles trouvent les conditions idéales : un peu d'humidité par-ci, juste ce qu'il faut de chaleur par-là, peu de courants d'air, et même l'obscurité que parfois elles adorent ! Sans compter que pour elles, la table est toujours mise : miettes, réserves alimentaires, cheveux tombés, livres et même meubles, quel régal ! Résultat : bien des petites bêtes ont élu domicile à l'année sous ton toit.

1. Les dermestes grignotent cheveux tombés et poils de chien. 2. La petite tortue passe l'hiver dans le grenier. 3. Le capricorne : sa larve ronge les poutres non traitées. 4. La punaise verte se réfugie à l'intérieur aux premiers froids. 5. La chrysope hiberne au plafond. 6. La mite, dans les vêtements de laine. 7. Les collemboles, dans les pots de fleurs. 8. Les vrillettes, dans le bois des meubles vermoulus. 9. La scytodes, sur les murs. 10. La pholcus, dans sa toile au plafond. 11. La mouche domestique, dans la cuisine, suce les restes des repas. 12. Le pou des livres réduit les vieux papiers en poussière. 13. Le grillon domestique chante derrière le radiateur. 14. Le cafard cherche chaleur et humidité. 15. La pyrale de la farine : sa chenille prolifère dans les réserves de farine, de pâtes et de légumes secs. 16. Le lépisme ou poisson d'argent grignote papiers et miettes la nuit. 17. Le staphylin, dans les lieux sombres. 18. Le carabe entre dans la maison par erreur. 19. La scutigère chasse les araignées sur les murs, la nuit. 20. La tégénaire domestique, dans sa grande toile.

Locataires pour l'hiver

À l'approche de la mauvaise saison, c'est l'invasion ! Les petites bêtes qui d'habitude hibernent dans les arbres creux ou les grottes trouvent dans nos pièces les plus fraîches le même confort : un lieu protégé des grands froids et la sécurité… si on les laisse tranquilles ! Toutes ces petites bêtes n'ont rien de désagréable, tu peux partager le gîte avec elles sans risque et en profiter pour les observer à domicile. Au printemps, elles s'empresseront de trouver une porte ou une fenêtre ouvertes, pour s'envoler vers la belle saison.

Pauvres araignées

Les araignées des maisons ne méritent pas leur mauvaise réputation. Elles construisent de belles toiles de soie, et ce n'est pas leur faute si la poussière s'y accumule ! Elles contribuent à la tranquillité de tes nuits d'été en tendant leurs pièges collants aux endroits où passent mouches et moustiques. Regarde-les travailler, tu seras étonné de la beauté et de la précision de leur ouvrage. Les grands mâles de la tégénaire domestique te surprennent parfois en errant hors de leur toile. Ils sont à la recherche d'une femelle : rien à craindre, les araignées des maisons ne nous piquent pas, contrairement à ce qu'on croit souvent !

Quand l'hiver est là...

Aux premières gelées de l'hiver, les petites bêtes disparaissent. Pourtant, elles réapparaîtront de plus belle au printemps. Mais où se cachent-elles en attendant ?

Quelle froidure !

Les petites bêtes sont des animaux « à sang froid » : leur température varie avec celle du milieu ambiant. Alors, supporter les rigueurs de l'hiver est une épreuve difficile. Les petites bêtes doivent coûte que coûte s'abriter du froid, ou bien y résister. Leur corps synthétise souvent des protéines antigel. Mais cela ne les dispense pas de trouver un abri : sous les feuilles, sous les écorces, dans le bois mort, dans la terre, dans la vase, tout est bon pour échapper au froid !

Tour de passe-passe

Quand les petites bêtes ne résistent pas au froid, elles passent le relais à la génération suivante ! Les adultes pondent dans un lieu abrité durant la belle saison, meurent, et ce sont les œufs qui passent l'hiver. D'autres petites bêtes passent l'hiver à l'état de larves dissimulées dans des abris tempérés. Beaucoup de larves de coléoptères vivent dans le bois de vieux arbres et profitent de l'hiver pour se métamorphoser, car le bois est un bon isolant et les protège des gelées intenses.

1. De nombreuses espèces de papillons hibernent au stade de chrysalide.
2. Beaucoup de coléoptères se métamorphosent l'hiver dans le bois mort.

3. Les larves des hannetons s'enfoncent dans la terre plus profondément. 4. Les escargots s'enterrent et sécrètent un opercule qui ferme leur coquille jusqu'au printemps. 5. Les vers de terre continuent leur activité loin sous la surface.

L'hiver des hibernies

Certains papillons ont choisi l'hiver comme période d'activité et se reproduisent en cette saison hostile pour les autres ! Ils s'accouplent et pondent, profitant des redoux de décembre et janvier. Ce sont les hibernies, des papillons forestiers.

Prépare l'hiver

Facilite l'hibernation des petites bêtes de ton jardin en créant des abris où elles se réfugieront à l'automne. Pour celà, dispose des fagots et des planches sur le sol, des pierres et des tuiles le long d'un mur. Ce sera pour elles autant d'abris dont elles profiteront l'hiver venu.

On se réveille !

La fin du sommeil hivernal ne survient pas en même temps pour toutes les petites bêtes. Certaines s'activent en plein hiver chaque fois que la température dépasse 8 °C. Les autres se décident à sortir d'hibernation parce que la température a augmenté ou parce que la durée du jour s'allonge. Certaines chrysalides ne terminent leur métamorphose que si elles ont subi une gelée sévère en hiver. D'autres n'écloront qu'en mai, même s'il fait chaud depuis deux mois, car elles ont besoin d'une durée du jour très longue.

6. Quelques chenilles hibernent plaquées contre une branche.
7. Au verger, les œufs de la livrée, un papillon, sont accrochés sur une branche.
8. La ruche vit au ralenti, consommant ses réserves de miel.

Dans une souche

Tu peux trouver de nombreuses petites bêtes en plein hiver en te promenant en forêt. À l'aide d'un canif, inspecte les troncs d'arbres couchés au sol. Soulève leurs écorces. Tu surprendras de beaux carabes, terribles carnassiers, côtoyant des limaces, des escargots, ou bien des femelles fécondées de guêpes et de frelons, inoffensives car engourdies, dormant à côté de mouches et de larves de toutes sortes.

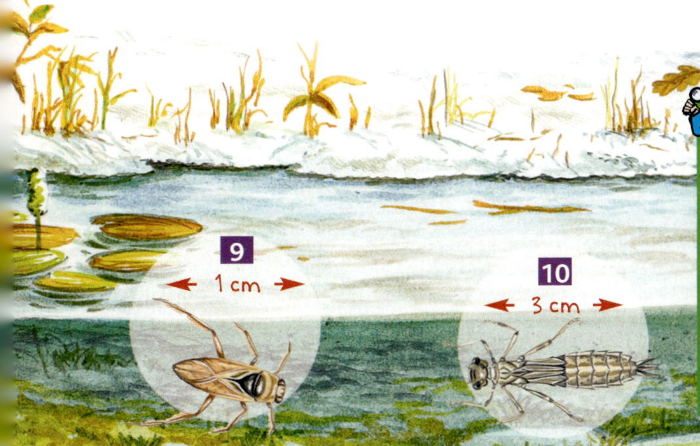

9. Les petites bêtes des eaux s'envasent. 10. Les larves de libellules vivent au ralenti. 11. Les carabes se creusent une loge dans le bois mort. 12. La larve d'empuse sécrète des protéines antigel et reste sur les buissons.

LEUR RÔLE DANS LA NATURE

On a toujours besoin d'un plus petit que soi ; c'est vrai même dans la nature. Les petites bêtes pollinisent les plantes, décomposent les feuilles ou le bois mort ou encore servent de nourriture aux autres animaux… Indispensables !

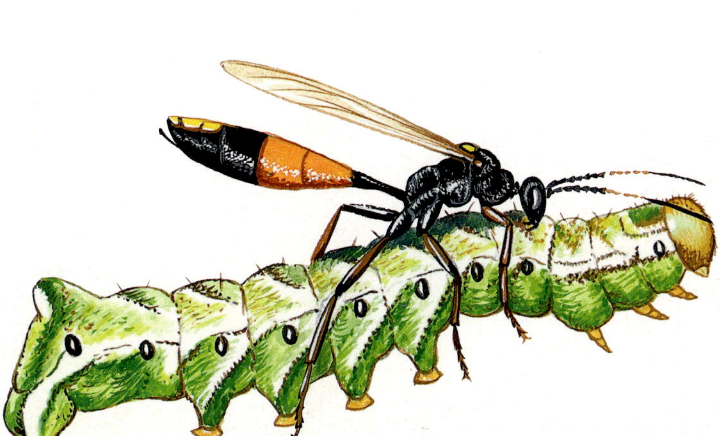

Innombrables !

Oublier les petites bêtes, c'est impossible ! Il y en a partout : sur les herbes, les arbres, au jardin, dans la cave... Elles sont bien plus faciles à rencontrer qu'un renard ou une simple souris. Pourquoi ? Parce qu'elles sont nombreuses, très très nombreuses...

Le doryphore, venu d'Amérique au début du XXe siècle, n'a pas de prédateur sur notre continent. Alors il prolifère...

INCROYABLE MAIS VRAI !

Environ 100 vers de terre vivent dans un carré de prairie de 1 m de côté ! Les araignées sont plusieurs centaines. Il y a 1 000 fois plus d'insectes toutes espèces confondues. Mais les nématodes, vers minuscules vivant dans le sol, sont plusieurs centaines de millions dans les premiers centimètres d'épaisseur de terre !

Par centaines de millions

Les petites bêtes sont incroyablement plus nombreuses que les autres animaux. Imagine un hectare de prairie, soit un carré de 100 m sur 100 m. Tu y comptes quelques dizaines de mammifères dont beaucoup de petits rongeurs. Le lieu abrite une centaine d'oiseaux, quelques dizaines d'amphibiens et autant de reptiles. Mais si tu comptes les araignées et les insectes, tu atteins des centaines de millions !

Les petites bêtes sont de loin les plus nombreuses des espèces animales connues.

Les scientifiques pressentent qu'il reste plus de petites bêtes à découvrir que de petites bêtes déjà connues.

Le grand inventaire

Depuis plus de deux siècles, les naturalistes classent et comptent les espèces animales et végétales qui vivent sur notre planète. Leur travail est quasiment terminé pour les animaux vertébrés. Mais les scientifiques pensent qu'il reste à découvrir au minimum deux millions d'espèces d'insectes !

Quelques papillons récoltés en une saison dans une prairie de l'Allier, en 1942.

Quelle descendance !

Les petites bêtes sont prolifiques, elles se multiplient très vite. Rien de plus simple : les générations sont courtes, parfois plusieurs par saison. Et à chaque génération, le nombre des descendants est important. Par exemple, un couple de criquets migrateurs donne naissance à 250 petits, adultes en 3 mois. Ces 125 couples engendrent 31 250 jeunes donnant à leur tour 4 millions de larves. Heureusement, les prédateurs endiguent cette invasion !

Les insectes pondent leurs œufs par dizaines, voire par centaines. Voici ceux d'une punaise.

Partout

On rencontre des petites bêtes des cercles polaires aux déserts brûlants, dans les sources thermales, sur le vinaigre et même sur les flaques de pétrole naturelles. Mais les insectes n'ont jamais conquis le milieu marin. Dans la mer, ce sont les crustacés qui ont prospéré. Les petites bêtes représentent à elles seules plus des 3/4 des espèces animales connues. Et dans chaque espèce, le nombre d'individus aussi est faramineux...

Le scorpion n'a pas beaucoup de petits, mais il les protège au début de leur existence pour leur donner toutes les chances de survie.

Les petites bêtes servent de repas

Les petites bêtes ne mangent pas les grosses, c'est presque vrai. Mais les grosses bêtes, elles, ne se gênent pas pour manger les petites !

Les ennemis invisibles

La vie d'un insecte ne se termine pas forcément dans la gueule d'un prédateur. Les petites bêtes peuvent aussi être malades. Une blessure ou une infection leur sont fatales. Des champignons microscopiques les rongent. Des virus et des bactéries les tuent. Des parasites les terrassent. Bon nombre d'insectes meurent coincés dans leur mue ou sont attaqués à ce stade où ils sont sans défense.

Avalés tout crus !

Les petites bêtes ont beaucoup d'ennemis. Les œufs sont mangés par les oiseaux, les lézards ou parasités par d'autres petites bêtes. Les larves font le régal des grenouilles, des oiseaux ou des petits mammifères insectivores. Celles qui atteignent l'âge adulte ne sont pas pour autant hors de danger. Avec un peu de chance, elles éviteront les toiles d'araignées ou les chauves-souris. Mais certaines seront la proie des fourmis ou des batraciens ! À moins qu'ils ne soient avalés tout crus par un poisson en survolant un étang, ou qu'ils finissent sur le pare-brise d'une voiture...

Le lézard des murailles avale un criquet.

Qui mange quoi ?
En bas de la pyramide, les plantes fabriquent de la matière vivante à partir de matières minérales, grâce à l'énergie du soleil. Puis les petites bêtes passent à l'action...

Cette grenouille verte a capturé un criquet.

Les petites bêtes sont à la base de la pyramide alimentaire.

4. Des prédateurs et des superprédateurs croquent leurs proies. Si les petites bêtes n'avaient pas été là pour engraisser ces proies, ils n'auraient rien eu à se mettre sous la dent !

3. Des prédateurs insectivores de toutes sortes se jettent goulûment sur les petites bêtes herbivores et carnivores.

2. Plus haut sur la pyramide, beaucoup de petites bêtes carnivores mangent les petites bêtes herbivores.

1. En bas de la pyramide, une multitude de petites bêtes herbivores dévorent feuilles mortes et plantes.

Certains rapaces nocturnes se nourrissent d'insectes.

La proie de tous

Avalées tête la première, happées en vol, gobées vivantes, les petites bêtes ont beaucoup de prédateurs. Elles servent de nourriture aux insectivores et aux carnivores... Alors, c'est l'hécatombe.

Observe les prédateurs

Dans le jardin, installe une ampoule. En été, laisse-la allumée toute la nuit pendant plusieurs nuits.
Elle attire de nombreux insectes. Au bout de quelques jours, observe les crapauds et les chauves-souris qui viennent manger les papillons de nuit. Le matin tôt, tu verras les mésanges venir chez toi prendre leur premier repas !

Plein d'œufs !

La plupart des petites bêtes ne soignent pas leurs petits. Elles abandonnent leurs œufs après la ponte et meurent. Les larves qui en sortent sont livrées à elles-mêmes et affrontent mille dangers. Beaucoup sont dévorées avant d'être adultes à leur tour. Pour compenser ces pertes naturelles, les petites bêtes pondent de très nombreux œufs, ce que ne font pas les animaux qui élèvent et protègent leurs petits.

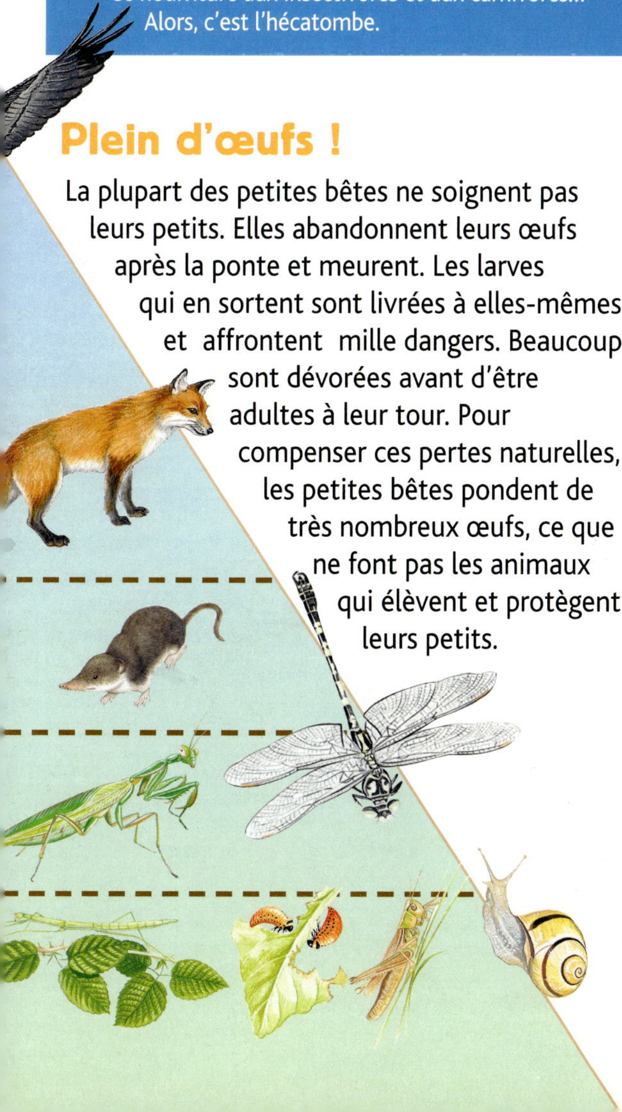

La bergeronnette des ruisseaux fait partie des oiseaux insectivores. Une véritable ennemie des moustiques !

Le hérisson est un mammifère insectivore, mais il mange surtout des vers de terre et des escargots.

Les petites bêtes s'entre-dévorent

Méfiance… Au bout d'un brin d'herbe ou au cœur d'une fleur, la mort guette peut-être. Les petites bêtes carnassières attendent leur proie, qui est presque toujours une autre petite bête !

Les araignées thomises se mettent en embuscade au cœur d'une fleur et sautent sur les insectes qui se posent pour butiner.

Un vrai parasite !

Les ichneumons, avec leur taille de guêpe, parasitent surtout les chenilles. La femelle repère une chenille, pond un œuf dedans. La chenille grandit et se transforme en chrysalide, mais c'est un ichneumon qui en sort, et non un papillon ! La chrysalide a servi de nourriture à l'ichneumon !

L'ichneumon pond dans une chenille vivante.

Les armes du crime

Pour se nourrir, chaque petite bête a sa méthode de chasse. Les petites bêtes errantes chassent à vue. Celles qui chassent la nuit repèrent leur proie à l'odeur ou au toucher. Des petites malignes tendent des pièges. Et quand le moment est venu d'achever la victime, toute une panoplie de mandibules, de chélicères, de pinces ou de glandes à venin entre en action !

Des chenilles carnassières

Les chenilles mangent des feuilles ? Pas toutes… Les chenilles de quelques papillons lycènes, par exemple, fabriquent une sécrétion qui attire les fourmis. Ces chenilles, entraînées dans la fourmilière, dévorent les larves des fourmis !

Pas de pitié ! Cette punaise plante son rostre dans la chenille du jason.

Quand les petites bêtes mangent les grosses…

L'araignée dolomède vit au bord des mares. Elle ne tisse pas de toile, mais pêche à l'affût. Accrochée à la rive, les 4 pattes avant étalées sur l'eau, elle attend le petit poisson imprudent. Hop ! elle le mord et le sort de l'eau pour le dévorer au sec.

Le dytique, redoutable coléoptère aquatique, a trouvé un jeune crapaud à son goût…

L'araignée sauteuse surveille sa proie, puis bondit d'une feuille à l'autre pour la surprendre, retenue par un fil de soie…

Nourris la larve du fourmilion

1 Dans les sols sableux et abrités de la pluie, repère les endroits où la terre semble criblée de petits cratères. Ce sont les pièges du fourmilion. Sa larve munie de grandes mandibules venimeuses creuse cet entonnoir en jetant le sable.

2 Déposes-y des fourmis ou autres petits insectes. La larve du fourmilion n'en fait qu'une bouchée. Elle bombarde même de sable celles qui veulent s'échapper.

Des pièges et des ruses

Dans le monde impitoyable des araignées, tout est permis ! Beaucoup font des toiles collantes pour engluer leurs proies. D'autres déséquilibrent leur victime à l'aide d'une masse de soie lancée au bout d'un fil. D'autres encore « pêchent » avec un filet collant. L'araignée scythode crache un produit gluant. Les araignées salticides bondissent sur leur proie.

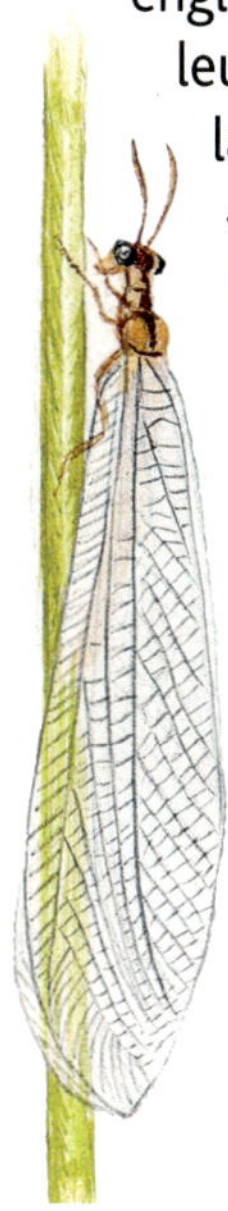

Fourmilion commun

Le mante religieuse déguste un criquet, du bout des mandibules.

L'escargot n'a aucune chance, le carabe a une tête fine qui pénètre jusqu'au fond de la coquille.

Le grand nettoyage

Gratter, grignoter, triturer, voilà ce que font les petites bêtes à longueur de journée. Heureusement pour nous car, ce faisant, elles nettoient la nature, débarrassant et recyclant tout ce qui n'est plus vivant...

L'ŒUVRE D'ART DU SCOLYTE

Des dessins sculptés sous une écorce ? Ces tracés sont les galeries des larves de scolytes. Ces petits coléoptères s'attaquent aux arbres mourants. La femelle pond ses œufs en file indienne dans une galerie qu'elle creuse sous l'écorce. Puis chaque larve perce sa propre galerie. Le conduit s'élargit vers une loge où la larve se métamorphose en adulte.

Un petit bout de feuille morte ?

Imagine ce que serait la forêt si les feuilles et le bois mort ne disparaissaient jamais ? Chaque année, des tonnes de ces débris sont réduits en miettes, puis en bouillie, et enfin digérés par des millions de petites bêtes. Sans elles, les végétaux mettraient des années à se décomposer. Ces petites bêtes possèdent dans leur système digestif des bactéries capables de digérer les fibres végétales, comme les ruminants.

Mangeurs de crottes

Il existe aussi des petites bêtes spécialisées dans la disparition des crottes. Sans elles, les prairies seraient couvertes de bouses desséchées. Dès que la bouse est abandonnée par un grand herbivore, des mouches arrivent. Elles sucent le jus et y déposent leurs œufs. Puis divers coléoptères, dont les bousiers, interviennent. Certains pondent leurs œufs dans la bouse fibreuse, d'autres creusent des terriers dessous. Dans les loges terminales de ces couloirs, ils entraînent un peu de crotte et y déposent un œuf. La larve s'en nourrira pour grandir.

4. Le ver de terre digère les débris contenus dans la terre.
5. Les fourmis sont les championnes du nettoyage !

1. Le cloporte grignote divers déchets.
2. Les collemboles réduisent les déchets végétaux en poussière.
3. L'iule mange les feuilles mortes.

6. La cétoine : sa larve mange les débris végétaux du terreau. 7. Le rhinocéros : sa larve se nourrit de souches en décomposition. 8. L'aselle et 9. le gammare : grignotent les débris végétaux, au fond de l'eau.

Dans une bouse, il y a…

Lors d'une promenade dans les prés, observe la richesse de la microfaune qui vit sur une bouse de vache. À l'aide d'un bâton, examine une bouse fraîche et compare sa faune à celle d'une bouse sèche. Dans la bouse fraîche, les asticots sont actifs, mais on ne voit pas encore les terriers des bousiers.

Sous la bouse sèche, les asticots ont disparu mais il reste leur enveloppe. Les terriers des bousiers sont bien visibles.

12

11

10

Cadavres exquis

D'autres petites bêtes sont spécialisées dans la disparition des cadavres. Elles interviennent, chacune à son tour, et selon son goût. Quand le cadavre est frais, ce sont les mouches qui pondent sur les blessures et les orifices naturels. Quelques jours plus tard, leurs asticots se nourrissent des chairs liquéfiées. Ils partagent leur repas avec les nécrophores, coléoptères qui prennent soin d'enterrer le corps avant d'y pondre leurs œufs. Quand il ne reste du pauvre animal qu'un tas d'os, de tendons, de poils, plumes et écailles, les dermestes s'y attaquent, ne laissant que les os.

10. Le lucane : sa larve ronge les racines.
11. Le morime : sa larve creuse le tronc des saules.
12. Les capricornes se développent dans le bois mort.

Les panorpes sont spécialisées dans la curée des insectes morts. Leur bouche munie de petites mandibules se trouve à l'extrémité d'un museau rigide.

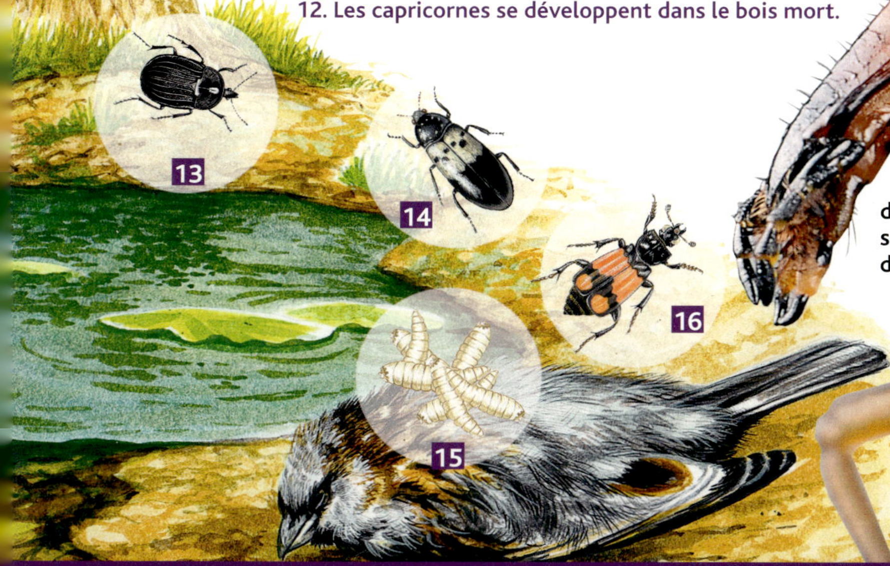

13 14 15 16

13. Le silphe : adultes et larves vivent sous les cadavres de petits vertébrés, qu'ils dévorent. 14. Les dermestes grignotent poils et plumes. 15. Les asticots mangent les cadavres. 16. Le nécrophore enterre les cadavres et y pond.

Mangeurs de plantes

Tu n'aimes pas la verdure ? Les petites bêtes, elles, en raffolent : elles s'attaquent aux végétaux sous toutes leurs formes.

La petite dentellière

Tu as sans doute remarqué en été des feuilles de rosier, de lilas ou de troène curieusement découpées. C'est le travail de la mégachile. Cette abeille solitaire découpe les feuilles et en confectionne de petits tonnelets cachés dans le sol. Elle y dépose une réserve de nectar, y pond un œuf. Puis ses larves se développent.

Exterminateurs de plantes

Sans les petites bêtes, les plantes deviendraient envahissantes. Des hordes d'insectes, d'escargots, de vers s'attaquent à elles depuis leur germination jusqu'à leur mort. Les petites bêtes retardent ainsi leur croissance, la venue des fleurs ou des fruits. Si bien qu'un grand nombre de végétaux disparaissent sous leurs mandibules. Il est rare qu'un arbre meure après l'attaque de milliers de chenilles, mais une seule limace peut en une nuit détruire tout un parterre de plantules en train de germer !

Le ver est dans le fruit

À la fin de l'été, récolte des pommes, des châtaignes ou des noisettes dans lesquelles tu as repéré un curieux petit trou. Un ver est caché dans le fruit et le mange de l'intérieur...

1 Dépose les fruits dans un bocal fermé par un élastique et un tissu.

2 Quand le ver (qui est en fait la chenille d'un micropapillon ou la larve d'un coléoptère) a fini de grossir, il se métamorphose et donne un adulte qui sort du fruit. Tu pourras l'observer !

Le ver de la pomme est une chenille qui donne naissance à un papillon, la carpocapse de la pomme !

Les mineuses laissent leur trace dans l'épaisseur de la feuille.

Les mineuses

Les feuilles ne sont pas épaisses. Pourtant, les chenilles de micropapillons ou des larves de mouches réussissent à se développer dans l'épaisseur de ces feuilles. Observe le tracé qu'elles ont dessiné en mangeant le tissu végétal. L'extrémité fine correspond à l'endroit où l'œuf a été pondu. Le côté le plus gros se termine en une loge où la larve s'est métamorphosée et d'où l'adulte s'est envolé.

1. Le nectar des fleurs est pompé par les papillons, les abeilles, etc.
2. Les pétales sont grignotés par les perce-oreilles.
3. Les feuilles sont dévorées par les criquets, les chenilles et les chrysomèles.
4. Les graines sont souvent parasitées par des larves de charançons et les chenilles de minuscules papillons, ou piquées par les punaises.
5. Le pollen fait le régal des cétoines et il est récolté par les abeilles pour leurs larves.
6. Les tiges sont souvent minées par des larves de buprestes ou de capricornes. Les cicadelles, les pucerons et les cochenilles les piquent pour en sucer la sève.
7. Les racines sont grignotées par des larves de noctuelles, de hannetons ou de taupins. Leur sève est pompée par les larves de cigales. Les fruits enfin sont grignotés par des vers, attaqués par les guêpes, etc.

Les plantes sont attaquées de toutes parts, du bout des racines au dernier pétale, depuis leur germination en tendre pousse jusqu'à leur mise à fruits.

Les hannetons grignotent les bourgeons et les jeunes pousses d'arbres.

La feuille ou la tige ?

De nombreux insectes sont végétariens, toute leur vie ou seulement une partie de leur vie. Les uns consomment tout végétal qui leur tombe sous la dent, d'autres ne s'attaquent qu'à une plante bien précise, qu'on appelle leur plante-hôte. Certaines petites bêtes se jettent sur les feuilles, d'autres préfèrent les pétales, les racines ou encore les graines. Chacun ses goûts !

Les fourmis moissonneuses sont spécialisées dans la récolte des graines.

La chenille du sphinx de l'euphorbe s'attaque seulement aux euphorbes !

Les pucerons pompent la sève.

Certaines espèces de mouches pompent le nectar des fleurs.

Transport de pollen !

Plantées, enracinées, les plantes ne peuvent pas bouger ! Alors, elles ont besoin de petits messagers pour transporter de l'une à l'autre un peu de pollen...

L'abeille sort de la ruche à l'âge de 3 semaines et butine 2 ou 3 semaines. Durant ce temps, elle visite des milliers de fleurs !

FLEURS-PRISONS

Les arums empestent... pour attirer les moucherons. Ceux-ci, chargés du pollen d'un autre arum, pénètrent jusqu'aux fleurs femelles qui sentent si mauvais. Ils y déposent leur précieux chargement et se trouvent piégés sous un anneau de filaments. La fécondation des fleurs femelles entraîne la destruction des filaments, ce qui libère les moucherons. Au passage, ils embarquent le pollen des fleurs mâles qui ont mûri entre-temps, et partent le déposer sur un autre arum !

En haut de la « tige » renflée se trouvent les fleurs mâles. En bas, au cœur de la fleur,se cachent les fleurs femelles et un piège à moucherons...

Pistes d'atterrissage

Le pollen, c'est la semence mâle des plantes. Celui de certaines plantes voyage, emporté par le vent. Mais le pollen de la plupart des plantes est transporté par les petites bêtes ! Pour les attirer, les plantes s'ornent de couleurs et produisent du nectar. En visitant une fleur, la petite bête se saupoudre de pollen, le dépose sur une autre fleur de la même espèce. Et la plante est fécondée ! Les fleurs rouges, jaunes ou violettes attirent plutôt les papillons. Les fleurs jaunes ou blanches attirent les abeilles. Elles arborent pétales ou glandes à nectar visibles en ultraviolet, un rayonnement vu par les petites butineuses.

Par l'odeur alléchés...

Les plantes attirent aussi les insectes pollinisateurs en émettant des odeurs plus ou moins perceptibles par notre nez. Celles qui veulent allécher les papillons produisent de délicieuses odeurs car les papillons sont très sensibles aux parfums. Les parfums sont émis aux heures précises de la journée ou de la nuit où le papillon attendu est actif ! D'autres sont moins fréquentables : elles émettent une odeur de viande décomposée... Ce faisant, elles attirent les mouches des cadavres qui les fécondent !

DES ABEILLES EN LOCATION !

Dans un verger, si les fleurs des arbres fruitiers ne sont pas fécondées, il n'y a pas de fruits. Alors les arboriculteurs louent des ruches aux apiculteurs. Les agriculteurs font de même pour leurs champs de colza ou de tournesol.

Quelques ruches dans un verger, et toutes les fleurs seront fécondées par les abeilles. La récolte de fruits sera meilleure !

Cette cétoine bien poilue fera un parfait moyen de transport pour le pollen !

Mon insecte à moi

Certaines fleurs ne laissent entrer dans l'intimité de leur corolle qu'une seule sorte d'insecte. Les trèfles ne peuvent être butinés que par des bourdons. Les sauges ont un mécanisme de saupoudrage du pollen déclenché par l'entrée d'abeilles ou de bourdons dans la corolle. Les glandes à nectar de certaines orchidées sont placées au fond d'un long tube que seule la longue trompe d'un papillon sphinx peut atteindre.

On dirait que cette orchidée a 2 antennes, 2 ailes… Tricheuse !

De nombreux hyménoptères fréquentent les fleurs pour leur pollen ou leur nectar.

FLEURS FAUSSES AMANTES

Les ophrys, des orchidées, n'attirent pas les insectes avec du nectar. Leurs pétales imitent la forme, les poils et le parfum des femelles d'abeilles solitaires. Le mâle se laisse séduire et essaie de s'accoupler avec la fleur. Dans cette opération passionnée, il se colle sur la tête 2 sacs de pollen bientôt déposés sur le prochain ophrys visité !

Pour le meilleur et pour le pire

Les petites bêtes et les plantes ont souvent besoin les unes des autres pour survivre, si bien qu'une espèce animale et une espèce végétale peuvent devenir inséparables !

Tu trouveras la chenille du papillon machaon sur les feuilles de carotte, de fenouil ou des ombellifères sauvages.

Du nectar contre un coup de main

Les passiflores sont des lianes d'Amérique du Sud. Elles sont souvent attaquées par des chenilles sans-gêne qui mangent toutes les feuilles. Alors certaines passiflores possèdent sur leurs feuilles des nectaires dont le nectar attire les fourmis.

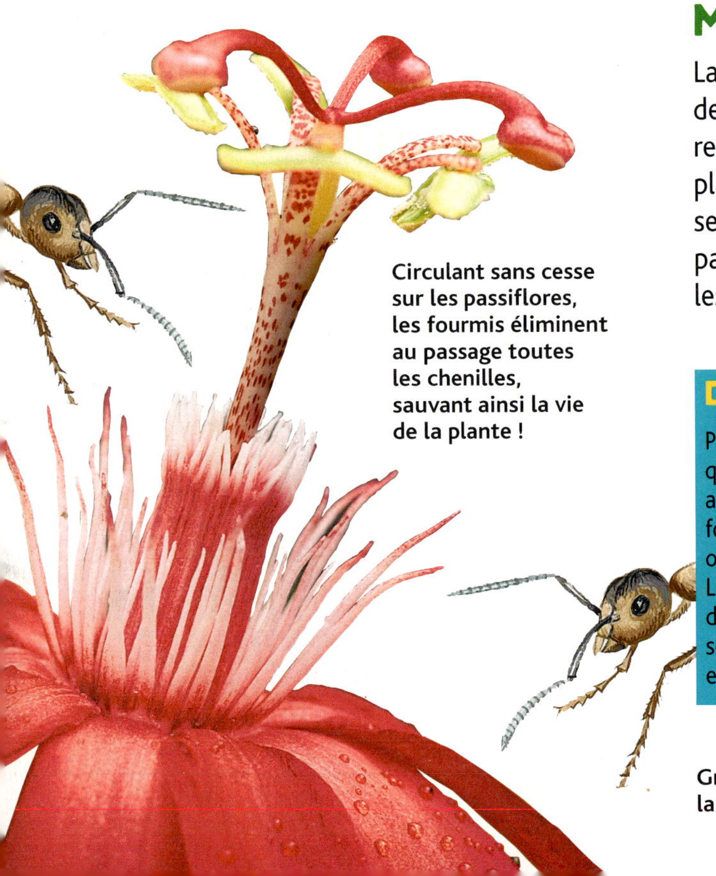

Circulant sans cesse sur les passiflores, les fourmis éliminent au passage toutes les chenilles, sauvant ainsi la vie de la plante !

Ma plante préférée

La plupart des chenilles de papillons n'acceptent de consommer que les plantes qu'elles reconnaissent à leur odeur. On appelle cette plante la plante-hôte. Ainsi, le machaon ne pond ses œufs que sur les ombellifères : persil, carotte, panais. La piéride du chou pond seulement sur les crucifères : chou, navet, moutarde, etc.

Des plantes HLM à fourmis

Pour se défendre des chenilles et autres petites bêtes qui grignotent leurs feuilles, certaines plantes offrent aux fourmis, redoutables mangeuses d'insectes, des fourmilières sur mesure ! Leurs troncs, leurs tiges ou leurs feuilles comportent des espaces creux. Les orifices d'entrée de ces fourmilières sont souvent adaptés à une espèce précise de fourmis.

Grâce à ses invitées les fourmis, la passiflore a pu fleurir.

Les plantes dégoûtantes

Les stapelias sont des plantes grasses ressemblant à des cactus. Leurs fleurs possèdent d'épais pétales velus couleur chair. Elles répandent une horrible odeur de putréfaction… pour attirer les mouches à viande. Trompées par leur aspect et par leur « parfum », les mouches se frottent sur la fleur et se couvrent de pollen, qu'elles transportent vers le prochain stapelia ! Grâce à cette ruse, le stapelia sera fécondé.

La fleur de l'aristoloche ressemble aussi à un morceau de viande en décomposition et imite son odeur épouvantable pour attirer les mouches des cadavres qui vont ainsi la féconder.

LES GALLES

Certaines espèces de pucerons et de petits hyménoptères pondent leurs œufs dans les plantes. La piqûre provoque chez la plante la formation d'un organe qu'elle ne produirait pas sans l'insecte : une galle. Chaque galle est caractéristique de l'insecte piqueur et ne peut se former que sur certaines espèces végétales précises. Il s'agit souvent d'une loge à l'intérieur de laquelle les larves de l'insecte grandissent en grignotant les parois. La plante procure ainsi logement et garde-manger, « sur commande » de l'insecte.

Les cynips sont des insectes minuscules, 2-3 mm.

En ouvrant la galle cerise du chêne, on voit la larve d'un cynips, minuscule guêpe.

La galle cerise du chêne « pousse » sous les feuilles après la piqûre de l'insecte.

Les galles en boutons du chêne cachent chacune une larve d'hyménoptère.

DES ASTUCES POUR LES ATTRAPER

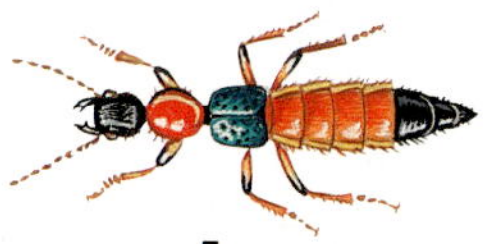

Pour mieux observer les petites bêtes, il faut les attraper. Quel moyen choisis-tu ? Le filet à papillons, le troubleau, la miellée ou encore le petit fagot à enterrer ? Quel que soit ton choix, n'oublie pas de relâcher tes petits pensionnaires après les avoir observés.

Prépare une balade entomologique

Pendant la promenade, tu as vu quantité de petites bêtes, mais les coquines se sont envolées, ont disparu dans l'herbe ou bien elles t'ont échappé en bondissant… Cette fois, tu es décidé à les attraper pour les observer de plus près. Voici quelques conseils…

Ton équipement de terrain

Tu pars à la recherche des petites bêtes. Habille-toi de vêtements qui ne craignent pas les ronces. Mets des chaussures de marche. Emporte une casquette, mais aussi un imperméable : le temps peut changer vite. Porte ta musette en bandoulière pour courir sans gêne et avoir les mains libres. N'oublie pas le filet à papillons, le filet fauchoir si tu cherches les hôtes de l'herbe, le parapluie japonais pour ceux des buissons ou encore un filet troubleau si tu cherches des animaux aquatiques.

Fabrique tes papillotes

Tu peux fabriquer facilement des papillotes pour immobiliser un papillon ou une libellule, les rapporter vivants à la maison et les identifier tranquillement avant de les relâcher. Afin de ne pas écraser tes petits pensionnaires pendant le transport, place tes papillotes dans une boîte en plastique.

Détache une feuille de ton calepin. Plie-la en deux en diagonale en laissant dépasser 2 bandes.

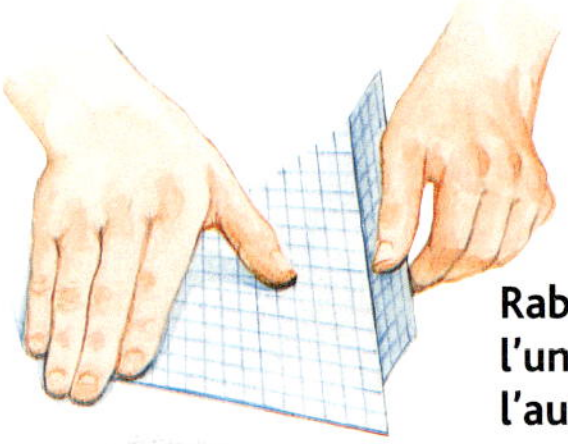

Rabats les 2 bandes, l'une par-dessus, l'autre par-dessous.

Place délicatement l'insecte.

Replie les 2 coins aigus pour éviter que la papillote s'ouvre.

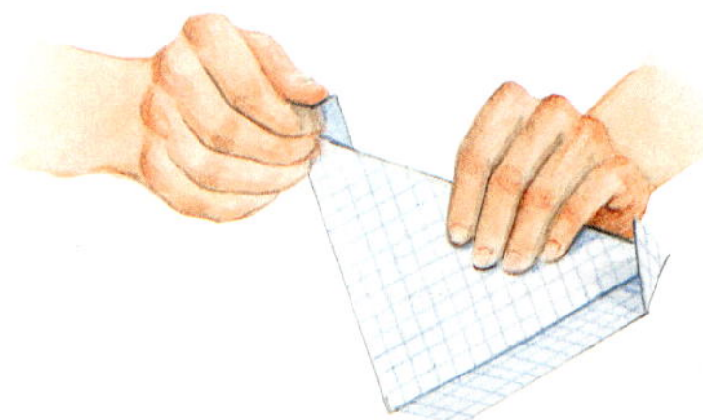

UN VRAI ENTOMOLOGISTE

Que dois-tu emporter dans ta musette ?

1. Des petites boîtes en plastique de toutes tailles. Les boîtes de pellicules photographiques sont très pratiques. Elles permettent d'isoler chaque spécimen, car 2 petites bêtes dans la même boîte se battent.
2. Une loupe ou une boîte-loupe pour examiner les petites bêtes.
3. Quelques sachets en plastique à poignée.
4. Quelques papillotes.
5. Une boîte pour ranger les papillottes.
6. Un guide de détermination.
7. Un crayon à papier.
8. Un carnet de terrain.

Note toutes tes observations pour les analyser plus tard.

Comment les tenir ?

S'il ne s'agit pas d'un insecte qui pique, immobilise-le dans le voile du filet pour qu'il ne se débatte plus.

Un papillon de jour se saisit par le thorax, ce qui maintient les ailes fermées. Pour examiner l'intérieur, souffle délicatement : les ailes s'entrouvriront sous ton souffle.

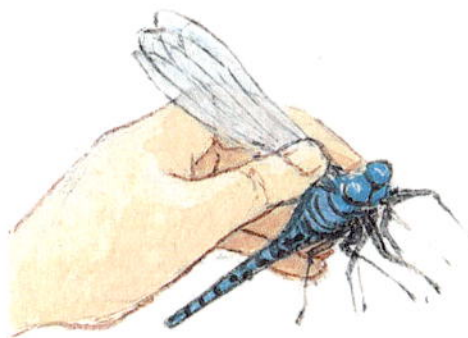

Une libellule se prend par les ailes jointes, qui sont assez rigides.

Un criquet ou une sauterelle se tiennent par les ailes naturellement repliées sur le dos. Attention, les criquets perdent leurs pattes arrière si on les leur saisit.

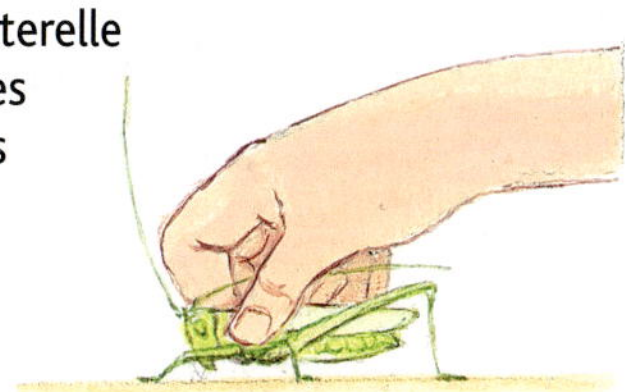

Prends tous les autres insectes volants et les araignées dans une petite boîte, en plaçant de part et d'autre une boîte et son couvercle, et referme le tout avec habileté.

Les gros coléoptères (capricornes, lucanes, scarabées), les phasmes, les chenilles non velues se tiennent délicatement mais fermement entre le pouce et l'index.

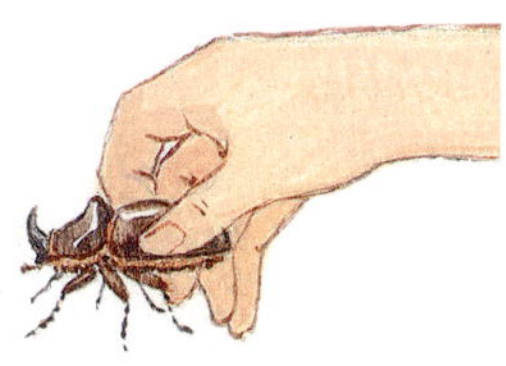

Prudence...

La manipulation des petites bêtes est sans grand danger sous nos climats, mais sois vigilant avec celles qui ressemblent aux guêpes, aux bourdons, aux abeilles et aux scorpions, car la plupart piquent et sont venimeuses. Tu crains les insectes à cornes ou à pinces comme les perce-oreilles. Tu n'aimes pas ceux qui s'accrochent comme les scarabées ni ceux qui mordillent comme les sauterelles. Or ces insectes sont inoffensifs !

Attrape les petites bêtes qui volent

Les papillons volent juste un peu trop haut ou s'envolent pile quand tu vas mettre la main dessus ! Décidément, si tu veux les attraper, il va falloir ruser, et s'entraîner…

Quand tu poursuis les papillons, fais attention où tu mets les pieds : en courant le nez en l'air, tu pourrais tomber dans un fossé ou t'accrocher à des ronces…

Mets-toi à l'affût de leurs habitudes

Inutile de courir dans tous les sens et de t'essouffler ! Avec un peu d'attention, tu remarqueras que beaucoup d'insectes volants passent toujours par les mêmes endroits, véritables couloirs de vol où il suffit de te poster pour les attraper facilement. Un trou dans une haie, le coin d'une prairie, le sommet d'une colline sont autant d'endroits propices pour les intercepter.

Fabrique un piège à interception

Il existe de petits insectes qui volent si vite que tu ne les vois pas. Pour les intercepter, suspends 2 plaques de Plexiglas fixées à angle droit par de l'adhésif. Accroche dessous une bouteille en plastique montée en entonnoir. Les insectes se cognent au Plexiglas et tombent étourdis dans la bouteille. Recueille-les et observe-les.

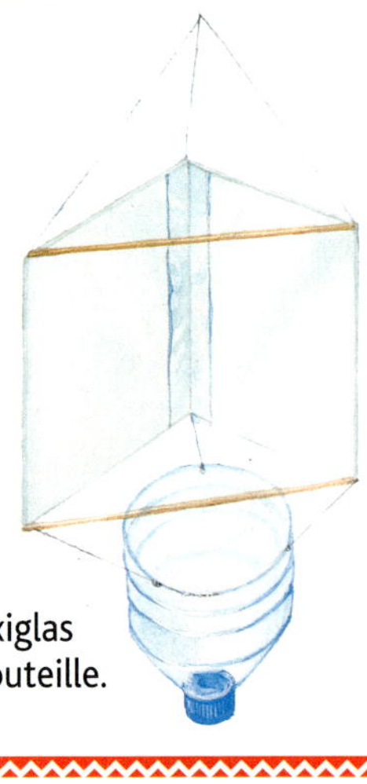

LES PIÈGES À ASSIETTE JAUNE

De nombreux insectes, comme les mouches ou les moustiques sont attirés par les fleurs jaunes. Pour les étudier, les entomologistes utilisent cette attirance. Ils placent des assiettes jaunes contenant de l'eau savonneuse dans laquelle les insectes leurrés plongent.

Tout en douceur

Pour ne pas abîmer ton filet, il est important de le manipuler avec soin. Il ne doit pas heurter le sol ou les arbustes : il se déchirerait.

Quand un insecte arrive, lève ton filet. D'un geste ample et souple, fais entrer l'insecte au fond de la poche.

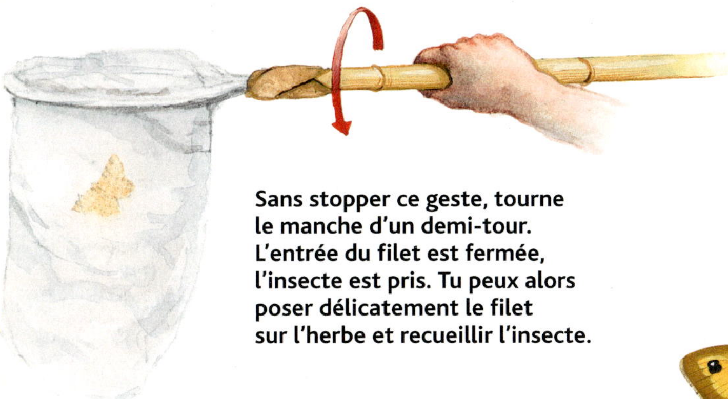

Sans stopper ce geste, tourne le manche d'un demi-tour. L'entrée du filet est fermée, l'insecte est pris. Tu peux alors poser délicatement le filet sur l'herbe et recueillir l'insecte.

Myrtil

Fais toi-même ton filet à papillons

MATÉRIEL :

- Cintre en fil de fer
- Tuteur en bambou de 1 m
- Vieux rideau en voilage
- Bande adhésive d'emballage

1 Arrondis le cintre pour en faire un arceau. Enfonce les 2 extrémités dans le tuteur.

2 Renforce l'articulation avec la bande adhésive.
Demande à une grande personne de coudre une poche de rideau. Le fond du filet ne doit pas être pointu, mais arrondi.

3 Couds la poche autour de l'arceau.

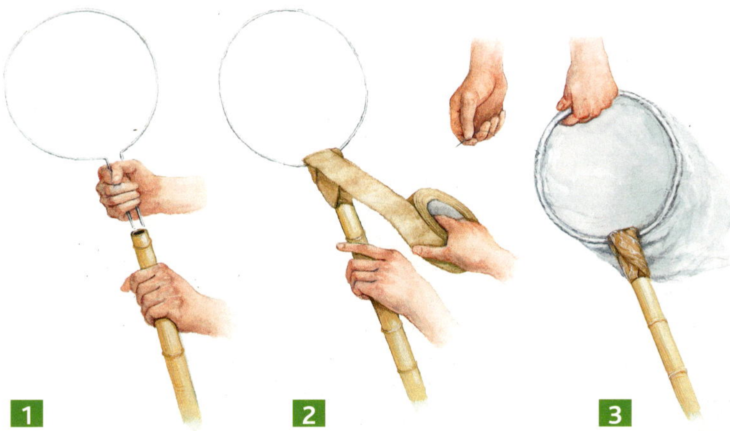

QU'ATTRAPES-TU ?

Des papillons…

des libellules…

des mouches…

et beaucoup d'autres.

Quand elles se dissimulent dans l'herbe

Une multitude de petites bêtes vivent postées au bout des brins d'herbe, dormant sur une fleur ou grignotant tranquillement une feuille. Recettes pour découvrir ce monde à tes pieds...

LE PIÈGE À CHUTE

Les entomologistes professionnels qui étudient les petites bêtes rampantes d'une prairie disposent dans l'herbe des bacs en plastique remplis d'eau savonneuse.
Celles qui y tombent accidentellement se noient. Régulièrement, elles sont recueillies, identifiées et comptées. Un tel piège ne doit pas fonctionner plus de quelques jours pour ne pas tuer inutilement des centaines de petites bêtes.

Tout le monde s'active

Les animaux minuscules qui vivent dans l'herbe y ont de multiples activités. Sur les fleurs, les uns butinent, les autres dorment, d'autres attendent leur proie. Sur les brins d'herbe, certains chassent à la recherche d'une proie, les autres grignotent, se cachent sous les feuilles. Ils se reposent, se réchauffent au soleil ou voyagent en quête d'un partenaire pour s'accoupler.
Avec ton filet fauchoir, sans même les voir, tu vas les surprendre dans leurs activités.
Le mouvement de ton instrument va les faire chuter et les projeter au fond du filet sans les abîmer. À toi de les observer...

Construis ton filet fauchoir

Fais-toi aider d'un adulte, car ce travail nécessite des outils.

1 Fixe la jante au manche à l'aide des pattes métalliques.

2 Couds la poche de rideau sur la jante.

3 Par-dessus, côté ouverture du filet, couds la pièce de jean pour renforcer le bord du filet.

MATÉRIEL

- Manche d'outil de jardin de 1,20 m
- Vieille jante de petit vélo
- 2 cornières à trous
- Poche de rideau rectangulaire
- Bande de tissu fort type « jean »
- Vis, écrous

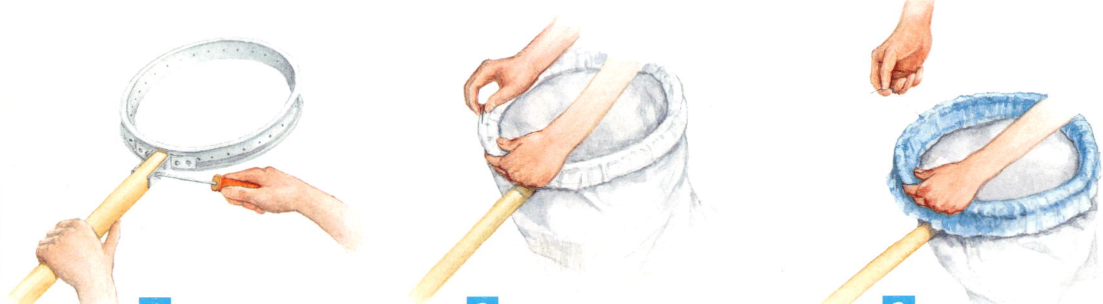

1 2 3

Que récoltes-tu ?

Le meilleur endroit pour faucher, ce sont les hautes herbes.

Bien manier ton fauchoir

Ton filet fauchoir est beaucoup plus solide que ton filet à papillons mais, pour le conserver longtemps intact, apprends à bien l'utiliser. Manie-le comme le faucheur manie sa faux. Tout en avançant, fais à chaque pas un grand mouvement ample qui amène l'ouverture du filet à heurter les herbes sans toucher terre. De droite à gauche, tourne le manche de ton fauchoir, puis recommence de gauche à droite. Hop, hop, hop ! Tous les 10 mouvements, regarde ce que tu as attrapé. Ça grouille !

Agite le fauchoir dans les herbes hautes, mais pas dans les buissons ou dans les ronces, car il se déchirerait.

C'est dans les haies sauvages et à la lisière des bois que tu trouveras le plus de petites bêtes dans les buissons.

Cachées dans les buissons

Elles sont là, à hauteur de tes yeux, et pourtant tu n'en vois pas une seule… Un coup de bâton dans ce buisson, et c'est comme un coup de baguette magique ! Une foule de petites bêtes se laissent tomber dans ton parapluie japonais.

Chacun ses occupations

Dans les arbustes, les chenilles consomment les feuilles. Les coléoptères se reproduisent. Les araignées cherchent une proie. Les punaises sucent la sève. Les escargots dorment. Beaucoup de ces petites bêtes se laissent tomber quand on secoue leur branche. C'est leur moyen de défense, car ainsi elles échappent à leur prédateur, qui les perd de vue ! Profite de cette opportunité pour les observer…

INSECTICIDE POUR ENTOMOLOGISTES TROPICAUX

Dans les forêts tropicales, les arbres sont très hauts et quantité de petites bêtes ne descendent jamais au sol. On ne peut donc pas les voir ! Pour les connaître, les scientifiques, munis de masques et de puissants pulvérisateurs projettent de l'insecticide dans un arbre. Les petites bêtes tombent par milliers sur de grandes bâches et sont précieusement recueillies pour être étudiées.

Comment l'utiliser ?

Déplie le parapluie. Le tissu doit être suspendu aux baguettes. Tiens ton parapluie d'une main par la croisée des baguettes. Place-le bien ouvert sous une branche. À l'aide d'un bâton, frappe la branche vigoureusement au-dessus du parapluie. Une pluie de petites bêtes tombe alors sur la toile claire. À chaque nouvel essai, n'oublie pas de débarrasser la toile des prises précédentes.

QUI TOMBENT DANS TON PARAPLUIE ?

Des araignées...

Saltique noire

des charançons...

Charançon de l'ortie

des larves...

Larve de tenthrède

des chenilles arpenteuses...

Phalène du sureau

des coccinelles et leurs larves...

des punaises.

Punaise verte

Fabrique ton parapluie japonais

MATÉRIEL

- 3 tasseaux de 70 cm
- 4 vis à bois et 4 rondelles
- 1 vis et son écrou
- Toile claire de 90 cm x 90 cm

1 Perce un trou au milieu de chaque tasseau et articule-les ensemble avec la vis et l'écrou.

2 Ourle le carré de tissu. Fixe les coins au bout des tasseaux avec les vis à bois et les rondelles.

3 Pour le transporter, joins les baguettes, ton parapluie ne prend plus de place. Le troisième tasseau te sert à battre les branches, mais un bâton recueilli sur place fera aussi bien l'affaire !

Trouve les animaux enfouis sous terre

Jamais tu n'aurais imaginé qu'autant de petits habitants grouillaient dans le sol. Pourtant, ils sont juste sous tes pieds, bien à l'abri des regards.

Chacun ses goûts

Dans l'épaisseur du sol, quel confort ! La température sous terre est fixe à 12 °C, l'humidité est constante et le froid ne pénètre pas. S'enfoncer sous terre, c'est donc un moyen astucieux d'hiverner. Certaines petites bêtes qui aiment l'obscurité et l'humidité y passent toute leur vie, tels les vers, les mille-pattes et les cloportes. Enfin, sous terre, les victuailles ne manquent pas : quantité de larves de mouches ou de coléoptères y consomment des racines.

Court séjour

Beaucoup de petites bêtes s'abritent sous terre pour passer un moment périlleux de leur existence. Les escargots, les grillons ou les criquets y pondent. Des larves de coléoptères et des chenilles de papillons de nuit s'enterrent pour se métamorphoser. Les coléoptères émergent avec leur carapace durcie, parfois prêts depuis plusieurs mois en attendant le redoux. Les papillons ne déploient leurs ailes qu'une fois à l'air libre. Certains sphinx franchissent jusqu'à 40 cm de terre avant d'atteindre la surface !

Pour favoriser l'installation des petites bêtes, fabrique des fagots de branchettes, enterre-les et repère l'endroit.

Après quelques semaines passées en terre, tes fagots de branchettes abritent de nouveaux occupants.

UTILISE UN PIÈGE À ÉMERGENCE

Tu peux surprendre les nombreuses petites bêtes qui émergent du sol les jours de printemps et d'été.

1. Place sur une partie dégagée du sol une cloche à fromage ou une cloche à salade.
2. Chaque jour, récolte et identifie les petites bêtes qui ont grandi dans le sol et qui sont sorties à la surface sous ta cloche !
3. N'oublie pas de les relâcher !

Quels petits animaux sortent de terre ?

Dans le piège à émergence :

des moustiques...

Tipule grise

des noctuelles...

Noctuelle du pois

des mouches.

Bibion

Dans l'appareil de Berlèse :

des collemboles (0,2 cm)...

des acariens (0,1 cm)...

des protoures (0,5 cm).

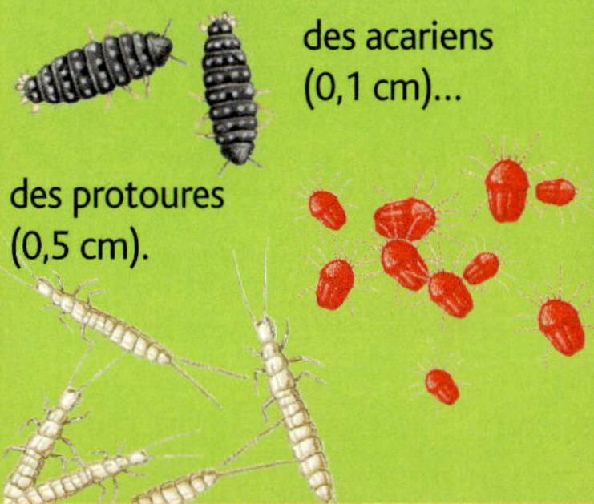

Fabrique ton appareil de Berlèse

Ce piège sert à recueillir les petites bêtes qui vivent dans le sol et n'en sortent jamais, car elles craignent la lumière et la chaleur, qui les déshydratent.

1 Place un entonnoir au-dessus d'un bocal obscurci par un papier foncé ou un papier d'aluminium.

2 Dans l'entonnoir, dépose quelques cuillères de terre de forêt.

3 Quelques centimètres au-dessus, place une lampe de bureau allumée. Sa chaleur dessèche le terreau.

Les petites bêtes fuient, s'enfoncent et tombent dans le bocal par le col de l'entonnoir. Observe-les à la loupe, car elles sont minuscules.

Les pieds dans l'eau

Tu ne pensais pas trouver des insectes sous l'eau ? Pourtant, ils y sont nombreux et les larves de libellules ou de moustiques tiennent compagnie à des vers et des escargots.

Confectionne une nasse

La nasse, c'est un simple filet béant fixé sur le fond. Elle recueille les petites bêtes de la rivière qui sont entraînées par le courant.

MATÉRIEL :

- Sac en jute
- Barre d'aluminium plate
- 2 pieux

1 Plie la barre pour qu'elle forme un cadre rectangulaire.

2 Fixe le filet autour à l'aide de pinces à linge ou en le cousant.

3 Pour installer ta nasse dans l'eau, plante les 2 pieux dans le fond juste derrière le cadre. Le courant tend le filet.

Une partie de pêche un peu particulière

Pour te faire une idée de la microfaune des mares et des rivières, il y a mille astuces. Soulève et examine les pierres, puis remets-les en place : des œufs ou des larves y sont accrochés. Examine le bord de l'eau : des animaux s'y réfugient loin du courant. Tamise le sable dans l'eau à l'aide de ton épuisette : des larves s'y terrent. Utilise une nasse pour explorer la rivière ou un filet troubleau pour fouiller les recoins de la mare.

Un troubleau facile à faire

Le troubleau s'utilise dans les eaux calmes. Il faut le remuer en agitant le fond vaseux d'un étang par exemple, ce qui trouble l'eau... D'où son nom !

MATÉRIEL :

- Sac type pommes de terre en jute
- Manche d'outil de jardin de 1,20 m de long
- Jante de petit vélo
- 2 équerres en métal
- De la ficelle solide
- Des vis, des écrous

Fais-toi aider d'un adulte, car ce travail nécessite des outils.

1 Fixe la jante au manche d'outil à l'aide des équerres.

2 Couds la poche sur la jante à l'aide de la ficelle. Le sac doit pouvoir supporter une dizaine de kilos pour résister au poids de l'eau quand on le sort plein de vase et de plantes aquatiques.

3 Verse ta récolte dans un seau de couleur claire pour l'examiner et n'oublie pas de tout remettre à l'eau en partant.

Dans la rivière ou dans l'étang ?

Le troubleau s'utilise dans les mares et les étangs. « Fauche » les plantes aquatiques et racle le fond. Débarrasse ton troubleau des gros débris et de la vase et observe ta récolte dans un seau ou une bassine à fond clair. La nasse s'utilise dans les petits cours d'eau à fond de sable ou de graviers. Fixe-la dans le fond, ouverture face au courant, et racle le fond en amont. Des bestioles s'y engouffrent, prisonnières.

Pour explorer ce qui se passe sous l'eau, tu peux te servir d'une épuisette improvisée, fabriquée en attachant solidement le manche d'une passoire à un tuteur en bambou ou un manche à balai.

QUE PÊCHES-TU ?

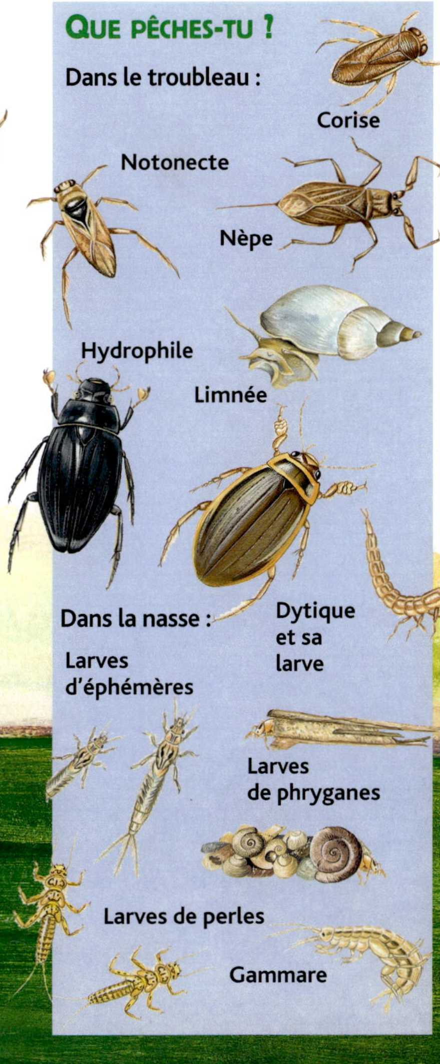

Par l'odeur alléchés

Ce n'est parfois pas la peine de les chercher ! En utilisant quelques astuces, divers insectes viendront jusqu'à toi, attirés par des odeurs enivrantes ou par la lumière d'un projecteur...

Les gourmands ont de l'odorat !

Beaucoup d'insectes sont tellement discrets que tu ne les aperçois jamais. Mais tu peux les faire sortir de leur retraite. Pour les attirer, joue sur leur gourmandise. Comme ils sont très sensibles aux odeurs et aux parfums, ce qui leur sert dans la nature à trouver leur nourriture ou leur partenaire, ils seront alléchés par des préparations ou des appâts disposés à leur intention.

Badigeonne un tronc d'arbre de miellée à l'aide d'un large pinceau : les petites bêtes viendront s'y régaler. Celles qui viennent le jour ne sont pas les mêmes que celles de la nuit.

La miellée, quel délice !

Pour attirer les insectes volants, réalise une miellée.

1 Mélange un verre de vin, 2 cuillères de miel et 2 cuillères de compote de pommes.

2 Étale la miellée au pinceau sur les troncs. Les petites bêtes viennent la sucer pour se nourrir, comme si c'était le jus d'un fruit délicieux.

Qui vient se régaler à la miellée ?

Le jour :

La nuit sur le tronc d'un saule :

L'alcool les grise

Si tu veux capturer facilement les petites bêtes les plus farouches parmi celles qu'une miellée attire, ajoutes-y un peu de rhum ! L'alcool a le même effet sur elles que sur nous. Elles deviennent ivres et se laissent recueillir sans chercher à se sauver. Hum, on dirait qu'elles aiment ça !

Pose un piège à chute

Ce piège te permet de voir les animaux qui gambadent au sol.

1 Enfouis à ras de terre un bocal et places-y un appât (voir encadré ci-dessous).

2 Couvre le tout d'un toit surélevé par des cailloux pour éviter que la pluie inonde ton piège.

3 Observe tes prises chaque jour et relâche-les. Démonte ton piège quand tu n'en as plus besoin.

Un piège à appât tropical

Sous les tropiques, certains papillons volent trop haut et on ne peut les voir qu'en les piégeant. Sous une cloche en tulle, on accroche une planchette de bois et on y place un fruit ou un bout de fromage fermentés, ou même une crotte d'animal. Les papillons s'y posent puis, repus, s'envolent verticalement. Ils sont piégés, car ils ne retrouvent pas l'entrée située en bas.

Qui tombe dans ton piège à appât ?

Avec de la bière ou du vinaigre :

Avec de la bouse de vache :

Avec un morceau de viande :

Chasse de nuit

Cri-cri, kss-kss... La nuit, tu entends plein de petits bruits... Les petites bêtes sont là, tapies dans le noir. C'est l'heure où beaucoup d'entre elles s'activent. Tu vas les surprendre...

Papillons de nuit...

Curieusement, les papillons de nuit sont attirés par une lumière brillante. Ils s'en approchent, virevoltent autour et se posent à proximité, endormis comme s'il faisait jour. Ils sont moins nombreux les soirs où brille la lune.
Les papillons de nuit qui ne sont pas attirés par la lumière le sont souvent par la miellée. Ne les éclaire pas trop quand tu iras les observer en plein repas : ils fuiraient la lumière trop directe de ta lampe de poche.

Frisson garanti

Au cours d'une promenade de nuit à la lampe de poche, tu surprendras des chenilles, des papillons posés, des araignées en chasse, des punaises, des sauterelles, des capricornes déambulant sur les troncs. Sans oublier limaces et escargots qui profitent de l'humidité.

Installe un piège à lampe

Choisis un soir sans lune, quand la température est douce.

1 Tends un drap blanc entre 2 arbres, face à un lieu dégagé.

2 Éclaire-le avec un spot halogène placé au sol ou suspendu à une branche, à 1 m.

3 Bientôt les premières petites bêtes se posent sur le drap, attirées par la lumière, comme les papillons qui viennent près des lampes allumées les soirs d'été !

Lumière ultraviolette

Les chercheurs qui pratiquent la chasse de nuit à la lampe utilisent des lampes émettant des rayons ultraviolets, très attractifs pour les petites bêtes de la nuit. Mais ces rayons sont dangereux pour les yeux et il faut porter des lunettes protectrices.

Surpris en pleine action

Beaucoup d'animaux profitent de la nuit pour se livrer à des activités délicates ou dangereuses. Tu surprendras peut-être une sauterelle en train de muer, une limace en train de pondre, des carabes s'accouplant ou une araignée en train de chasser. Observe-les, mais ne les dérange pas ! Tout ce qu'ils font est vital.

Quels insectes viennent vers ta lampe ?

Dans tous les recoins

La nature fourmille de petits habitants. Tu as déjà regardé partout. Mais voici encore quelques astuces pour ramener une musette bien remplie !

Plante ta bêche dans le sol et agite-la, ce qui tasse la terre. Les vers de terre font surface, dérangés. Tu peux aussi arroser l'endroit à l'eau savonneuse.

Il faut ruser pour mieux observer

Les dalles du jardin sont des abris idéaux. En les soulevant, tu es sûr de trouver des cloportes, des mille-pattes, des araignées. Attire les limaces et les escargots en leur construisant un abri : une planche, une tuile, une plaque de carton posées dans un endroit frais du jardin. Soulève-les quelques jours plus tard, les invités sont là !

La nuit, les vers de terre remontent à la surface du sol pour s'accoupler. Tu peux les surprendre à la lampe de poche. Ils sont très nombreux après la pluie.

Explore le dessous des rondins et des pots de fleurs. Araignées, cloportes et fourmis t'attendent.

La chasse au piochon

L'hiver, de nombreux insectes hibernent dans les souches ou les troncs morts car leur décomposition dégage une douce chaleur. D'autres s'abritent dans la terre meuble des talus forestiers. À l'aide d'une petite pioche, explore ces milieux. Tu y trouveras des carabes endormis pour l'hiver, des reines de guêpes et des femelles d'ichneumons attendant la belle saison, des chrysalides de papillons, des araignées engourdies qui se réveilleront au printemps.

Attrape les bêtes minuscules

Fabrique-toi un aspirateur à bouche. Perce 2 trous dans le couvercle d'un bocal. Coupe 1 m de tuyau souple pour aquarium en 2 parties, l'une de 60 cm, l'autre de 40 cm. Enfile-les chacune dans un des trous du couvercle. En aspirant les toutes petites bêtes grâce à ce dispositif, tu vas les attraper sans les abîmer… et rassure-toi, il n'y a aucun risque de les avaler !

Repère une bête minuscule. Pose l'embouchure du long tuyau près d'elle, et aspire un coup sec par le tuyau court. La petite bête est emportée par le courant d'air dans le bocal, où elle reste prisonnière !

C'est l'été et la famille se balade dans les collines écrasées de chaleur. Dans ces milieux secs, soulève les pierres. Dessous se terrent des scolopendres, des fourmis, etc. Ces animaux peuvent être venimeux : aie la prudence de porter des gants de jardinier. Replace les pierres après examen, car ces petites bêtes ou leur ponte exposées au soleil se déshydratent et meurent.

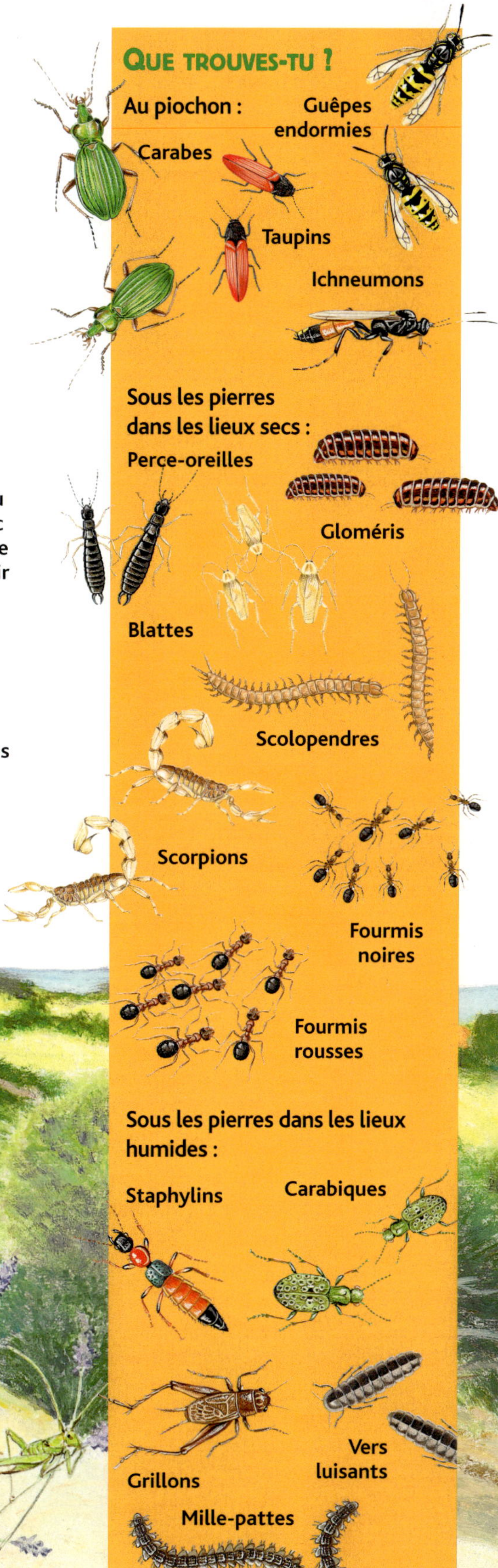

DE LA LARVE À L'ADULTE

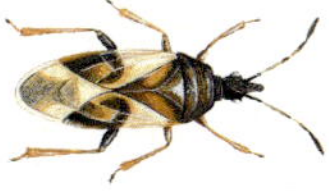

Dans son enfance, le papillon est une chenille, la coccinelle est une méconnaissable larve noire tandis que le criquet ressemble déjà à un criquet miniature. Le développement des petites bêtes, parfois ponctué par une étonnante métamorphose, est une grande aventure...

Mâle ou femelle ?

Tu as décidé d'élever des petites bêtes et tu es prêt à accueillir tes pensionnaires. Assure-toi d'abord que tu as bien un mâle et une femelle.

Chez les papillons, mâle et femelle se ressemblent. Mais chez l'aurore, le mâle est plus coloré.

As-tu repéré le mâle minuscule de cette araignée thomise, perché sur le dos de son énorme femelle ?

Petit gabarit et jolies couleurs

Les mâles des petites bêtes ont souvent une taille plus réduite que celle de leurs femelles. Ce sont des sportifs qui errent et gambadent activement à la recherche d'une partenaire. Ils la fécondent au début de leur vie d'adulte et disparaissent. Ils sont souvent ornés de couleurs vives : avec un habit aussi voyant, ils séduisent les femelles, mais cela les rend repérables, alors attention aux prédateurs ! Ces séducteurs ont souvent la vie courte, ce qui ne les empêche pas de se reproduire.

Les femelles, un peu plus dodues

Chez les petites bêtes, les femelles sont souvent plus grosses que les mâles. Normal ! Comme elles portent les œufs, elles sont plus lourdes. Pour marcher ou pour s'envoler, elles ont besoin de plus de force. Alors, elles ont un corps, des pattes et des ailes plus développés. Les femelles sont aussi souvent plus ternes que les mâles. Cela leur permet d'être moins vite repérées par les prédateurs, car elles assurent la ponte, donc la survie de l'espèce.

L'HERMAPHRODISME

Chez les vers, les escargots et les limaces, il n'y a ni mâles ni femelles. Chaque individu est à la fois mâle et femelle. Pourtant, il ne peut pas se féconder lui-même. Deux individus doivent s'accoupler et se féconder mutuellement. Puis ils pondent chacun les œufs fécondés par l'autre.

L'escargot est hermaphrodite.

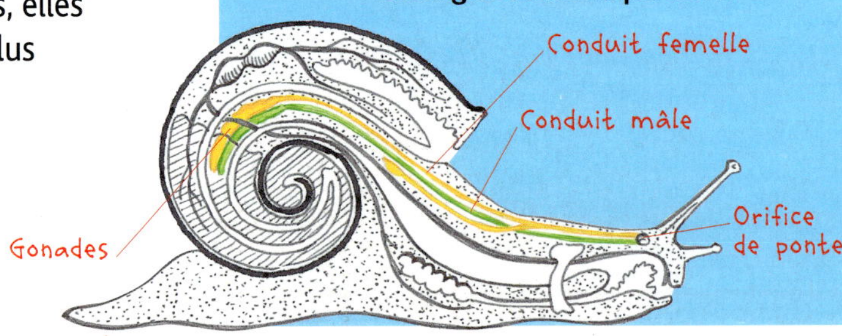

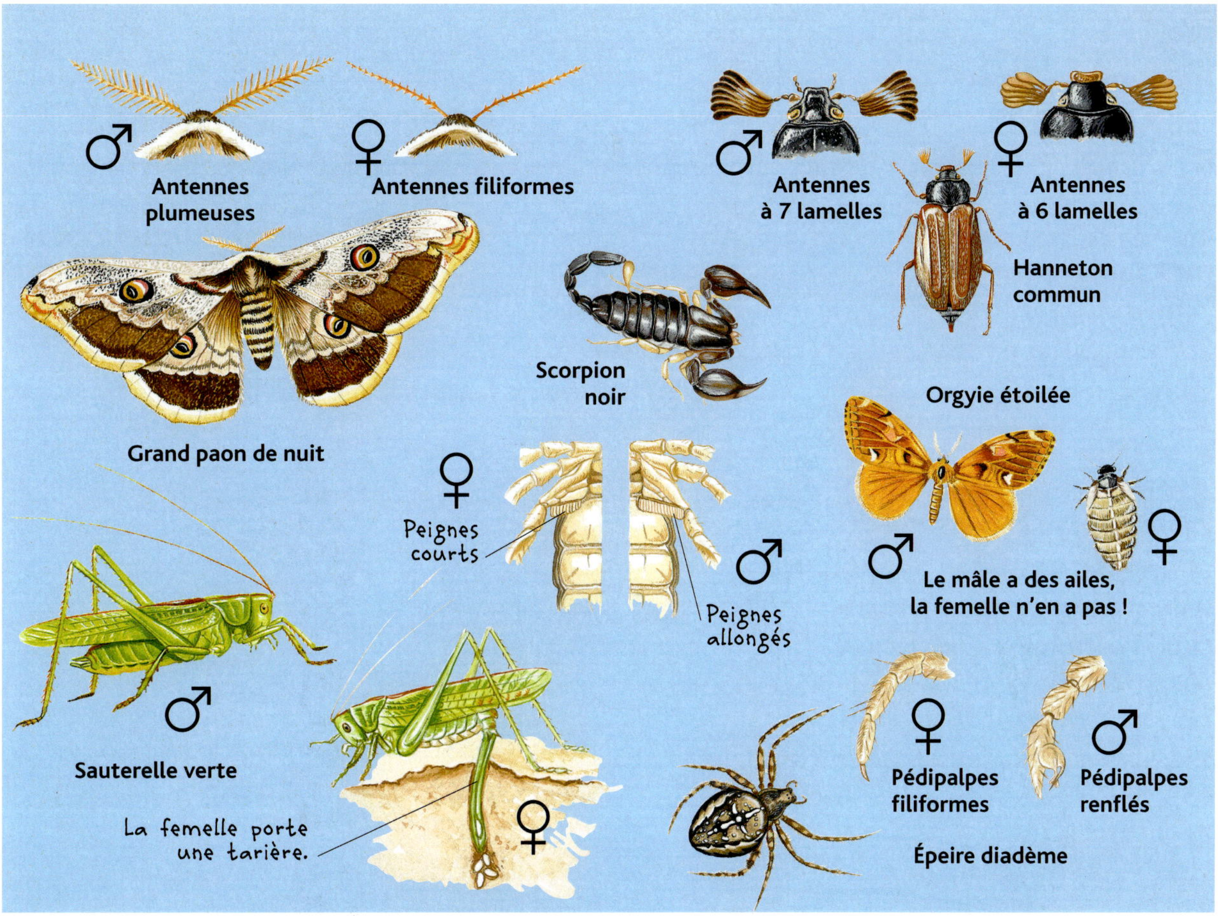

De mère en fille

En principe, le nombre de mâles et de femelles issus d'une ponte est à peu près le même, mais il y a quelques exceptions. Chez certains phasmes, il n'y a jamais de mâles et les œufs, non fécondés, donnent quand même des individus, tous femelles ! Chez les abeilles, la fécondation ou non des œufs dépend de la reine. Un œuf non fécondé donne un mâle, « le faux bourdon » ; un œuf fécondé donne une femelle, ouvrière ou reine selon la nourriture qu'elle reçoit.

En Europe, seuls les mâles de cigale chantent.

Le mâle du ver luisant a des ailes, la femelle n'en a pas. Elle brille dans la nuit pour attirer son compagnon.

Les parades nuptiales

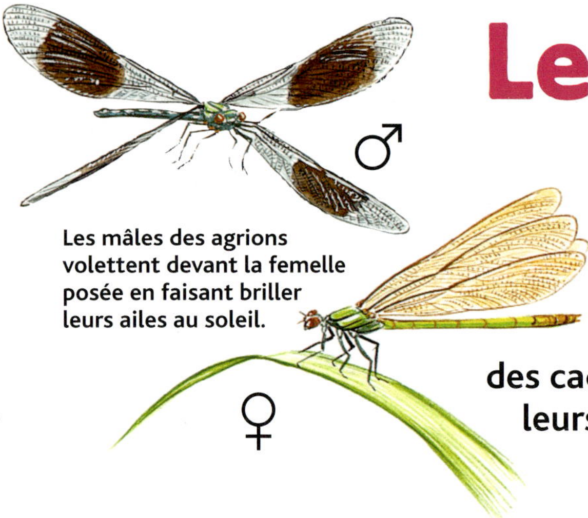

Les mâles des agrions volettent devant la femelle posée en faisant briller leurs ailes au soleil.

Tous les moyens sont bons pour attirer l'attention d'un partenaire ! Les petites bêtes se parfument, dansent, offrent des cadeaux, chantent et prennent leurs plus beaux habits pour séduire.

Séduisantes couleurs

Couleurs voyantes et parfois métallisées : les mâles ont souvent des couleurs vives pour être aperçus par les femelles, qui ont par conséquent une bonne vision des couleurs. Les papillons de jour se reconnaissent entre eux à plusieurs mètres grâce aux dessins et couleurs de leurs ailes. Mais en matière de signaux visuels, les vers luisants et les lucioles font plus fort : les femelles attirent leurs mâles par l'émission de signaux lumineux au rythme codé !

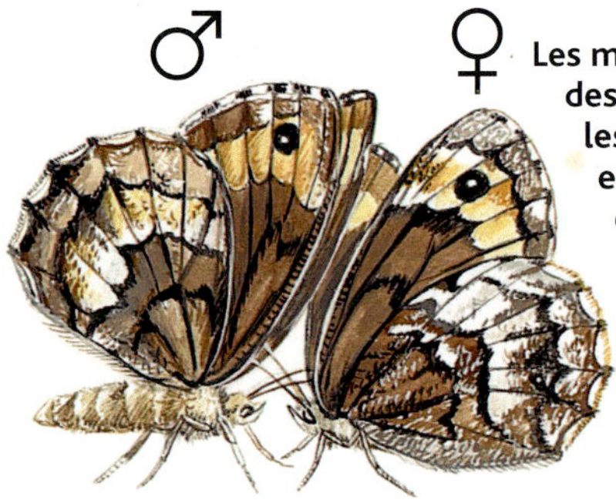

Les mâles de la famille des satyridés prennent les antennes des femelles entre leurs ailes et les caressent.

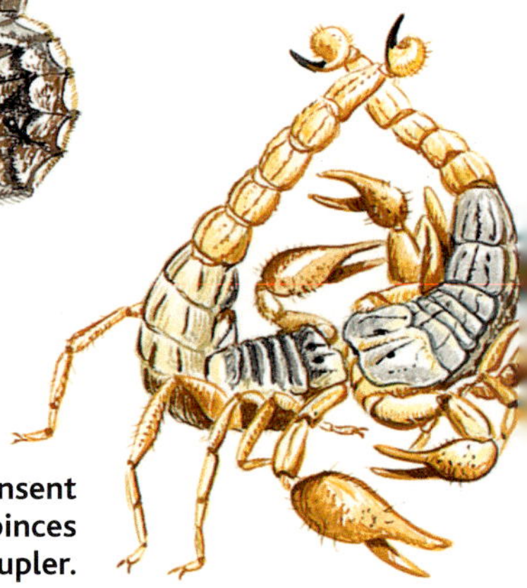

Les scorpions dansent en se tenant les pinces avant de s'accoupler.

Avant de s'accoupler, les escargots se dressent l'un tout contre l'autre, pied à pied.

Parfums envoûtants

Les mâles de nombreux papillons possèdent sur leurs ailes des écailles à parfum : les androconies. Elles émettent une odeur qui envoûte la femelle quand le mâle volette autour d'elle. Les femelles de nombreux papillons de nuit répandent un parfum qui attire leurs partenaires, parfois jusqu'à 10 km de distance !

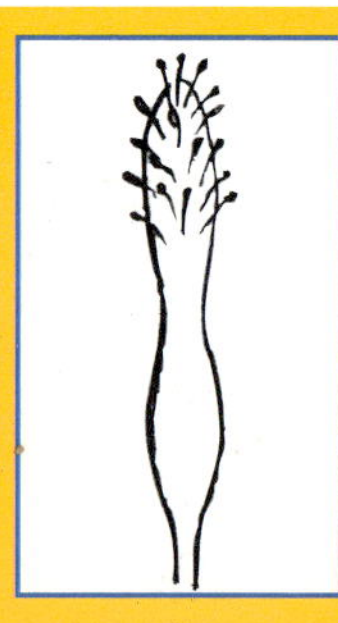

Une forme d'écaille à parfum

Quand 2 mâles de lucanes cerfs-volants se rencontrent, ils se battent.

Danses et combats

Chez les coléoptères comme les lucanes, plusieurs mâles s'approchent d'une même femelle, et il s'ensuit des batailles au cours desquelles les plus faibles sont projetés au loin sans pitié. D'autres petites bêtes dansent et gesticulent pour se faire remarquer. Mais attention ! Un mouvement de travers, et le mâle est recalé : les rituels d'accouplement sont précis et parfaitement réglés, car ils servent de signaux de reconnaissance à l'intérieur d'une même espèce.

Certaines araignées offrent à leur femelle un petit cadeau.

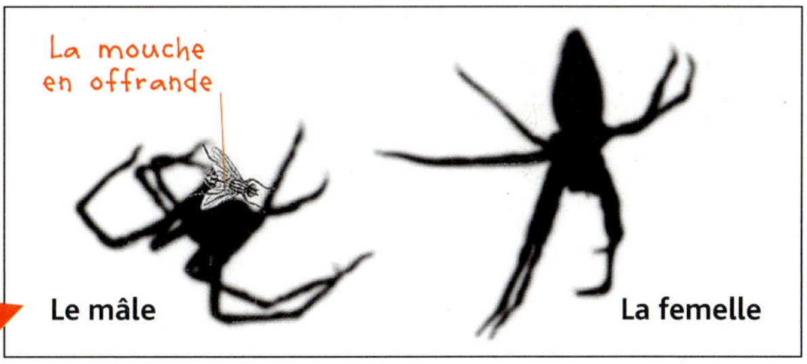

La parade des saltiques

Pour plaire à une femelle, les saltiques mâles vont et viennent ...

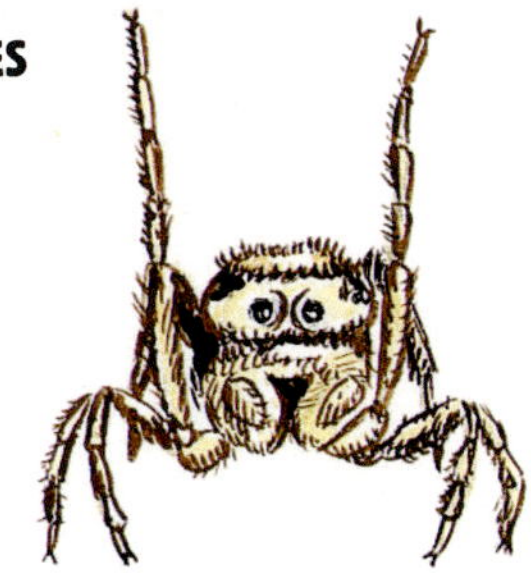

... tout en agitant leurs pattes antérieures...

... ou leurs pédipalpes selon un code compris par la femelle.

Le chant des sirènes

Les criquets, les grillons et les sauterelles mâles attirent les femelles en stridulant. Ils produisent ce chant en frottant leurs ailes ou leurs pattes les unes contre les autres. Les cigales stridulent à l'aide d'un organe abdominal. Chez certaines espèces, les femelles répondent aux mâles par des chants différents ! Le chant de chaque espèce possède un rythme, une fréquence et un niveau sonore caractéristiques. En t'exerçant, tu pourras bientôt les reconnaître.

Petite vrillette, 0,5 cm.

La grande vrillette tambourine

La grande vrillette vit dans le bois des vieux meubles. Pour attirer les femelles, le mâle frappe le bois de son thorax, émettant un tac-tac sonore inquiétant la nuit. Autrefois, on l'appelait « horloge de la mort ». La petite vrillette, plus commune, ne tambourine pas.

Histoires d'accouplements

Pour se reproduire, les animaux doivent s'accoupler. Un exercice indispensable pour la vie, parfois spectaculaire et très acrobatique...

Accouplement de grandes sauterelles vertes.

PUNAISES BIEN NOMMÉES

Chez les petites punaises prédatrices d'insectes et les punaises des lits, l'accouplement se fait de façon très violente : le mâle perce l'abdomen de la femelle de son organe acéré et y injecte directement sa semence !

Les punaises s'accouplent dos à dos.

S'unir pour se reproduire

S'accoupler, cela signifie s'unir à un partenaire de sexe opposé pour permettre aux cellules reproductrices, ou gamètes, de se rencontrer. La plupart des petites bêtes s'accouplent. Cela peut durer 24 heures, comme chez les grands papillons de nuit, ou seulement quelques secondes, comme chez les grillons. Mais, chez les scorpions, le mâle dépose simplement une capsule contenant sa semence, le spermatophore, que la femelle recueille pour féconder ses œufs.

Le mâle de demoiselle (en bleu) tient le cou de la femelle avec le bout de son abdomen.

Le mâle de coccinelle se dandine pour décider la femelle à s'accoupler.

La parthénogenèse

Les œufs de certains insectes se développent même s'ils ne sont pas fécondés. Selon les espèces, ils ne donnent alors que des mâles ou que des femelles. Ce phénomène s'appelle la parthénogenèse, ce qui signifie « reproduction des vierges », car il n'y a pas d'accouplement. Cette astuce de la nature permet à certaines espèces, comme les pucerons ou les phasmes, de se reproduire en l'absence de mâles.

Les charançons se laissent tomber ensemble s'ils sont dérangés !

Dans tous les sens

Pour s'accoupler, les petites bêtes adoptent des positions très différentes. Les papillons s'accouplent en se tournant le dos et en accolant leurs extrémités abdominales. La femelle volette parfois avec le mâle accroché derrière elle. Les punaises s'accouplent aussi dans cette position. Le mâle de libellule saisit la femelle derrière la tête en plein vol. Celle-ci recourbe alors son abdomen sous elle et en fixe l'extrémité sous la base de celui du mâle. Mais, le plus souvent, les petites bêtes s'accouplent l'une sur l'autre, le mâle montant sur la femelle.

Accouple des chrysomèles

1. Cherche sur les menthes, les peupliers et les aulnes au bord de l'eau, ou sur les lavandes et les pommes de terre au jardin. Tu trouveras divers petits coléoptères bombés aux couleurs éclatantes, les chrysomèles.

2. Garde quelques couples dans un terrarium avec un peu de feuillage de la plante sur laquelle tu les as trouvés. Tu auras l'occasion d'observer des accouplements.

Les limaces et les escargots sortent leurs organes copulateurs pour s'accoupler.

Les nèpes s'accouplent sous la surface de l'eau.

Les papillons restent accouplés plusieurs heures.

La ponte

Les femelles sont très affairées : les unes creusent un trou, les autres cherchent une plante, d'autres encore tissent un peu de soie : l'instant de la ponte approche…

Ovovivipares

Au lieu de pondre des œufs, certaines petites bêtes mettent au monde directement leur progéniture. On dit alors qu'elles sont ovovivipares. C'est le cas des scorpions et de la mouche tsé-tsé qui met au monde quelques asticots déjà prêts à se métamorphoser ! Quelques blattes conservent leur oothèque dans une poche incubatrice d'où sortent les larves.

Regarde-les faire

Un jour de beau soleil, prends le temps de regarder les papillons. La femelle volette au-dessus des plantes sans s'intéresser aux fleurs, hésite, revient. Enfin elle se pose un court instant. Repère l'endroit : tu as toutes les chances d'y trouver un œuf minuscule.

Le meilleur endroit

Les insectes pondent dans des endroits proches d'une source de nourriture pour les larves à naître, afin de donner à leur progéniture toutes les chances de survie. Les papillons pondent sur les plantes que la chenille aime grignoter, les coccinelles pondent sur les pousses envahies de pucerons, le bousier installe ses œufs sur une bouse et les mouches à viande les déposent sur un cadavre dont l'asticot se régalera. Les femelles de phasmes laissent tomber leurs œufs qui ressemblent à des graines et les cigales pondent dans les interstices des écorces.

La rhysse pond ses œufs dans le corps de larves qu'elle détecte dans le bois. Ici, elle pond dans une larve de sirex.

Des boîtes à œufs

Chez certaines espèces, les œufs sont pondus dans un étui protecteur : l'oothèque, ce qui signifie « boîte à œufs ». Elle est faite d'une substance protéinée produite par les glandes génitales.

L'oothèque des mantes est un amas spongieux.

L'oothèque des blattes ressemble à une petite valise.

Les blattes, les mantes et les criquets pondent des oothèques.

Le moment adéquat

Chaque espèce possède une ou plusieurs périodes de ponte. Les œufs peuvent être pondus avant l'hiver et éclore au printemps, comme chez les criquets, les bâtons-du-diable et la mante religieuse, ou être pondus en été et éclore en quelques jours, comme chez les abeilles, les fourmis et de nombreux papillons, moustiques, mouches et coléoptères. Certaines espèces réalisent même plusieurs générations par an !

Les piérides déposent leurs œufs surtout sur les plantes de la famille du chou.

La femelle d'agrion pond dans la végétation immergée.

Fais pondre un papillon de nuit

Les femelles de nombreux papillons de nuit sphinx et bombyx sont fécondées dans la nature dès leur émergence. Elles pondent facilement en captivité.

1 Place une femelle dans une boîte à chaussures sur un morceau d'essuie-tout. Le lendemain, tu trouves des perles colorées, les œufs.

2 Surveille chaque jour. Dès que tu observes une naissance, dispose une feuille de pissenlit ou d'ortie pour nourrir les minuscules chenilles et change cette nourriture tous les jours.

Les escargots et les limaces déposent leurs œufs dans une loge qu'ils creusent dans la terre.

Mantispe en train de pondre.

Œufs en colonne du papillon carte géographique

Des œufs de toutes les couleurs

Ils sont minuscules, les œufs des petites bêtes ! Mais en y regardant bien, en sachant à quoi ils ressemblent et où ils sont déposés, tu vas apprendre à les trouver.

Les œufs de la chrysope sont accrochés à un filament raide.

Pleins d'imagination !

On en trouve de toutes formes et de toutes couleurs. Les œufs des punaises ressemblent à de petits tonnelets. Ceux des phasmes imitent des graines et ceux des criquets ressemblent à des saucisses. Les œufs des papillons peuvent être en forme de lentille, de balle, de ballon de rugby, en forme de fuseau ou même en demi-sphère. Certains semblent ciselés comme du cristal. Ceux de la chrysope sont pondus au bout d'un long pédoncule, ce qui les met hors de portée des fourmis. Ouvre bien les yeux, tous ces œufs mesurent de 0,2 à 1,5 mm !

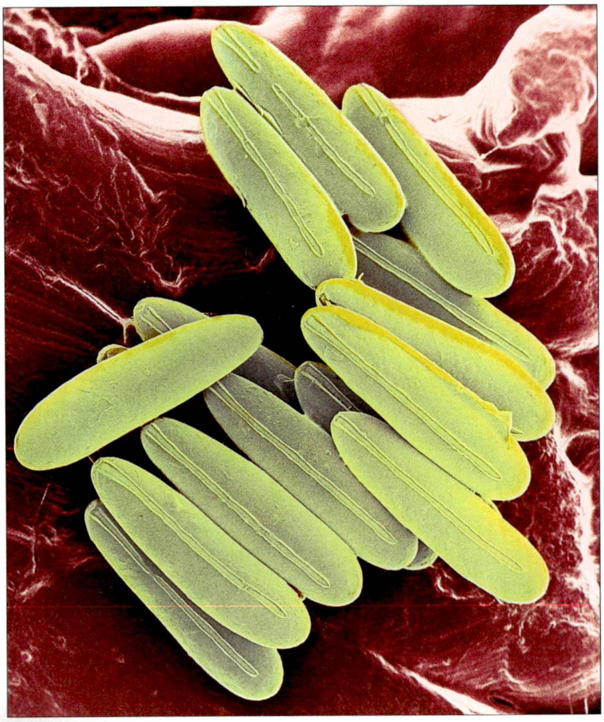

Les œufs de la mouche domestique, vus en microscopie électronique et colorisés.

Cherche les œufs des piérides

Examine le dessous des feuilles des capucines ou des feuilles des choux au jardin. Tu y trouveras de petits œufs jaunes en forme de fusée, ceux des piérides du chou.

Œufs ciselés de la piéride du chou

Un à la fois

Les phasmes et certains papillons pondent leurs œufs un par un, de temps en temps. Les sauterelles et les grillons les insèrent un à un dans le sol ou dans la tige d'une plante à l'aide de leur tarière. Certaines libellules font de même dans la vase ou les plantes aquatiques.

Certains papillons pondent leurs œufs isolément, comme le jason.

Les œufs de la phyllie ressemblent à des graines.

Les œufs de la limnée, groupés dans un amas de gélatine, laissent voir les coquilles en formation.

Les œufs des insectes ressemblent parfois à des perles, comme ceux des papillons de la famille des écailles.

En groupe

Les grands papillons de nuit pondent tous leurs œufs d'un seul coup ou par petits paquets. Les femelles de criquet migrateur pondent jusqu'à 5 paquets de 40 œufs. Le moustique culex pond ses nombreux œufs collés les uns aux autres en une barquette qui flotte sur l'eau.

Œufs rouges du criocère du lis

Quelques chiffres

- Une cétoine ou un carabe pondent des dizaines d'œufs.
- Un papillon pond en moyenne 200 œufs.
- Le criquet migrateur pond jusqu'à 200 œufs.
- Les mouches à viande pondent des milliers d'œufs.

L'instant de la naissance

Après quelques jours ou quelques mois d'incubation, une larve sort de son œuf. C'est l'éclosion, le début d'une vie minuscule...

Les punaises sortent de leurs œufs toutes en même temps.

Voir le jour

Chaque petite bête a sa façon de sortir de son œuf. Les chenilles le perforent de leurs mandibules et y découpent un couvercle. Souvent, elles se dépêchent de grignoter cette enveloppe, qui fait leur premier repas et leur apporte de précieuses protéines. Les petits phasmes, eux, font sauter l'opercule de leur œuf. Les larves de moustiques sortent par-dessous leurs œufs qui flottent à la surface de l'eau. Avant l'éclosion, les œufs de la cétoine grossissent de plusieurs fois leur volume, au fur et à mesure de la croissance de l'embryon.

La larve de la chrysope, ou mouche aux yeux d'or, vient d'éclore.

Les mantes naissent sous forme de prélarves et muent tout de suite pour devenir des larves marcheuses.

La chenille du machaon sort de l'œuf et va manger sa coquille.

Le larve de coccinelle s'extirpe de son œuf, une fine coquille membraneuse.

À la crèche

Tu n'as jamais vu un moustique soigner ses petits. Le plus souvent, les petites bêtes abandonnent leur progéniture. Mais il y a des exceptions. Les perce-oreilles lèchent leurs œufs et vivent avec leurs jeunes quelque temps. Certaines punaises surveillent leurs œufs et gardent les larves en groupe. Les nouveau-nés des tarentules, des mygales ou des scorpions grimpent sur le dos de la mère pour quelques semaines, avant de se disperser dans la nature.

Les chenilles grignotent la paroi de l'œuf pour en sortir.

Des larves de toutes les formes

Les unes ressemblent à des adultes en miniature, les autres non. Certaines ont les formes les plus fantaisistes. Mais toutes ces larves sont des bébés de petites bêtes...

Asticot de mouche verte, colorisé et vu de derrière au microscope électronique.

La larve de cigale sort au grand jour après plusieurs années passées sous terre.

Qu'est-ce qu'une larve ?

On nomme larves les petits des petites bêtes. Leur mission, c'est de manger et d'accumuler des réserves pour fabriquer leur corps d'adulte. Elles n'ont pas d'organes reproducteurs et sont dépourvues d'ailes. Elles deviennent des adultes au moment de leur dernière mue, la mue imaginale. Beaucoup ne ressemblent pas du tout à leurs parents, telles les larves des hannetons ou les chenilles des papillons !

La larve de phasme ressemble à un phasme miniature.

Les larves d'éphémères préfèrent les eaux pures.

SOUS L'EAU

Beaucoup de larves d'insectes vivent dans l'eau. Elles ont des branchies qui disparaissent chez l'adulte, qui a souvent une vie aérienne ou terrestre.

Question de ressemblance

Si le petit ressemble à un adulte en miniature, hormis les ailes et les organes reproducteurs, on ne l'appelle pas larve, mais jeune.
Parmi les insectes, punaises, perce-oreilles et criquets ont des jeunes qui leur ressemblent.
On parle aussi des jeunes d'araignées, de scorpions, de mille-pattes et d'escargots.

La larve du hanneton mange des racines.

Cette petite bête grisâtre, c'est la larve de coccinelle, qui ingurgite déjà 40 pucerons par jour !

Seulement 5 mm, mais ce jeune de sauterelle ponctuée ressemble déjà à ses parents.

Une vie différente

Souvent, les larves des insectes et les adultes n'ont pas le même mode de vie. Les chenilles mangent des feuilles, alors que les papillons sucent le nectar des fleurs. Les asticots vivent dans la viande en décomposition ou dans la bouse, alors que les mouches sucent le jus des fruits et des détritus. Quant à la larve de l'hydrophile, un coléoptère aquatique, elle est carnassière, alors que les adultes sont de paisibles brouteurs d'herbes aquatiques. Avantage : en vivant ailleurs, en mangeant autre chose, larves et adultes exploitent les ressources de milieux différents.

La larve du balanin sort du gland puis s'enterre pour se métamorphoser.

Changement de tenue

De temps en temps, on dirait que les insectes se déshabillent : ils abandonnent une vieille peau, reprennent des couleurs et repartent du bon pied. C'est la mue.

1. Quand la petite bête (ici, une cigale) devient trop grosse pour sa peau, elle jeûne quelque temps. Une nouvelle carapace se prépare sous l'ancienne…

2. L'animal se gonfle en avalant de l'air : la carapace se fend selon un tracé précis. Ces « pointillés de découpage » naturels sont toujours les mêmes pour une espèce donnée.

La cigale fait sa dernière mue, la mue imaginale, qui donne naissance à l'insecte adulte ou imago.

DES ARAIGNÉES MORTES DANS LES TOILES ?

Tu as parfois vu dans une toile une araignée desséchée… En y regardant de plus près, tu constateras qu'il s'agit d'une mue, une carapace vide !

En haut, l'araignée, et en bas, sa mue.

Une façon de grandir

Beaucoup de petites bêtes ont une carapace articulée et rigide faite de chitine, une protéine. Leur carapace leur tient lieu de squelette externe : bonne protection, quoique un peu gênante pour grandir ! Alors elles grandissent par mues successives. Régulièrement, elles perdent leur peau et en fabriquent une nouvelle un peu plus grande, c'est la mue. La carapace abandonnée se nomme l'exuvie ou mue. Entre 2 mues, les petites bêtes ne changent pas de taille !

Collectionne les mues

Si tu as l'occasion d'élever plusieurs chenilles d'une même espèce, conserve les capsules céphaliques (c'est-à-dire la carapace vide de la tête) résultant des mues. En les classant par tailles, tu constateras qu'il y en a de tailles différentes. Elles correspondent aux stades de croissance des chenilles entre l'œuf et la chrysalide. Tu peux aussi récolter les mues d'autres animaux : cigale, libellule, araignée, etc.

3. L'animal sort enveloppé d'une peau molle. Il grossit encore, puis s'immobilise quelques heures, le temps que sa nouvelle carapace durcisse.

4. L'insecte gonfle ses ailes en y injectant de la lymphe. La mue est commandée par plusieurs hormones, dont l'ecdysone.

Le danger menace

Muer n'est pas une mince affaire ! La petite bête choisit un endroit pour passer ce moment où elle reste immobile et molle, et donc à la merci des prédateurs. La mue se déroule dans une position propre à chaque espèce. Les criquets et les phasmes se suspendent sous une branche. Les grillons et les scorpions muent à l'horizontale. Une chenille peut muer dans n'importe quelle position pourvu qu'elle ait les pattes fixées sur le coussinet de soie qu'elle tisse pour l'occasion. Les mygales muent en se couchant sur le dos et en repoussant leur vieille peau.

Combien de mues ?

Les mille-pattes, les araignées et les scorpions muent toute leur vie, environ 20 fois, chaque fois qu'ils ont besoin de grandir. Beaucoup d'insectes ont un nombre de mues fixe :

- Les chenilles muent 5 fois avant de devenir chrysalides.
- Les larves de hannetons muent 3 fois avant de se nymphoser.

Cette jeune larve de coccinelle fait sa première mue larvaire.

Deuxième naissance

Finie, la vie de larve ! Quand certains insectes sentent venir leur vie d'adulte, ils s'immobilisent et semblent devenir des momies. Mais à l'intérieur, c'est la grande transformation, la métamorphose…

La métamorphose est presque terminée, tu vois les ailes du papillon jason par transparence.

Sur cette nymphe de lucane cerf-volant, tu devines les mandibules, les yeux, les pattes et les ailes. Ce n'est plus une larve, mais pas encore un coléoptère parfait !

Remue-ménage à l'intérieur

La métamorphose transforme une larve en adulte. Chez les insectes à métamorphose complète, un grand bouleversement survient. D'abord, la larve s'immobilise et se transforme en nymphe. Tous ses organes, sauf le cœur et le système nerveux, sont détruits, liquéfiés. Ces liquides servent à la fabrication des nouveaux organes qui se créent à partir de cellules embryonnaires conservées intactes depuis la naissance. L'insecte adulte se prépare à sa nouvelle forme, avec des ailes et des organes adaptés à sa vie future.

Compare les nymphes

Les marchands d'articles de pêche vendent des asticots ou larves de mouches. Les animaleries vendent des vers de farine, larves d'un coléoptère, le ténébrion meunier. Conserve-les dans 2 boîtes. Les asticots donnent rapidement des pupes et les vers de farine, des nymphes. La pupe de mouche ne laisse rien apparaître des futurs appendices de la mouche. La nymphe du ténébrion montre des appendices en réduction séparés du corps.

Transformation incomplète

Les larves des insectes à métamorphose incomplète, comme les criquets, ressemblent aux adultes. Des ailes réduites apparaissent au dernier stade larvaire : elles poussent à partir de cellules qui existaient depuis la naissance.

La métamorphose du machaon

1. La chenille s'accroche solidement à son support.

2. Elle mue une dernière fois et s'immobilise à l'état de chrysalide.

3. Les couleurs des ailes apparaissent : la fin de la métamorphose approche.

Le jason, ou pacha à 2 queues, a émergé de sa chrysalide.

Enfin prêt !

Les jours rallongent ? La température remonte ? Au bout de quelque temps, l'insecte sort de sa retraite. Il fait craquer l'enveloppe de sa nymphe et fait sa dernière mue. C'est la mue imaginale, car elle donne naissance à un insecte parfait capable de se reproduire : l'imago. Le papillon sort de sa chrysalide. Il éjecte alors le méconium, un liquide foncé qui contient les déchets de sa transformation intérieure. Il gonfle ses ailes, se sèche un peu et s'envole... prêt à papillonner !

Chacun son nom

On donne des noms à certaines larves d'insectes.

Chez le papillon :

Chez la mouche :

Chez les autres insectes :

4. Le papillon fait craquer sa chrysalide et gonfle ses ailes.

BIEN RÉUSSIR L'ÉLEVAGE

Tu te demandes comment pondent les escargots, comment naissent les papillons, comment grandissent les criquets ? Pour lever ces mystères, pour voir vivre les petites bêtes de plus près et découvrir leurs habitudes, lance-toi dans l'élevage.

Le matériel pour l'élevage

Élever des petites bêtes, c'est découvrir leur monde fascinant. À travers la vitre de ton terrarium, elles vont t'étonner…

L'intérêt de l'élevage

Observer des petites bêtes dans la nature, c'est difficile, parfois impossible. Grâce à l'élevage, tu pourras étudier leurs comportements et tu auras le plaisir de les voir se reproduire. Les animaux inférieurs ne ressentent pas la captivité et mènent une vie normale si tu recrées des conditions proches des conditions naturelles. Évite d'élever des insectes prélevés dans la nature, préfère ceux qui viennent d'un autre élevage. Enfin, note tes observations : cela renforcera ton expérience.

À l'affût

Si tu veux tout savoir sur les habitudes de tes petits pensionnaires, tu vas y passer tes nuits, car beaucoup choisissent l'obscurité pour s'accoupler, pondre, muer, naître ou sortir de leur chrysalide. Veille par ailleurs à la bonne fermeture de tes terrariums, car tes insectes pourraient s'échapper et ils vivraient dans de mauvaises conditions à l'extérieur ou mourraient. Enfin, pense à désinfecter le matériel de temps à autre.

En sécurité

Dans ton élevage, les petites bêtes sont en sécurité. À l'abri des prédateurs et des accidents, préservées des maladies et du manque de nourriture grâce à tes soins, elles vivent plus longtemps que dans la nature, mais rarement plus de 1 an. Ne les considère pas comme des animaux de compagnie, mais plutôt comme une souche qui se renouvelle.

MATÉRIEL :

- 1 ampoule de 25 W
- Du fil électrique
- 1 prise
- 1 douille

Monte une ampoule

Une ampoule de 25 W fixée sous le couvercle du terrarium apporte lumière et chaleur. Pour la monter, fais-toi aider par un adulte. Dénude d'abord les 2 brins du fil électrique. Enfile la partie supérieure de la douille sur le fil, puis passe-le dans le trou du couvercle. Branche les brins dénudés aux pôles de la douille, visse les 2 parties de la douille ensemble. Fixe l'ampoule, le tour est joué !

Comme dans la nature

Tu peux élever presque toutes les petites bêtes si tu recrées leurs conditions de vie. Documente-toi sur l'espèce que tu vas élever : quel est son milieu de vie, quelle température y fait-il, que mange-t-elle, etc. Essaie d'imiter la nature. Mais fais-toi une raison : tu ne peux pas élever certains papillons, ni les libellules nécessitant de grands espaces pour s'accoupler, ni les capricornes logeant dans les troncs d'arbres vivants !

PRÉVOIS LE CASSE-CROÛTE

Avant de débuter un élevage, assure-toi que la nourriture ne manquera jamais.
Les végétariens exigent la plante sur laquelle ils vivent habituellement, toujours fraîche ! Pour les carnassiers, tu devras sans doute élever les proies adaptées à leur régime alimentaire.

Élève criquets, grillons ou mouches pour servir de proies à tes mantes !

Choisis ton élevage

Détrompe-toi, l'élevage des espèces de chez nous n'est pas plus facile que celui des espèces tropicales. Dehors, la température, l'humidité et la longueur du jour varient ; élever des petites bêtes d'ici implique donc de recréer les mois d'hibernation ! Par contre, dans la maison, le climat est plutôt tropical. Élève donc les espèces locales à l'extérieur et les tropicales à l'intérieur. Une espèce venue des tropiques n'exige pas forcément de la chaleur, car là-bas, en altitude, il fait frais !

Phasme à tiare, Australie.

Des invités très discrets

Tu ne vois aucune petite bête dans ce terrarium. Pourtant, les phasmes sont là, presque invisibles…

Des phasmes chez toi, pourquoi ?

Les phasmes sont les champions du mimétisme. Ils ressemblent à des feuilles ou des brindilles, et leurs œufs, à des graines. Le mâle est beaucoup plus petit que la femelle. Chez certaines espèces, il n'existe même pas, et les femelles se reproduisent par parthénogenèse. Ils restent immobiles dans la journée et s'activent pour se nourrir la nuit. Ce sont des insectes paisibles que tu peux manipuler sans risque. Observe leur accouplement qui dure longtemps et leur mue spectaculaire qui a souvent lieu la nuit.

Les espèces faciles à élever

Phasme dilaté, Malaisie.

Phasme « bâton-du-diable », sud de l'Europe.

Phasme brindille, Viêt-nam.

Phyllie géante, Malaisie.

Fabrique ton incubateur

Dans ton incubateur, les œufs seront à l'abri des moisissures et tu verras tes phasmes nouveau-nés.

1 Récupère une boîte en plastique rectangulaire. Déposes-y 2 cm de sable lavé et passé à l'eau bouillante pour le désinfecter.

2 Pose les œufs de phasmes dessus sans qu'ils se touchent, garde le tout à température ambiante et surveille régulièrement s'il y a des naissances !

COMBIEN DE TEMPS ?

Œufs : 3 à 5 mois
Larves : 2 à 8 mois
Adultes : 3 à 12 mois

Une vie silencieuse

Les phasmes aiment la pénombre. Pour beaucoup d'espèces, inutile d'éclairer ni de chauffer leur terrarium. Ce sont des végétariens polyphages qui se contentent de feuilles de ronce fraîches. Ils boivent l'eau pulvérisée chaque jour sur les feuilles. Ils laissent tomber leurs œufs sur le fond du terrarium. Patience, ils n'éclosent que quelques mois plus tard !

QUELQUES CONSEILS

- Le terreau ne doit pas être trop sec ou trop humide. Les ronces ne doivent jamais sécher.
- Avant de changer le terreau, récolte les œufs !
- Arque la ronce afin que les phasmes puissent s'y suspendre pour muer.
- Couvre l'eau d'un plastique pour que les petits ne se noient pas.

Vive les papillons !

Un papillon s'envole par la fenêtre. Il a passé son enfance chez toi, sous la forme d'une humble chenille, lente et facile à observer.

D'abord les chenilles

Les chenilles ont une vie beaucoup plus tranquille que leurs parents les papillons. Observe leur voracité, leur croissance rapide en quelques semaines, la façon dont elles préparent et effectuent leurs mues. Certaines tissent un cocon de soie. D'autres s'enterrent ou se suspendent à un support pour se transformer en chrysalides. Avec un peu d'expérience, tu devineras le moment où le papillon va sortir de sa chrysalide et gonfler ses ailes. Dès qu'il est prêt, regarde-le s'envoler dehors.

Quelle espèce choisir ?

Les gros papillons de nuit sont souvent plus faciles à élever car les adultes ne se nourrissent pas, s'accouplent facilement en captivité et pondent tout de suite. Les papillons de jour refusent en général de pondre. Élève plutôt leurs chenilles à partir des œufs.
Tu obtiendras bientôt les chrysalides, si difficiles à observer dans la nature.

Chenille du zérène du groseillier

Ton matériel

Pour élever 5 chenilles, il faut :

- 1 bouteille plastique
- Ciseaux
- Plante nourricière
- Morceau de rideau
- Élastique

Les espèces faciles à élever

Papillons de jour :

La chenille de petite tortue mange l'ortie.

La chenille de piéride mange du chou.

Papillons de nuit :

La chenille du sphinx du tilleul mange des feuilles d'arbres fruitiers.

La chenille de petit paon de nuit mange de la ronce.

Quelques conseils

- Ne surpeuple pas ton élevage.
- Choisis la bonne plante.
- Approvisionne tes chenilles en plantes toujours fraîches.
- Dispose du terreau pour les chenilles qui se chrysalident en terre.
- Relâche le papillon là où tu as trouvé la chenille.

Combien de temps ?

Œufs : 2 semaines
Chenilles : 1 mois
Chrysalides : 2 à 8 semaines
Adultes : 4 jours à 2 mois
Pour les espèces européennes, ajoute 6 mois d'hibernation.

Installe ton élevage

Installe ton élevage dans de simples bouteilles plastique. 5 par 5, tes chenilles y seront à l'abri. Pour celles qui se chrysalident sous terre, ajoute un peu de terreau dans la bouteille au moment de la chrysalidation.

Une de tes chenilles est pâle et boudinée ? Mais non, elle n'est pas malade ! Elle se prépare à muer. Demain, elle aura grandi et sera bien colorée.

Une chenille, c'est fragile !

Prends-en soin et sois rigoureux. Pour la nourriture, choisis un beau rameau sans maladie ni parasite. Renouvelle-le chaque jour. Fais ton élevage à la lumière d'une fenêtre ou dans une véranda. Ne le surpeuple pas et veille à ce qu'il ne soit pas trop humide, ce qui entraînerait une épidémie parmi tes chenilles. Pour la même raison, vide les crottes chaque jour : c'est une précaution indispensable.

Des grillons à la maison

Cri-cri-cri ! D'où vient ce chant ? De ton élevage de grillons, bien sûr ! Un élevage facile et très chantant…

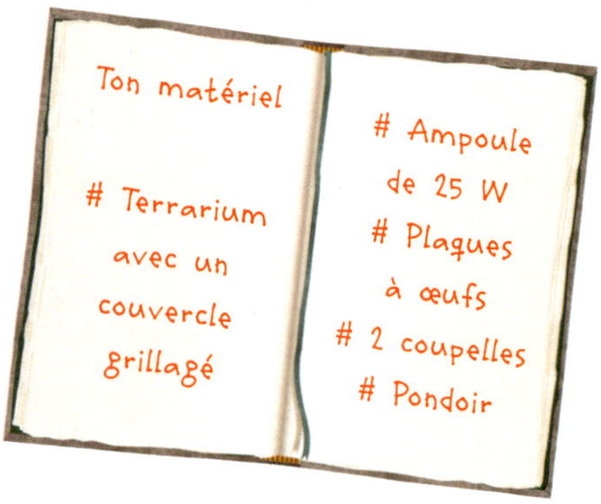

Ils chantent nuit et jour

Les grillons sont de petits insectes sauteurs et chanteurs. Écoute le mâle striduler le jour pour séduire les femelles. Regarde-le se glisser sous la femelle pour s'accoupler. Elle pond ensuite facilement. Les grillons ont un cycle de vie court, voisin de trois mois. Ils sont prolifiques et faciles à nourrir, car ils mangent de tout.

COMBIEN DE TEMPS ?

Œufs : 15 jours
Larves : 2 mois
Adultes : 1 à 2 mois

Construis ton pondoir

Les grillons mangent parfois leurs œufs, qu'il faut donc mettre à l'abri de leurs mandibules.

1 Remplis un petit bocal de terreau. Humidifie ce substrat et tasse-le un peu.

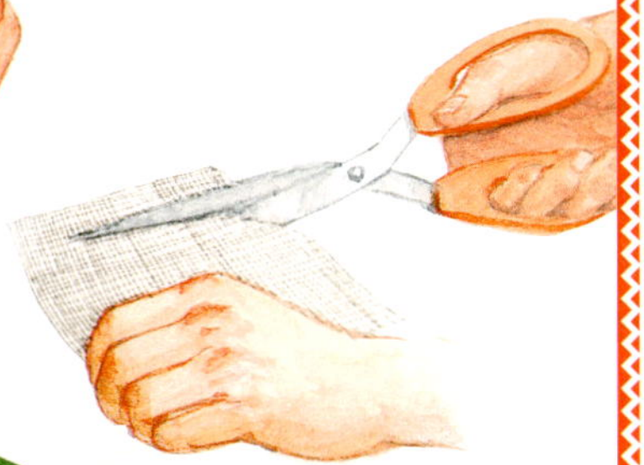

2 Demande à un adulte de découper un disque de grillage métallique à garde-manger et place-le au contact du terreau, coincé sous le goulot.

Bien au chaud

Les grillons aiment les journées longues et la chaleur. Une simple ampoule allumée 13 heures par jour sous le couvercle du terrarium leur assure chaleur et lumière, ainsi qu'une ambiance sèche profitable. Tes grillons sont des gourmands : donne-leur du pain, des céréales, de la pomme et de la salade. Pas besoin d'eau ! Ils tirent leur boisson de ces 2 derniers aliments. Pour pondre, ils ont besoin de terre humide.

QUELQUES CONSEILS

- Une chaleur de 25 °C (donnée par la lampe) est indispensable à leur survie.
- Choisis un couvercle bien ajusté avec un grillage métallique très fin, car les petits grillons s'échappent facilement. Ils ne sont pas dangereux pour la maison, mais chantent toutes les nuits !
- Le pondoir doit rester humide. Trop sec, il dessèche les œufs ; trop mouillé, il les noie.
- La grille du pondoir est indispensable sinon les adultes mangent leurs œufs.

LES ESPÈCES FACILES À ÉLEVER

Grillon domestique

Grillon noir des Indes

Élève des coléoptères

Actives et brillamment colorées, tes cétoines étonneront toute la famille !

Superbes et faciles à vivre

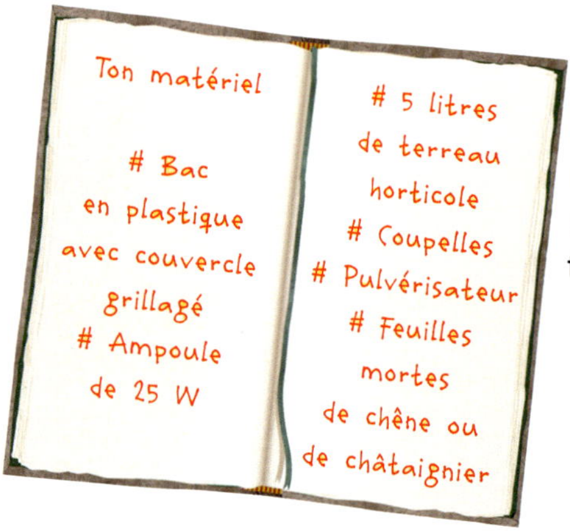

Comme elles sont brillantes, les cétoines ! Leurs fines ailes fragiles sont abritées par des élytres coriaces. Les manipuler ne présente aucun danger. Leurs larves, des vers blancs à tête marron, vivent sous terre. Regarde comment elles se déplacent sur le dos. Observe comment elles construisent une coque de terre dans laquelle elles se nymphosent et se métamorphosent.

Élève des vers de farine

Le ver de farine est la larve d'un petit coléoptère noir, le ténébrion meunier.

1 Procure-toi quelques larves dans un magasin d'articles de pêche.

2 Installe adultes et larves sur un quignon de pain sec dans un terrarium placé dans la pénombre. Pour leur confort, rajoute un chiffon mouillé.

COMBIEN DE TEMPS ?

Œufs : quelques jours
Larves : 2 à 6 mois
Nymphes : 1 à 2 mois
Adultes : 1 à 2 mois

Bien installées

Tes cétoines aiment la chaleur. Les larves vivent dans la terre et peuvent se passer de lumière. Elles consomment des feuilles mortes et du bois en décomposition. Les adultes ne s'activent qu'au jour, sous la lumière d'une ampoule. Ils mangent des fruits et du pollen. À travers la paroi transparente du terrarium, tu pourras observer dans le terreau les larves qui sont de gros vers blancs et boudinés.

Quelques conseils

- Garde le terreau humide, mais pas mouillé : cela noierait les larves.
- Si le terreau manque de feuilles mortes, cela ralentit l'élevage.
- Pas assez de chaleur la nuit peut tuer les larves des espèces fragiles.
- Remue le terreau délicatement, sinon tu risques de déranger tes larves durant leur nymphose.

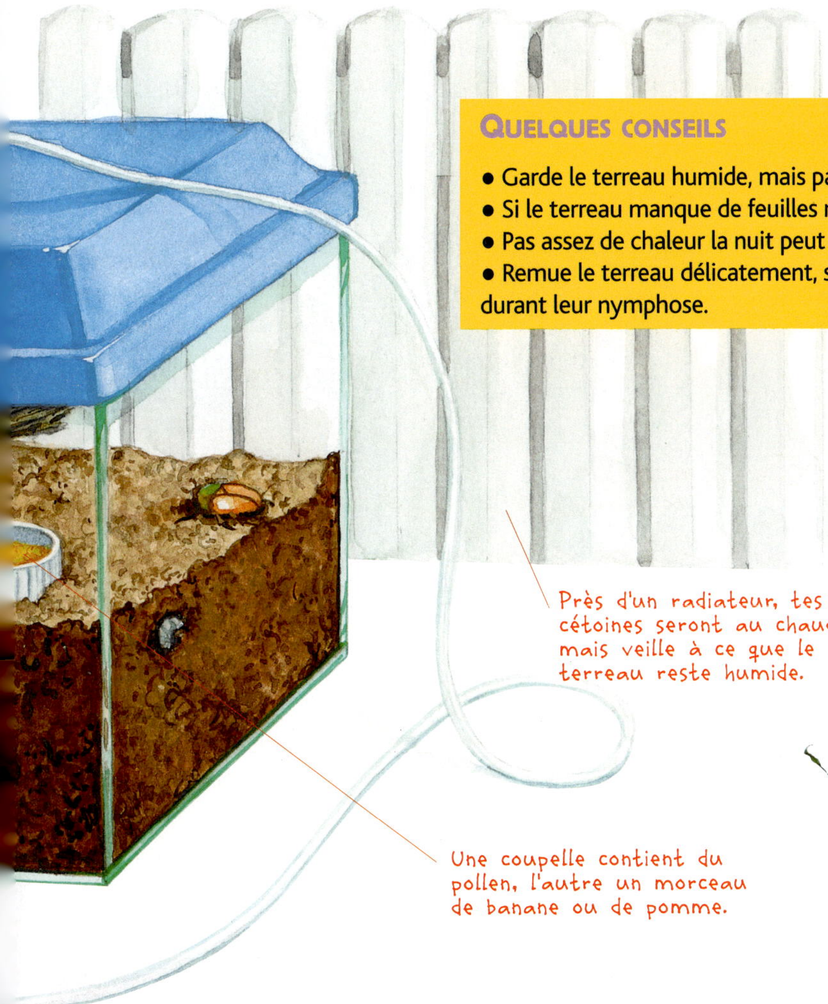

Près d'un radiateur, tes cétoines seront au chaud, mais veille à ce que le terreau reste humide.

Une coupelle contient du pollen, l'autre un morceau de banane ou de pomme.

Les espèces faciles à élever

Cétoine dorée, Europe.

Petite cétoine verte et jaune, Afrique.

Cétoine verte et blanche, Afrique.

Prépare ton terrarium

Place le sac de feuilles mortes au congélateur 24 heures pour tuer les parasites. Tant qu'elles sont gelées, réduis-les en miettes dans leur sac. Mélange-les aux 5 litres de terreau et place le tout dans le terrarium.

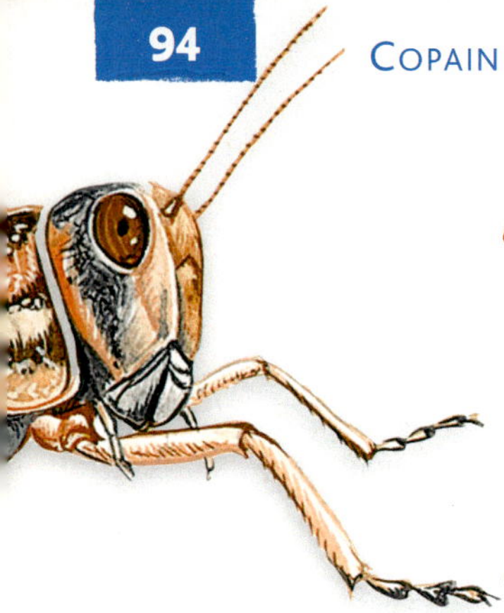

À table, les criquets !

Ils ne sont pas difficiles, tes criquets. Un peu de chaleur, un peu d'herbe, et tu auras bientôt plein de bébés.

De sacrés gourmands

Quelle voracité ! Les criquets mangent beaucoup. Ils aiment vivre en groupe, on dit qu'ils sont grégaires. Les mâles sont un peu plus petits que les femelles. Ils s'accouplent longtemps et fréquemment. La ponte a lieu dans le sol. Si tu vois la femelle l'abdomen enfoncé dans le pondoir, c'est qu'elle est en train de déposer ses œufs (oothèque dans le sable humide). Environ 50 larves écloront bientôt. Elles ressemblent aux adultes, mais en plus petit et en plus sombre.

QUELQUES CONSEILS

- Renouvelle la nourriture chaque jour.
- Garde le pondoir toujours humide, sinon les œufs meurent.
- Retire régulièrement les crottes de la surface du pondoir.
- La lampe reste allumée 8 à10 heures par jour, sinon ton élevage dégénère.

Sème ton blé

Si tu ne trouves pas d'herbe près de chez toi, fais germer du blé.

1 Dans une barquette de polystyrène, dépose du sable humide. Couvre-le d'une couche de grains de blé. Tasse un peu.

2 Place le tout devant une fenêtre et près d'un chauffage. En 8 jours tu auras un vrai « gazon » de blé que tu pourras distribuer à tes pensionnaires.

Le terrarium idéal

Tes criquets viennent d'Afrique : ils aiment beaucoup la lumière et la chaleur (30-33 °C). Ils pondent dans le sable légèrement humide. Le criquet migrateur n'a de l'appétit que pour la nourriture fraîche. Nourris-le d'herbe juste coupée, de pomme, de céréales et de son que tu changeras chaque jour. N'oublie pas de placer des branchettes, qui serviront de perchoir, et l'indispensable pondoir.

COMBIEN DE TEMPS ?

Œufs : 2 à 3 semaines
Larves : 2 mois
Adultes : 1 à 2 mois

LES ESPÈCES FACILES À ÉLEVER

Criquet migrateur, Afrique.

Criquet pèlerin, Afrique.

Fascinantes mantes

Les mantes sont étonnantes. Elles tournent la tête et te regardent droit dans les yeux. Pour les découvrir, ne te laisse pas intimider…

Délicates, mais intéressantes

Élever une mante religieuse européenne, c'est délicat. Mais c'est un insecte carnassier très intéressant à observer. Regarde-la tourner la tête pour repérer ses proies et s'approcher avec d'infinies précautions pour les surprendre. La femelle dévore souvent le mâle avant, pendant ou après l'accouplement. Puis elle dépose ses œufs groupés dans une oothèque. Les œufs n'éclosent que si la ponte a été conservée au réfrigérateur, pour imiter l'hiver.

Ton matériel

- 1 bocal par mante
- Élastiques
- Carrés de gaze
- Branchettes vertes
- Pulvérisateur

Véritable carnivore

Tes mantes aiment la chaleur modérée de la maison, mais elles ont besoin de la lumière d'une fenêtre. Carnassières, elles ne se tolèrent pas entre elles. Élève-les dans des bocaux séparés. Les mantes apprécient la végétation fraîche dans laquelle elles se dissimulent. Elles consomment chaque jour quelques proies vivantes.

COMBIEN DE TEMPS ?

Œufs : 9 mois pour la mante religieuse
Larves : 2 mois
Adultes : 2 à 6 mois

QUELQUES CONSEILS

- N'élève jamais 2 mantes ensemble.
- Prévois un élevage de grillons ou de criquets pour alimenter tes mantes.
- Les mantes se tiennent en haut de leur bocal. Choisis des proies qui montent vers la lumière : mouches, criquets.
- Les mantes religieuses sont protégées en Île-de-France.
- Des espèces exotiques d'élevage sont en vente.

Accouple tes mantes

1 Quelques jours avant, assure-toi que la femelle mange quelques belles proies. Elle a l'abdomen distendu.

2 Installe un terrarium « debout ». Places-y des branchettes dans un bocal.

3 Dépose le mâle et la femelle à 10 cm l'un de l'autre. Le mâle s'approche lentement de la femelle et grimpe sur son dos. Surveille-les sans relâche, car il arrive que la femelle attaque et mange le mâle. Sépare-les si elle est agressive.

4 L'accouplement dure quelques heures. Replace ensuite les partenaires chacun dans son bocal ! La femelle pondra sur la branchette dans quelques jours.

Des proies

1 Pour attraper les petits insectes (mouches, mouches du vinaigre, moucherons) place un bocal et son couvercle de part et d'autre, ferme délicatement. Pris !

2 Tu peux aussi faire naître des mouches à partir des asticots vendus dans les magasins de pêche.

Des fourmis affairées

Observer les fourmis à 4 pattes le nez dans l'herbe, c'est bien. Mais pour voir à l'intérieur de la fourmilière, les élever, c'est mieux !

La vie en société

Elles sont passionnantes, les fourmis. Dans la colonie, leur nombre augmente sans cesse. Les fourmis noires des jardins se nourrissent de fruits, de sucre et même des miettes de ton goûter ! Construis leur fourmilière et regarde-les transformer les loges en nurserie, en garde-manger, en déchetterie ou en salle de repos ! Observe-les soigner leurs larves ou transporter la nourriture.

Combien de temps ?

Tous les stades sont présents dans la fourmilière.
Œufs : quelques jours
Larves : quelques semaines
Adultes : quelques mois

Construis ta fourmilière

Le modèle ci-dessous est destiné aux espèces qui vivent sous les pierres, comme le crématogastre ou la fourmi des jardins.

Ton matériel

- Bac à chat neuf
- Plâtre
- Pâte à modeler
- Vitre
- Bande adhésive
- Plaque de carton opaque
- 1 bouchon de liège

1. Dans le bac, réalise en pâte à modeler un réseau de salles et de tunnels. Verse dessus 5 cm de plâtre.

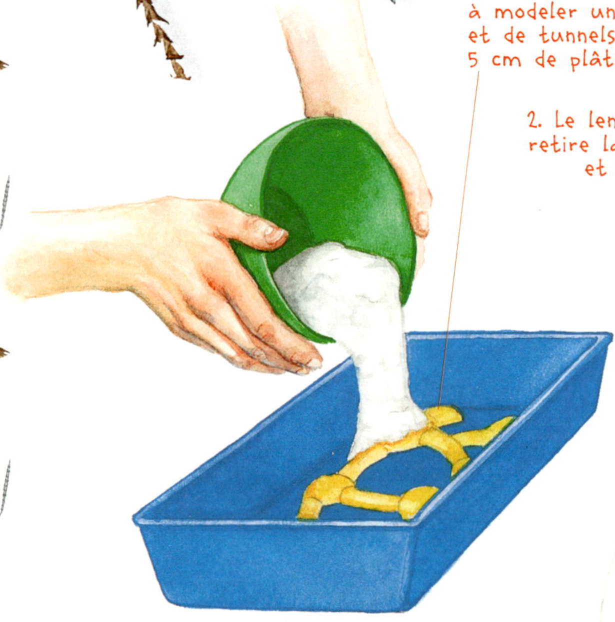

2. Le lendemain, démoule, retire la pâte à modeler et laisse bien sécher plusieurs jours.

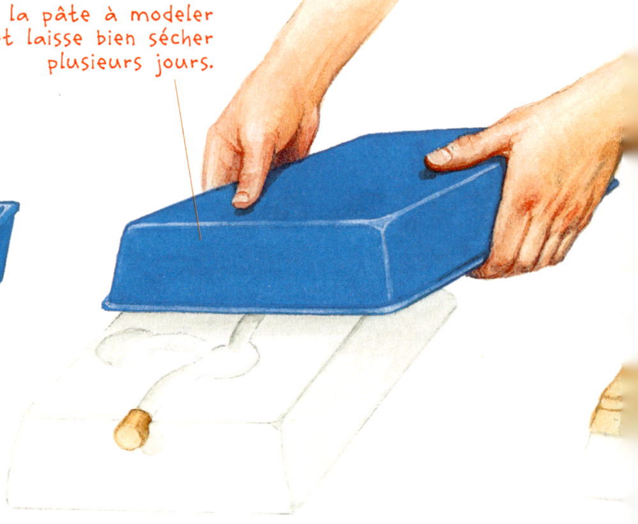

Les espèces faciles à élever

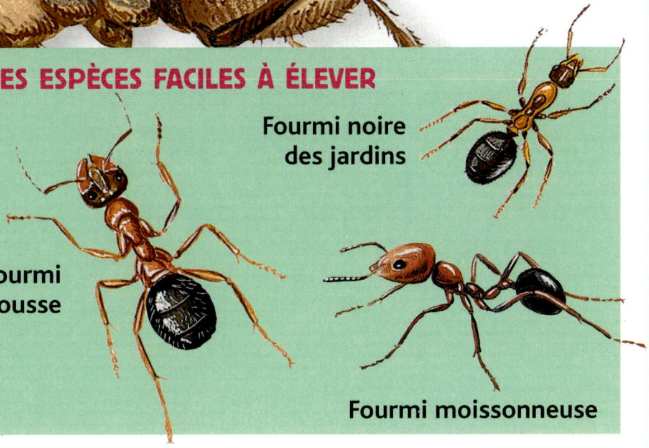

Trouve une reine fondatrice

1 Entre mai et août, à l'occasion d'une forte chaleur, des fourmis ailées quittent les fourmilières de ton jardin… en volant ! Ce sont des mâles et de futures reines qui partent pour leur unique vol d'accouplement. Quelques heures plus tard, tu verras déambuler sur le sol de grosses fourmis qui ont perdu leurs ailes. Ce sont les reines fondatrices, fécondées, qui cherchent un lieu pour pondre.

2 Recueilles-en une et installe-la dans ta fourmilière. Si elle s'y plaît, ta colonie durera de longues années.

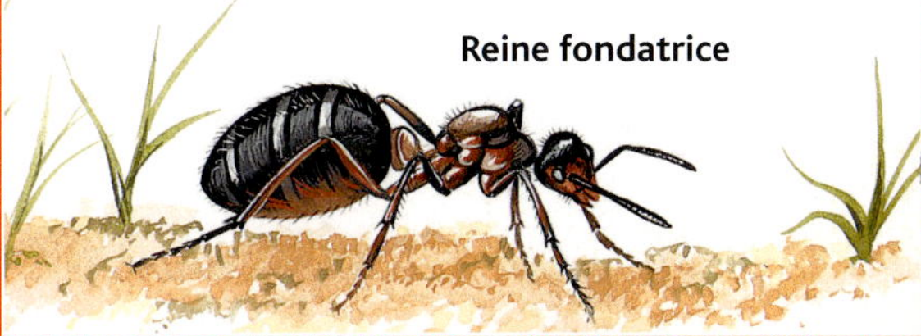

À l'aise

Conserve ta fourmilière à température ambiante dans la maison ou le garage. L'intérieur doit rester dans l'obscurité totale. Pour regarder ce qui s'y passe, installe-toi dans un coin de pénombre et soulève les cartons opaques. Laisse un coton mouillé comme point d'eau, des céréales, du sucre et des miettes diverses en guise de réserve de nourriture.

Quelques conseils

- Il faudra toi-même trouver une reine fondatrice, car les souches de fourmis ne sont pas en vente.
- Ne laisse pas le coton se dessécher.
- Veille à ce que ta fourmilière soit étanche.
- Si l'intérieur n'est pas dans l'obscurité, ta fourmilière dégénérera.
- L'hiver, place ta fourmilière au réfrigérateur.

4. Après avoir observé tes fourmis, recouvre ta fourmilière d'un carton opaque.

L'abri des escargots

Tranquilles et silencieux, les escargots sont de bonne compagnie. Contruis-leur un agréable logis.

Il prend son temps

L'escargot se laisse admirer à souhait. Regarde son pied musculeux quand il rampe sur la vitre, vois sortir ses cornes. Mesure la croissance de sa coquille ou observe leur curieux accouplement durant lequel ils se fécondent mutuellement. Surprends-les en train de pondre. Bientôt, ton terrarium grouillera de mini-escargots.

COMBIEN DE TEMPS ?

Œufs : 1 mois
Jeunes : 1 an
Adultes : plusieurs années

Quotidiennement, donne une petite douche sur le décor.

Étale une épaisseur de 7 cm de terreau dans le terrarium. Place dans la coupelle un bout de pomme ou de carotte.

Ton matériel

- Terrarium à couvercle ajouré
- Terreau
- Feuilles mortes de chêne
- Pulvérisateur
- Mousse verte des bois
- Coquilles d'œufs lavées et écrasées
- Coupelle

QUELQUES CONSEILS

- Garde le terreau humide, sans le tremper.
- Place le terrarium non loin d'une fenêtre, pour la mousse. Tes pensionnaires aiment la fraîcheur.
- Ne surpeuple pas ton terrarium : il se salirait vite.
- N'oublie pas les coquilles d'œufs de poules : c'est un apport de calcium pour tes escargots.
- Choisis des escargots de même espèce et de même taille.
- Remplace souvent la nourriture.

Peu exigeants

Les escargots de nos régions ne supportent ni la chaleur ni la sécheresse. Maintiens ton élevage dehors à l'abri de la pluie qui inonderait le terrarium et du soleil qui le surchaufferait. Les escargots se nourrissent de feuilles mortes, de légumes et de fruits. Ils aiment s'enfouir dans le terreau s'il fait trop chaud ou trop sec à leur goût.

QUAND ILS S'ACCOUPLENT

Les escargots sont hermaphrodites. Ils sont tous à la fois mâles et femelles et s'interfécondent. Un tuyau blanchâtre sort sur le côté de la tête et entre dans l'orifice génital du partenaire. Chacun pond quelque temps plus tard. L'escargot creuse une cavité dans le sol, y enfonce l'avant de son corps et y dépose ses œufs blancs.

LES ESPÈCES FACILES À ÉLEVER

Ton aquarium d'eau douce

À travers les vitres de ton aquarium, tu peux voir tout ce qui se passe sous l'eau. C'est comme si tu plongeais avec les petites bêtes de la mare…

LES ESPÈCES FACILES À ÉLEVER

Larve de libellule, carnassière.

Larve de dytique, carnassière.

Limnée, herbivore.

Daphnies, microphages.

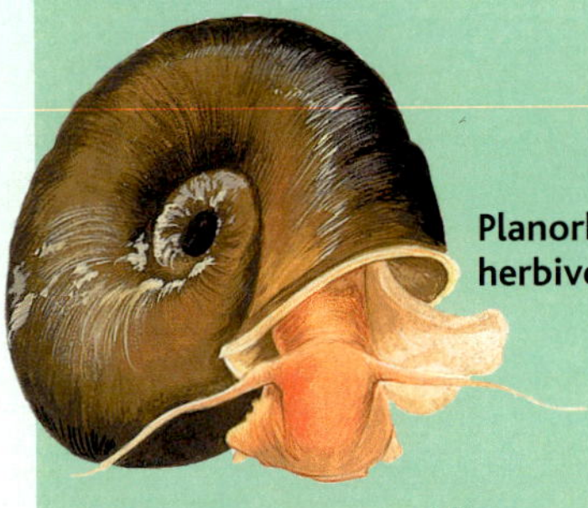

Planorbe, herbivore.

Nèpe, carnassière.

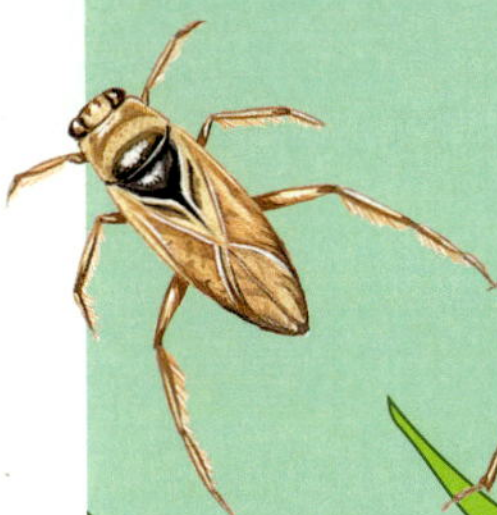

Notonecte, carnassière.

Vitrine aquatique

La vie grouille dans une mare. Tu y trouves des larves et les adultes de nombreuses espèces. En les observant, tu découvres et tu comprends comment elles nagent, comment elles respirent, chassent, pondent, et tout cela dans l'eau. Pour que ton aquarium fonctionne bien et garde un bon équilibre biologique, suis ces quelques conseils.

DYTIQUE OU HYDROPHILE ?

Le dytique est un carnassier, l'hydrophile est un brouteur de plantes aquatiques, il vaut mieux savoir les différencier. Le dytique est bombé dessus et dessous. Il emporte l'air nécessaire à sa respiration sous ses élytres.

L'hydrophile est bombé dessus et plat dessous. Il emporte l'air collé à ses poils ventraux et semble avoir le ventre argenté.

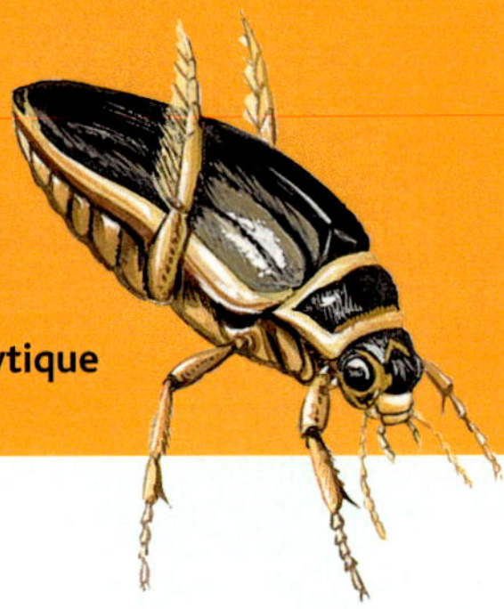

Dytique

Hydrophile

Beau et confortable

Les petites bêtes des mares ne supportent pas l'eau en mouvement : cela les fatigue. Pour leur apporter de l'oxygène, utilise une pompe à air et un diffuseur. Par contre, elles aiment les plantes aquatiques où elles se cachent, pondent, ou que certaines broutent. Il ne faut introduire que quelques carnivores dans l'aquarium et accepter qu'ils se nourrissent des herbivores ! Donne-leur aussi un ver de terre ou de petits insectes jetés à l'eau 2 fois par semaine.

Quelques conseils

- Installe l'aquarium près d'une fenêtre, mais pas au soleil sinon l'eau chaufferait et verdirait.
- Règle la pompe à air et place le diffuseur derrière une pierre pour ne pas créer un courant violent.
- Place 1 ou 2 carnassiers pour plusieurs herbivores.
- Ne surpeuple pas ton aquarium.
- Une petite couche de graviers suffit.

Ton matériel

Aquarium muni d'un couvercle
Pompe à air et son diffuseur
Pierre plate
Eau de la mare où tu as pêché
Graviers bien lavés
Plantes de la mare

LES VOIR DE PLUS PRÈS

Difficile d'observer les petites bêtes dans le détail car elles sont minuscules, se cachent dès que tu les aperçois ou bougent tout le temps ! Sans avoir besoin de ta loupe, découvre dans ces pages comment sont constituées ces merveilleuses petites machines.

Portrait d'une petite bête

Rouges ou verts, volants ou rampants, les petits animaux semblent bien différents. Mais regarde-les de plus près, tu verras qu'ils se ressemblent.

Un corps articulé

Beaucoup de petites bêtes font partie des arthropodes, ce qui veut dire « pattes articulées ». C'est le cas des myriapodes ou mille-pattes, des crustacés tels les crabes, des arachnides et des insectes. On a l'impression qu'ils sont coupés en tranches, car leur corps est composé de segments appelés somites. Il est enveloppé d'une carapace faite de plaques reliées entre elles par des membranes souples. Leurs pattes aussi sont caparaçonnées et articulées.

Guêpe germanique, 2 cm.

VER OU MOLLUSQUE ?

- Les mollusques ont la peau nue. Les espèces terrestres sécrètent un mucus afin que leur peau soit toujours humide. Beaucoup sécrètent une coquille calcaire qui protège leur corps mou, comme l'escargot ou la moule.
- Les vers ou annélides sont des petites bêtes nues au corps annelé constitué de nombreux segments, comme le lombric.

Les insectes, 6 pattes et des ailes

Tous les insectes sont construits sur le même modèle : une tête, un thorax, un abdomen, 4 ailes et 6 pattes ! Leur tête porte 2 antennes, des yeux composés, des ocelles et 2 paires de pièces buccales. Leur thorax se divise en 3 segments qui comptent chacun une paire de pattes. Souvent, le 2e et le 3e segment portent chacun une paire d'ailes. L'abdomen est fait d'une dizaine de segments. Les derniers portent les orifices génitaux, l'anus et parfois des appendices tactiles, les cerques.

QU'EST-CE QU'UN SOMITE ?

Les arthropodes ont le corps composé de segments. Chaque segment s'appelle un somite. Chaque somite est constitué de 4 plaques. Souvent, les pleures sont transformées en membranes souples favorisant les mouvements respiratoires.

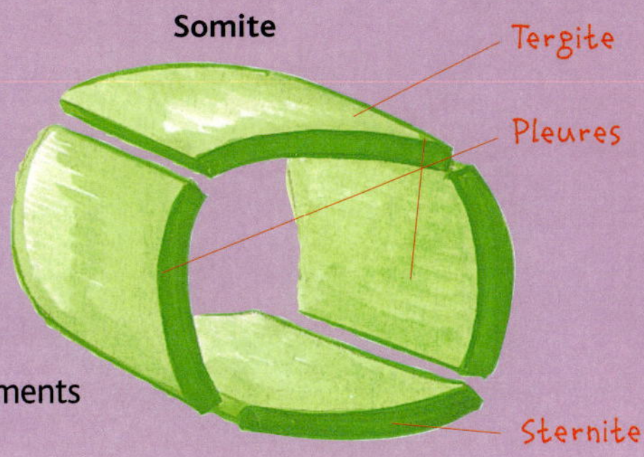

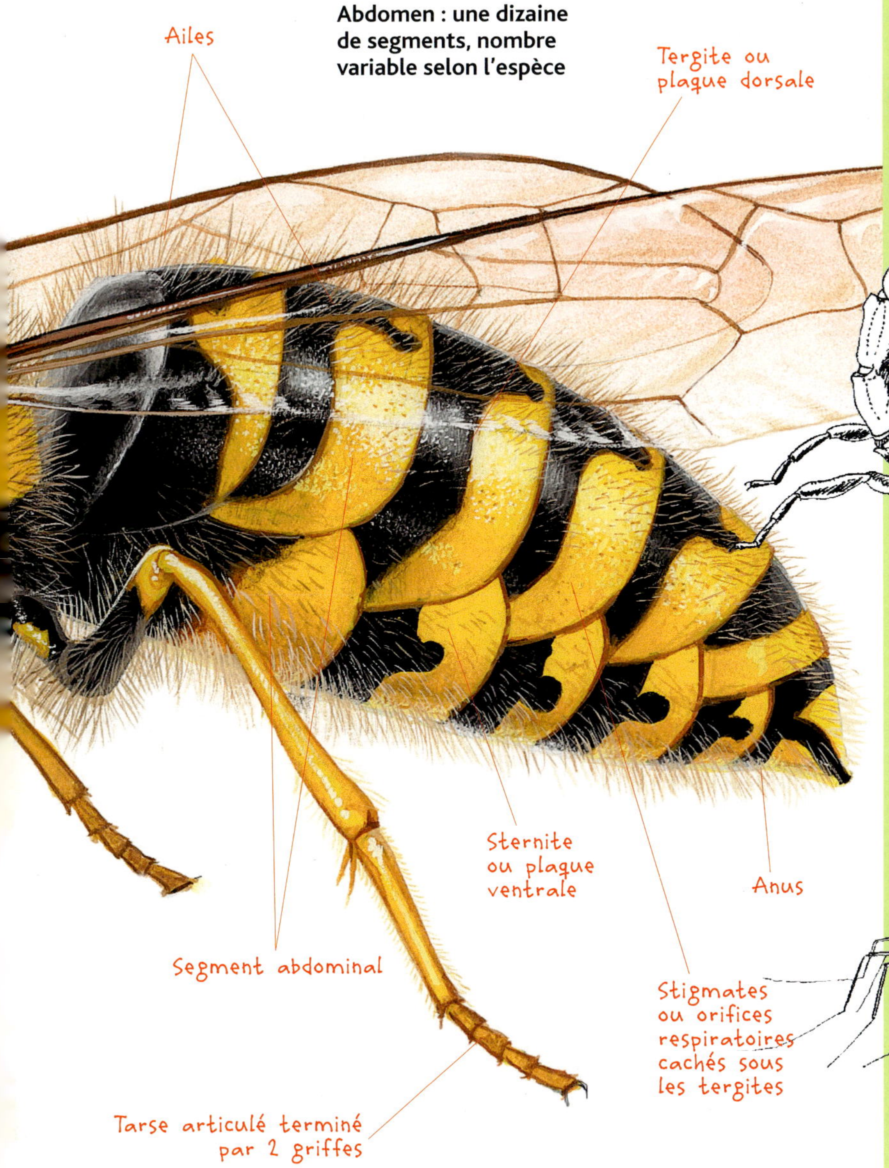

LES ARAIGNÉES

Tête et thorax soudés en céphalothorax.

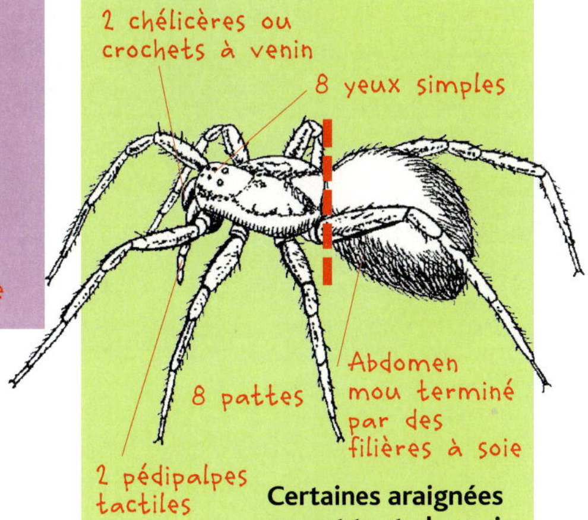

Certaines araignées muent toute leur vie.

LES SCORPIONS

Tête et thorax soudés en céphalothorax.

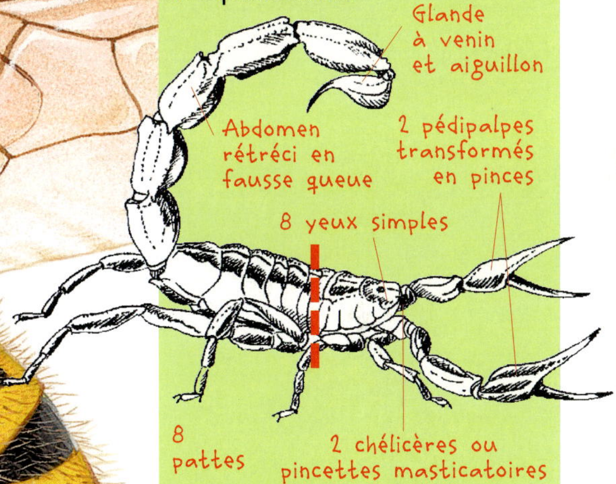

Les scorpions muent toute leur vie.

LES MILLE-PATTES

Corps allongé, composé de nombreux segments.

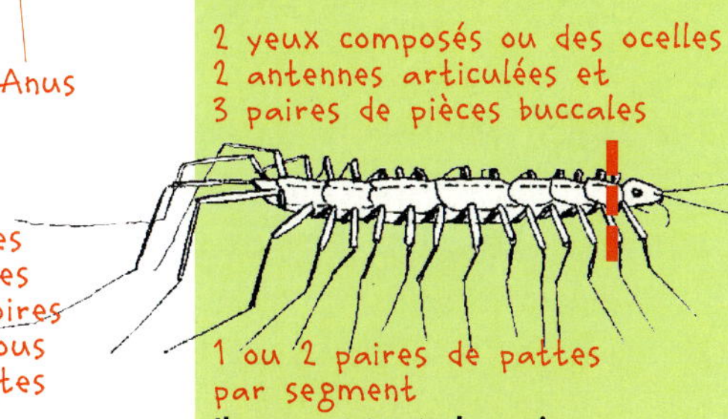

Ils muent toute leur vie et le nombre de segments croît à chaque mue.

Pattes-outils

Les petites bêtes qui montent, qui montent ont 6 pattes, 8 pattes, « mille » pattes ou pas de pattes du tout. Gros plan sur ces appendices locomoteurs qui servent à marcher, mais pas seulement…

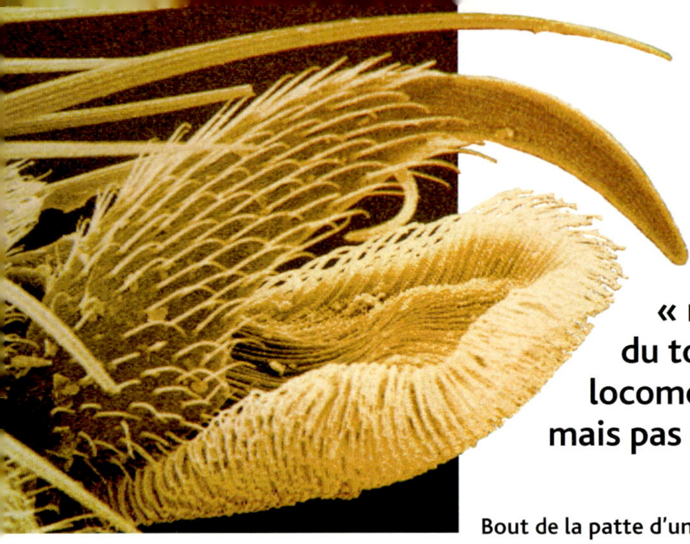

Bout de la patte d'une mouche verte vu au microscope électronique.

Des ventouses et des griffes

Les tarses des mouches possèdent une paire de griffes pour s'accrocher sur les supports rugueux. En plus, deux pelotes adhésives permettent à l'insecte de marcher tout aussi facilement sur des parois parfaitement lisses !

D'où viennent les pattes ?

Les scientifiques pensent que les pattes des petites bêtes dérivent des fausses pattes appelées « parapodes » des vers marins, ancêtres de tous les arthropodes.

Toujours utiles

Les pattes des petites bêtes sont adaptées au mode de vie de leur propriétaire…

Arthropode = pied articulé

Une patte d'arthropode est constituée de 3 parties : le fémur, le tibia et le tarse. Le tarse est fait de plusieurs petits segments. La patte est attachée au corps par 2 petites pièces, le trochanter et la coxa, qui permettent les mouvements dans tous les sens. Comme tes bras et tes jambes, les pattes des insectes ont des muscles extenseurs, qui servent à tendre les membres, et des muscles fléchisseurs, qui ramènent les pattes vers le corps. Les pattes sont souvent garnies d'épines très utiles pour prendre appui sur tous les supports !

LES PATTES DES ARAIGNÉES SONT HYDRAULIQUES

Les araignées ne possèdent pas de muscles extenseurs des pattes. Un système hydraulique gonfle leurs pattes de lymphe (ou sang). Cela les maintient en extension sans fatigue grâce à des valves « antiretour » qui bloquent la lymphe dans la patte levée.

Même sans pattes, les vers, les escargots ou les limaces se déplacent très bien, grâce à des mouvements ondulatoires.

VRAIES OU FAUSSES ?

Les 6 vraies pattes (brunes) et 2 des fausses pattes (noir et rouge) de la chenille du grand paon de nuit.

Les chenilles ont 6 vraies pattes articulées. Garnies de ventouses, elles servent à soutenir le poids de la chenille et disparaissent chez le papillon.

À tout faire

Les pattes des petites bêtes ne leur servent pas seulement à marcher. Elles sont souvent modifiées pour sauter, nager, creuser, capturer ou encore transporter. À la loupe, tu vois aussi que leurs pattes sont vraiment très poilues. Il s'agit pour la plupart de poils sensoriels : ils permettent à l'animal de sentir, de goûter ou de toucher. Les sauterelles et les grillons ont même un tympan sur le tibia antérieur : ils peuvent donc entendre avec leurs pattes !

La courtilière, ou taupe-grillon, vit sous terre. Ses pattes avant en forme de pelles lui servent à creuser.

Envolé !

Bzz… Dès que tu entends ce bruit, tu sais qu'un insecte est dans les parages. Il se pose, range ses ailes. Regarde de plus près ces fines membranes qui lui servent à voler.

Les ailes avant et arrière de l'abeille sont couplées grâce à un système de crochets.

Des ailes uniques

Au carbonifère, il y a environ 300 millions d'années, vivaient les ancêtres des blattes. Ils n'avaient pas 4 mais 6 ailes en tout ! Ces insectes primitifs ont totalement disparu. Les insectes supérieurs actuels ont 4 ailes. Parmi toutes les petites bêtes, les insectes sont les seuls à avoir « inventé » les ailes pour voler. Elles sont nées d'un repli de membrane des 2 segments postérieurs du thorax. Rien à voir avec les ailes des oiseaux et des chauves-souris qui sont des pattes avant modifiées !

Le criquet à ailes rouges bondit et déploie ses ailes.

Comment les ailes se gonflent-elles ?

Quand un insecte émerge de sa nymphe, ses ailes sont petites et épaisses. À croire qu'il est mal formé ! Mais bientôt, il injecte de la lymphe et de l'air dans les nervures. Les ailes encore souples s'étendent et prennent forme. Après quoi elles sèchent et deviennent des organes insensibles, comme tes cheveux.

Le machaon gonfle ses ailes.

Les ailes des papillons sont couvertes d'écailles emboîtées comme des tuiles, ce qui permet à l'eau de glisser. Elles forment la poudre qui reste sur tes doigts.

BIEN PLIÉES

Les ailes des papillons de jour et des libellules sont toujours planes au repos. D'autres insectes les replient quand ils se posent.

Les criquets, les sauterelles et les phasmes replient leurs ailes arrière en éventail.

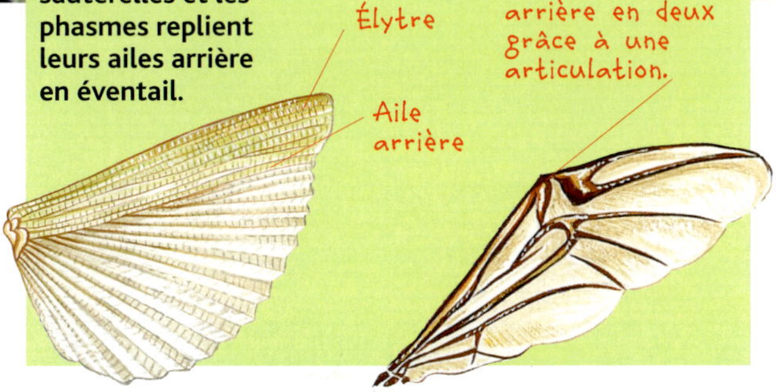

PLUS UN INSECTE EST ÉVOLUÉ, PLUS LE DESSIN DES NERVURES DE SES AILES EST SIMPLE

La libellule, insecte primitif, a un réseau de nervures dense et serré.

La guêpe, insecte évolué, a un réseau de nervures simplifié.

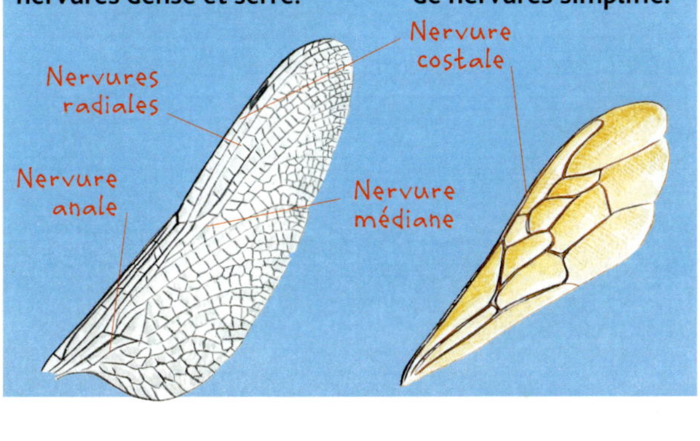

Repère les haltères

Les ailes de certains insectes se sont transformées.

- La première paire d'ailes des coléoptères, les élytres, ne sert plus vraiment à voler. Ils forment un étui protecteur qui protège les ailes arrière et l'abdomen souvent mou.
- Les ailes arrière des mouches et des moustiques sont réduites à de petites masses en forme d'haltères. Elles abritent les organes sensoriels de l'équilibre de l'insecte.

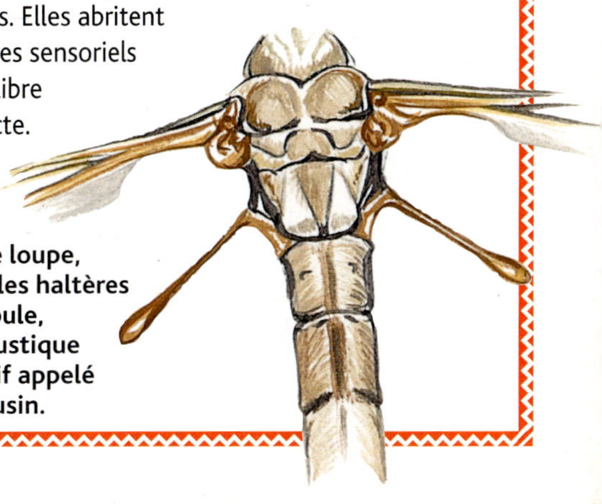

Avec une loupe, observe les haltères d'une tipule, gros moustique inoffensif appelé aussi cousin.

Mini radars

Un souffle d'air ? Une vibration ? Les petites bêtes dressent leurs antennes. À moins qu'elles ne les agitent en tous sens pour suivre une odeur alléchante.

Percevoir

Les antennes sont des appendices sensoriels constitués de segments de taille variable. Elles prennent toutes sortes de formes et sont souvent le siège de plusieurs sens différents. Celles des papillons sont sensibles au goût et aux parfums. Les antennes des moustiques réagissent aux vibrations de l'air. Celles des capricornes et des phasmes ont pour fonction le toucher. Les cigales, les mouches et les libellules, en revanche, ont de très courtes antennes aux fonctions réduites.

Parures différentes

Les antennes des petites bêtes ne se ressemblent pas d'un groupe à l'autre. Voici quelques exemples :

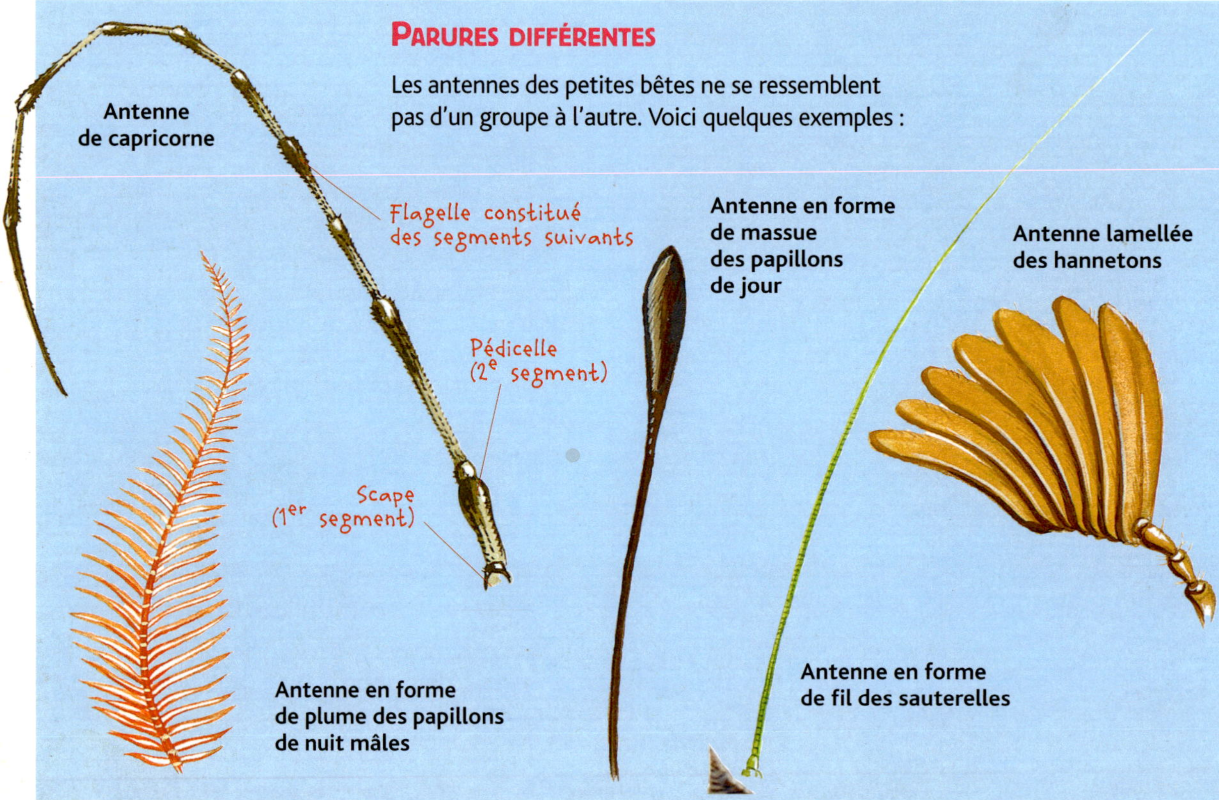

Le hanneton porte des antennes lamellées.

Des outils de communication

Grâce à leurs antennes, les individus de la même espèce peuvent communiquer. En se touchant les antennes, les fourmis, les guêpes, les abeilles reconnaissent l'odeur des membres de leur colonie et s'échangent des informations codées sur les travaux à accomplir : régurgiter la nourriture, transmettre un fardeau, etc.
Les grands papillons de nuit mâles ont des antennes plumeuses qui détectent le parfum émis par les femelles. Cela permet aux mâles de les repérer à distance dans la nuit pour les rejoindre et les féconder.

Combien d'antennes ?

- Les crustacés, comme la crevette d'eau douce, ont 4 antennes, 2 grandes et 2 petites.
- Tous les insectes et tous les myriapodes possèdent 2 antennes.
- Chez les arachnides, les antennes sont absentes, le toucher se fait par les pédipalpes ou des pattes avant modifiées.

Ouvrière de fourmi californienne vue au microscope électronique. Les antennes sont segmentées.

Les cornes des escargots

Les 4 cornes des escargots et des limaces ne sont pas des antennes. Ce sont des tentacules rétractiles qui renseignent la petite bête sur son environnement. Les 2 grandes cornes portent les yeux. Les 2 petites cornes servent plutôt au toucher.

L'escargot sort ses cornes en les gonflant.

Instruments de table

Pour piquer, sucer, broyer, les petites bêtes sont armées. Autour de leur bouche, les pièces buccales sont bien affûtées...

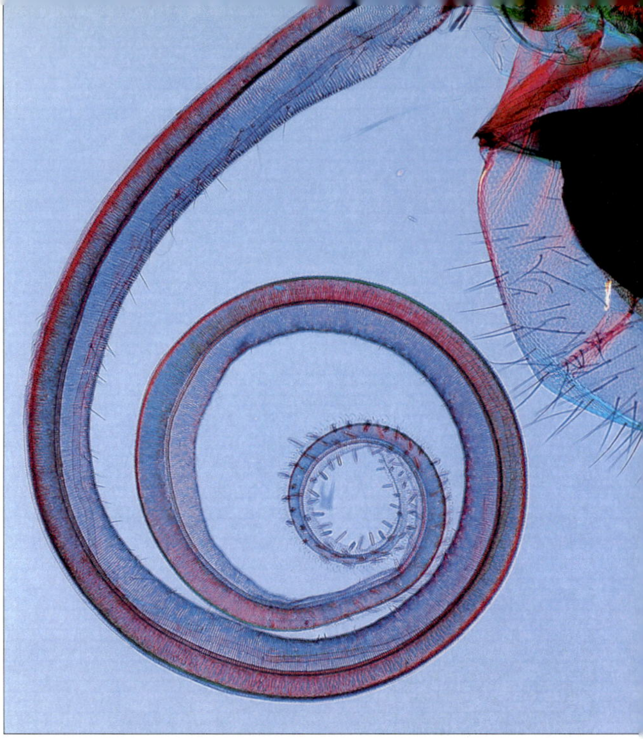

La trompe des papillons est faite des 2 maxilles (ou mâchoires) modifiées en forme de gouttière et accolées.

Un certain nombre

Chez les myriapodes, les pièces buccales sont généralement au nombre de 3 paires : 1 paire de mandibules et 2 paires de maxilles. Les insectes ont des mandibules et une seule paire de maxilles. Elles fonctionnent transversalement, bougeant de droite à gauche et de gauche à droite, ce qui n'est pas le cas de ta mâchoire qui bouge de haut en bas. La lèvre supérieure, ou labre, les surmonte. La lèvre inférieure est appelée labium. La langue, ou glosse, existe parfois dans la bouche.

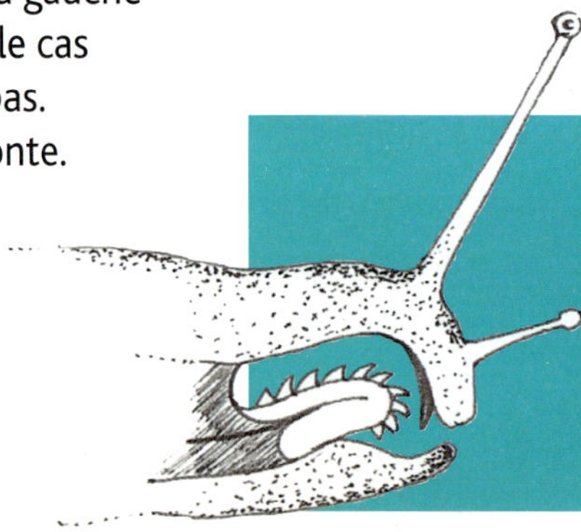

La radula des escargots

La bouche des escargots cache une langue musculeuse couverte de dents minuscules, la radula. C'est un organe abrasif parfait pour râper la nourriture !

Des appendices buccaux adaptés au régime alimentaire

Appareil broyeur de la cicindèle
Régime : broie d'autres insectes.

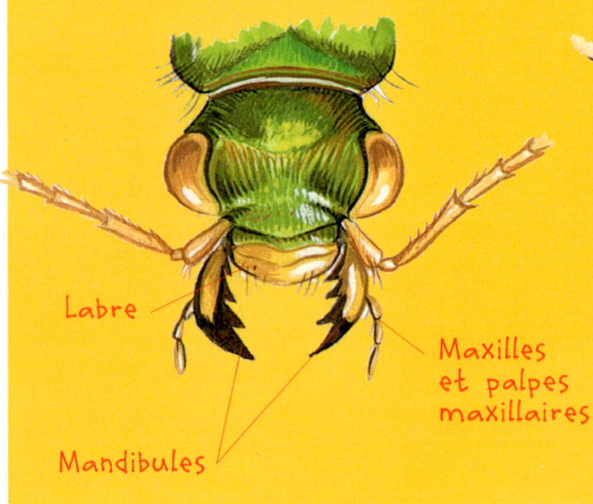

Appareil piqueur-suceur de la punaise
Régime : aspire sève et lymphe.

Appareil piqueur du moustique
Régime : aspire le sang.

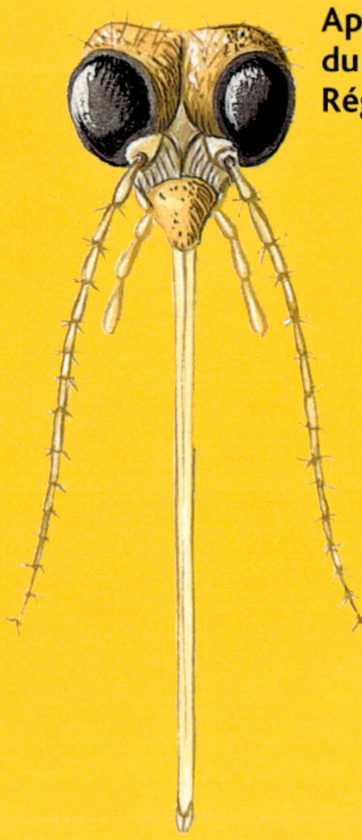

Appareil suceur-lécheur de la mouche
Régime : lèche des jus.

Très différents

Les pièces buccales des insectes se sont beaucoup transformées au cours de l'évolution : elles ont donné toutes sortes d'instruments de nourrissage. Les criquets, les mantes et les guêpes ont des mandibules broyeuses. Punaises, pucerons et cigales ont un rostre qui pique et suce pour aspirer la sève. Les moustiques ont un stylet piqueur. Les papillons possèdent une longue trompe suceuse. Les abeilles ont des pièces buccales lécheuses et les mouches, une courte trompe aspirante suceuse et lécheuse.

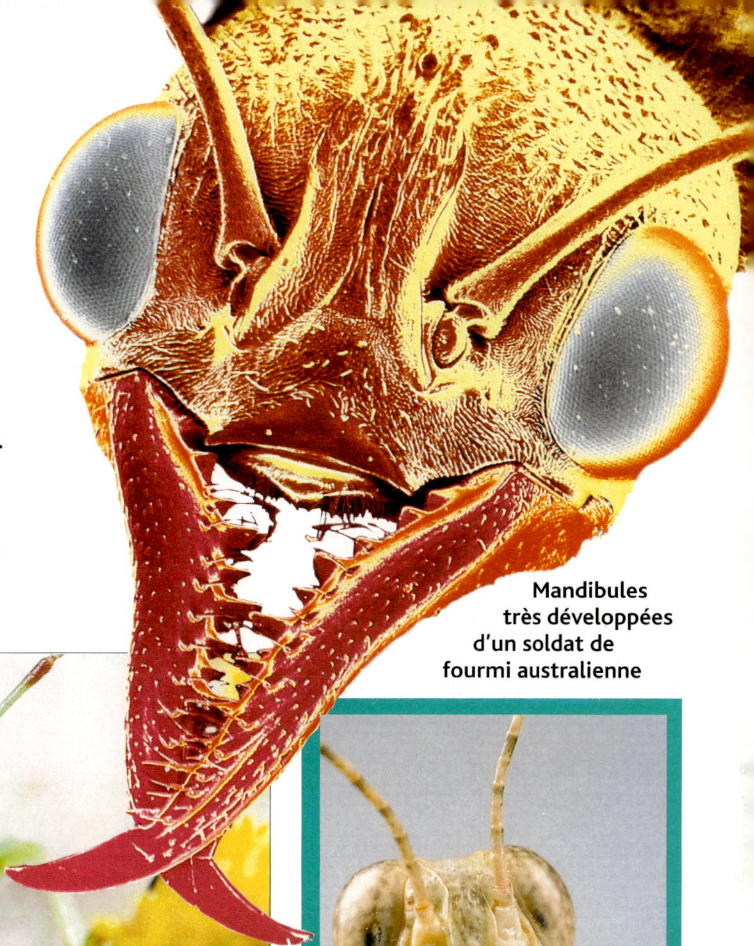

Mandibules très développées d'un soldat de fourmi australienne

La punaise pique les végétaux et en suce le jus à l'aide de son rostre.

Le baiser des araignées et des scorpions

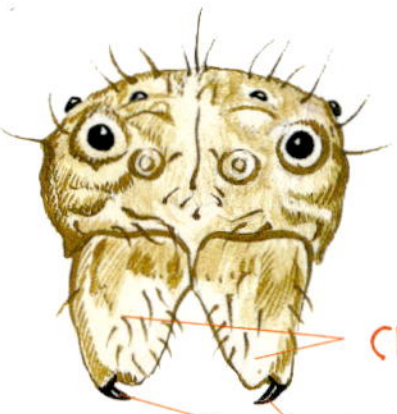

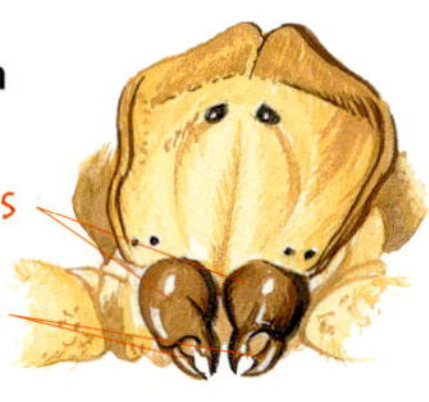

Les arachnides possèdent 2 chélicères et 2 pédipalpes. Chez les araignées, les chélicères sont des crochets creux qui mordent et injectent le venin. Puis ils broient la proie et en aspirent le jus. Les pédipalpes tiennent la nourriture. Ceux du mâle portent les bourses copulatrices. Les chélicères des scorpions forment une paire de pincettes qui dilacèrent et aident à l'ingestion des morceaux. Les pédipalpes sont devenus les pinces.

Le criquet broie sa nourriture.

D'OÙ VIENNENT LES PIÈCES BUCCALES ?

La tête des arthropodes est formée par la soudure des 6 premiers segments de leurs ancêtres vermiformes. Les pièces buccales sont les « restes » des appendices des 3 premiers segments.

Vu de l'intérieur

Les arthropodes sont tout petits, mais, à l'intérieur, se cachent tous leurs minuscules organes.

Des cœurs dans le dos

Les petits animaux ne possèdent quasiment pas de vaisseaux sanguins ! Leurs organes baignent dans la lymphe, sorte de sang verdâtre et dépourvu de globules rouges. Cette lymphe transporte peu de gaz respiratoires. En revanche, elle apporte les éléments nutritifs partout dans le corps. Une chaîne de cœurs simplifiés placée dans le dos la propulse d'arrière en avant, et elle repart vers l'arrière par un reflux ventral.

Chez les crustacés telle l'écrevisse, le système respiratoire est constitué de branchies qui oxygènent la lymphe.

LE TUBE DIGESTIF

Le tube digestif des insectes est constitué d'un œsophage, d'un estomac et de plusieurs intestins ! L'œsophage s'ouvre souvent sur un jabot : il sert à stocker la nourriture avant de la régurgiter, comme chez les fourmis et les abeilles, ou à la broyer dans le but de mieux la digérer, comme chez le criquet.

LES « POUMONS » DES ARAIGNÉES

Les araignées possèdent sous l'abdomen des organes respiratoires ressemblant à nos poumons. Deux cavités s'ouvrent sur l'extérieur. À l'intérieur, leur paroi est repliée en feuillets à la surface desquels les échanges gazeux ont lieu. Il n'y a généralement pas de mouvements respiratoires. Les mygales se distinguent des autres araignées car elles ont 4 « poumons ».

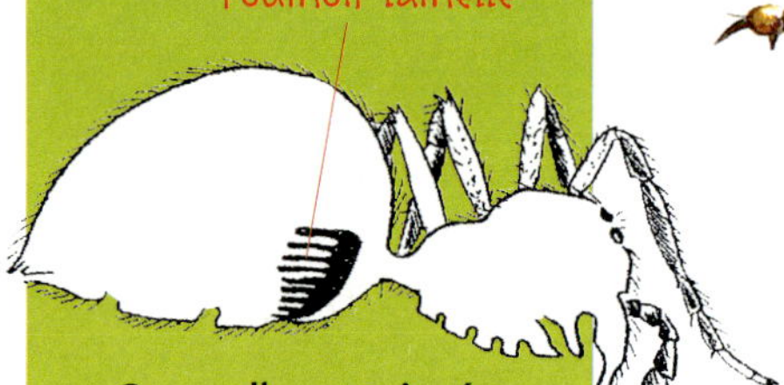

Coupe d'une araignée

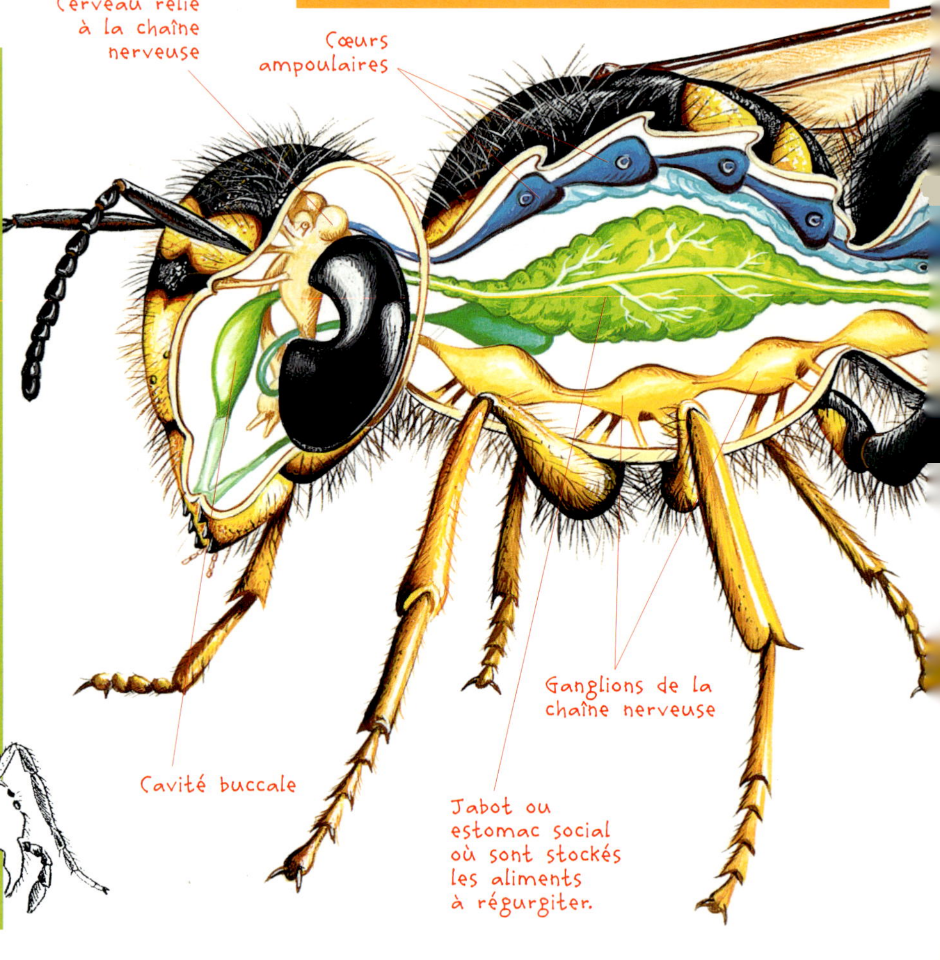

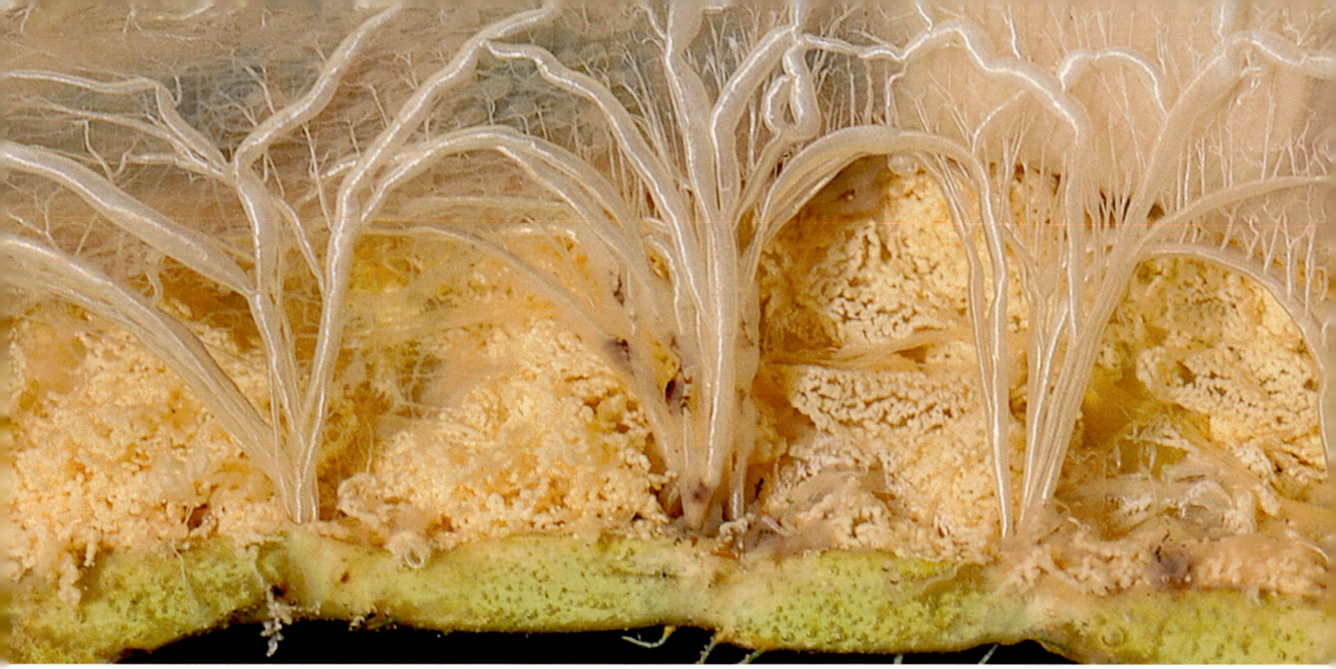

Aperçu des trachées respiratoires du phasme à tiare

On respire !

Regarde de plus près un criquet : tu vois des petits trous sur le côté ! Sur chaque somite du thorax et de l'abdomen, s'ouvre un stigmate respiratoire. Ce sont les entrées d'air du système respiratoire constitué de conduits ramifiés, les trachées, qui mènent l'air directement aux organes !

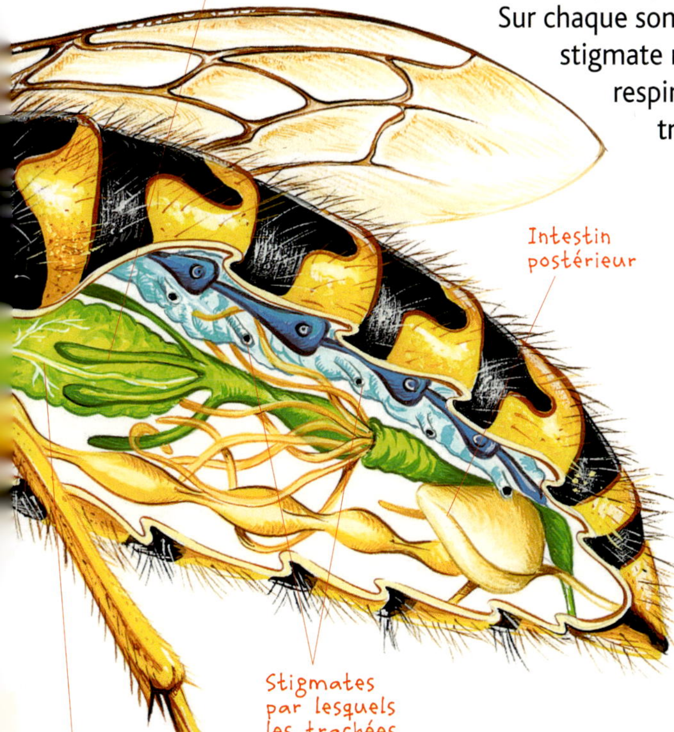

Stigmate respiratoire d'un dytique

La chaîne nerveuse est ventrale

Chez toutes les petites bêtes, le système nerveux est une chaîne de ganglions étirée tout le long du corps sur la face ventrale, alors que, chez toi, la moelle épinière se trouve dans ton dos. Les nerfs des petites bêtes partent des ganglions et innervent les appendices et les organes.

Des yeux à facettes

Les unes ont la vue basse, les autres une vue perçante. Gros plan sur les yeux globuleux des petits animaux. Et, à propos, que voient-ils ?

Les libellules qui chassent en vol ont besoin d'un grand champ de vision pour repérer leurs proies : leurs yeux occupent une très grande place sur la tête.

Les 2 yeux et les 3 ocelles du frelon.

Simples ou composés

Les yeux de la plupart des petites bêtes sont composés de milliers d'yeux minuscules disposés en bouquets. Chaque œil simple est appelé une « ommatidie ». Chacune voit dans une direction précise. De même qu'avec tes 2 yeux tu ne vois pas double, les petites bêtes aux yeux composés ne voient pas une multitude d'images, mais une image unique. Plus elles ont d'ommatidies, plus leur champ de vision est grand.

Des visions différentes

Les papillons de nuit voient dans l'obscurité. Les abeilles et autres insectes butineurs perçoivent les rayons ultraviolets réfléchis par les nectaires des fleurs. Pour eux, la prairie ressemble à un tapis bleu foncé sur lequel les fleurs apparaissent comme des spots lumineux. Les scientifiques pensent que les mouches voient mieux les objets en mouvement que les objets immobiles. Quand quelque chose bouge devant elles, leur champ de vision serait traversé de traces lumineuses, comme sur un écran radar.

Les glandes à nectar de la fritillaire vues par toi.

Les glandes à nectar de la fritillaire vues par une abeille.

Ce que voit l'abeille quand elle survole une prairie fleurie.

Les ocelles

En plus de leurs yeux composés, de nombreuses petites bêtes possèdent sur le sommet de la tête, à l'état adulte seulement, quelques yeux simples isolés, les « ocelles ». Ils ne perçoivent pas d'images, ils renseignent le système nerveux sur l'intensité de la lumière et la durée du jour, ce qui synchronise le développement de la petite bête avec le cycle des saisons.

Les araignées n'ont pas d'yeux composés mais seulement 2 à 8 yeux simples. Ils sont assez gros chez les araignées qui chassent à vue, et petits chez celles qui tissent des toiles.

UN ŒIL COMPOSÉ

En couleurs, une ommatidie ou œil simple.

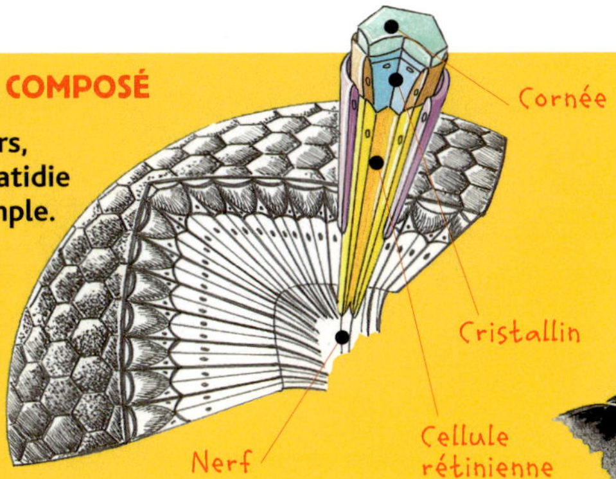

DES YEUX POUR L'AIR ET DES YEUX POUR L'EAU !

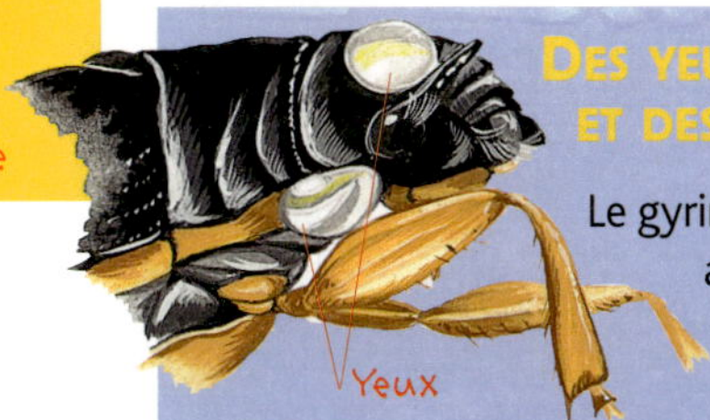

Le gyrin est un coléoptère aquatique qui nage à la surface de l'eau pour capturer les insectes qui s'y noient. Mais il peut aussi plonger pour attraper une proie nageante. Il possède 2 paires d'yeux composés : les uns voient dans l'air et les autres sous l'eau !

Fais nager une notonecte à l'envers !

La notonecte est une punaise aquatique qui a l'habitude de nager sur le dos. Or c'est en voyant la lumière de la surface, côté ventre, qu'elle s'oriente. Éclaire son bocal par en dessous dans une pièce sombre, tu la verras nager sur le ventre !

Les yeux composés d'une simulie, cousine des moustiques.

QUE VOIT LE VER DE TERRE ?

Le ver de terre n'a pas d'yeux mais sa peau est sensible à la lumière. Surprends-le la nuit dans le faisceau de ta lampe de poche quand il est à la surface du sol. Tu verras qu'il rentre vite fait dans sa galerie !

Entendent-elles ?

Tu n'as jamais vu une petite bête dresser les oreilles... Pourtant, certaines d'entre elles entendent. La preuve, c'est qu'elle échangent des messages sonores.

Organe auditif d'une noctuelle

Messages codés

Chez les petites bêtes, l'ouïe n'est pas un sens très développé. Celles qui en sont pourvu sont surtout sensibles aux chants de leur espèce. Elles réagissent presque uniquement à ces messages codés que sont les stridulations et autres craquettements émis par leurs congénères. Elles ne semblent pas perturbées par les autres bruits.

Des tympans partout

Les organes de réception des sons chez les insectes sont des tympans fonctionnant comme ton oreille. La différence, c'est que ces récepteurs de sons sont situés à des emplacements plutôt étonnants.
Les criquets et les cigales les possèdent sur l'abdomen, de part et d'autre du premier segment, les grillons et les sauterelles sur les tibias des pattes avant et les papillons noctuelles les portent sur le dernier segment du thorax, dans le dos !

Les tympans des grillons sont placés sur la face externe des pattes avant.

Les noctuelles entendent
la chauve-souris
et changent leur trajectoire.

Des papillons de nuit très bien équipés

Les noctuelles sont des papillons de nuit abondants qui servent de proies aux chauves-souris. Les tympans de ces insectes captent les ultrasons émis par ces mammifères volants insectivores pour repérer leur proie. Par réflexe, le papillon se laisse alors tomber en piqué et échappe ainsi à l'agresseur !

Percevoir des vibrations

La plupart des autres petites bêtes sont sourdes. Néanmoins, beaucoup perçoivent les vibrations de l'air grâce à des poils sensoriels, appelés « trichobothries ». Ils sont reliés à une terminaison nerveuse et informent ainsi la petite bête sur son environnement.

Siffle ton cocon !

Certaines chrysalides prêtes à éclore gigotent dans tous les sens quand elles perçoivent un sifflement aigu. Celles de l'*attacus atlas* en fait partie. C'est un papillon asiatique dont on peut trouver le cocon vivant en vente en France. Tu peux faire l'expérience en sifflant tout près du cocon. Tu verras qu'en effet, il a un soubresaut !

***Attacus atlas*, papillon de nuit asiatique, 20 cm.**

À tâtons

Un coup d'antennes, une caresse de la patte, c'est ainsi que les petites bêtes goûtent et touchent ce qui les entoure.

Au bout d'une branche ou d'une feuille, les chenilles explorent l'espace, cherchant à toucher un nouveau support où s'accrocher.

Asile, mouche prédatrice, 2 cm.

Les trichobothries sont des poils branchés à une terminaison nerveuse. Ils servent au toucher.

Touché : c'est goûté !

Le goût et le toucher sont souvent associés chez les petites bêtes. Les capteurs de ces sens sont portés par les antennes et les pattes avant, qui explorent l'espace lors du déplacement. Il existe aussi sur les maxilles et sur la lèvre inférieure de nombreux insectes une paire de palpes articulés sensibles au toucher et au goût : parfait pour reconnaître la nourriture et sa forme avant le grignotage !

Toucher est une façon de voir. Observe un capricorne, un phasme ou une sauterelle en train de se déplacer tranquillement.

Les antennes décrivent de grands moulinets qui explorent l'espace.

D'une antenne, l'animal repère un obstacle.

Teste le goût d'un papillon

Les papillons ont des récepteurs du goût sur les pattes avant.
Prends-en un par les ailes et pose-lui les pattes avant sur une goutte d'eau sucrée au miel. Par réflexe, le papillon déroule sa trompe et pompe l'eau sucrée jusqu'à ce qu'il soit repu. Tu peux même le lâcher doucement, il restera concentré sur son repas !

Blatte ailée du Pérou, 7 cm.

Par tous les bouts

Les blattes ont des antennes longues extrêmement sensibles aux traces odorantes émises par leurs congénères pour se regrouper. Elles ont aussi des cerques, appendices situés au bout de l'abdomen, qui tâtent et détectent les traces chimiques. On considère que les antennes et les cerques des blattes possèdent la plus grande sensibilité du monde animal dans le domaine de la « chémoréception », ou réception des traces chimiques.

La deuxième antenne rejoint la première sur l'obstacle, qui est ainsi jaugé.

Cherchant toujours à grimper, l'insecte s'engage alors dans l'escalade, touchant l'obstacle alternativement des 2 antennes.

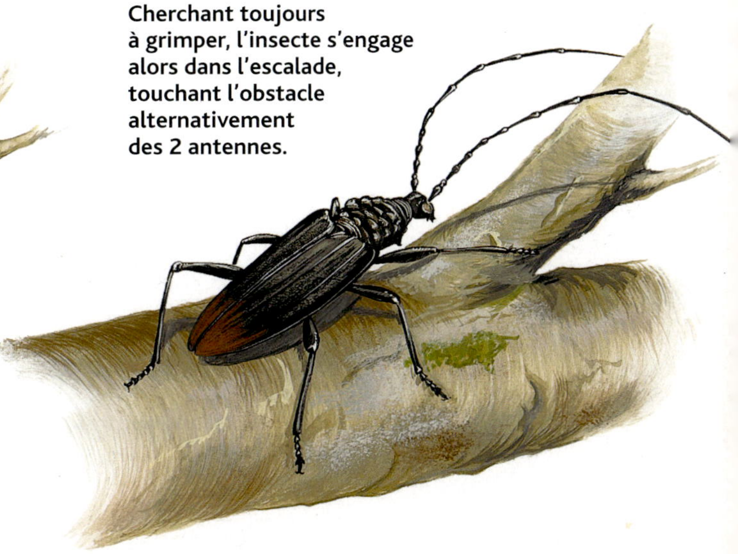

Un sacré odorat

Les petites bêtes n'ont pas de nez, et pourtant, elles ont du nez ! Pour se retrouver les unes les autres ou pour dénicher leur nourriture, elles font appel à leur odorat, un sens développé.

Vive le vent !

D'innombrables êtres vivants répandent des odeurs dans la nature. Chaque « bulle » d'air est riche de milliers de molécules émises par de nombreuses espèces animales et végétales. Parmi tous ces messages lancés au vent, chaque petite bête perçoit ceux qui l'intéressent, un peu comme ton téléphone qui réagit seulement à ton numéro au milieu des milliers d'appels qui passent dans les câbles téléphoniques.

La course aux odeurs

Les petites bêtes sont capables de réagir à des parfums extrêmement ténus. Ces effluves mobilisent dès lors toute leur énergie afin qu'elles en localisent la source. Leurs antennes entrent en action, car elles portent les cellules de l'odorat. Les petites bêtes remontent le vent progressivement, guidées par l'intensité croissante de l'odeur.

JEAN HENRI FABRE ET LE GRAND PAON DE NUIT

Jean Henri Fabre, un entomologiste du XIXe siècle, a démontré que les papillons de nuit mâles repèrent les femelles à l'odeur qu'elles émettent. Une femelle de grand paon de nuit sortie de son cocon dans le laboratoire du savant a attiré la première nuit des dizaines de mâles. Le lendemain, le support sur lequel la femelle se trouvait la veille attirait encore d'autres mâles ! Ces odeurs particulières, émises comme messages, sont appelées des « phéromones ».

Attire des mouches avec du vinaigre !

Dans une soucoupe, verse un peu de vinaigre et pose-la dehors au soleil.

Bientôt, tu verras voleter autour de petites mouches rouge-orange. Ce sont des drosophiles ou mouches du vinaigre. Elles pondent sur les fruits pourris qui dégagent une odeur acide. C'est pourquoi le vinaigre les attire.

Les insectes qui se guident aux odeurs

1. Les ichneumons repèrent à l'odeur les chenilles dans lesquelles ils pondent leurs œufs.
2. Les mâles d'abeilles solitaires sont attirés par certaines orchidées qui imitent le parfum des femelles. Du coup, ils transportent le pollen d'une orchidée à l'autre.
3. Les mouches des cadavres découvrent un petit mammifère dès les premiers instants de sa mort.
4. Le moustique trouve un homme à l'odeur de sa transpiration.
5. Les guêpes visitent une pêche posée sur la table du jardin.
6. Les bousiers captent l'odeur d'une bouse à peine déposée par une vache et la colonisent.
7. Les papillons de nuit rejoignent les femelles dans l'obscurité grâce à l'odeur qu'elles émettent.
8. Des coléoptères xylophages localisent les arbres mourants aux produits chimiques qu'ils dégagent.

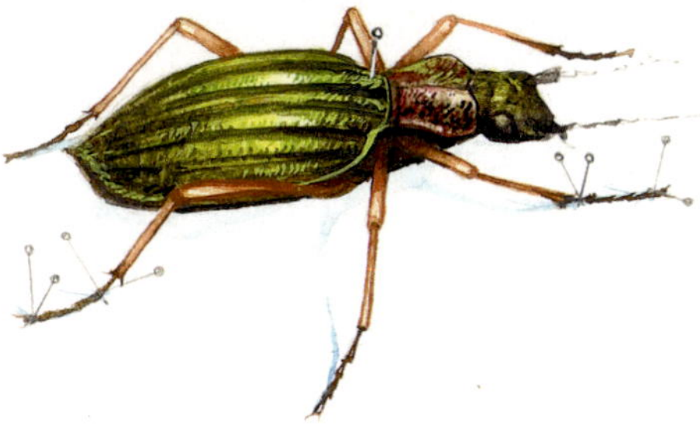

LA COLLECTION, UN OUTIL D'ÉTUDE

Tu as décidé de faire un inventaire précis des petites bêtes vivant dans ton jardin ? L'important, c'est de faire ta collection dans les règles de l'art et d'être minutieux pour qu'elle soit bien présentée et bien entretenue.

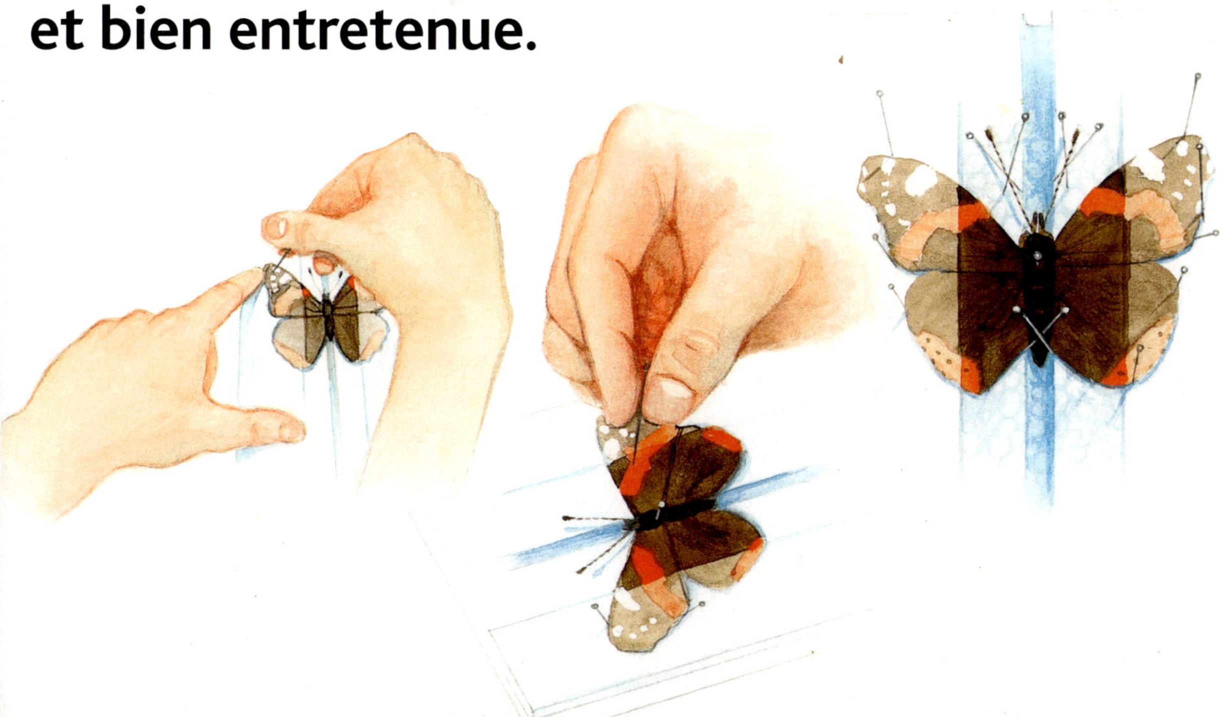

Ta collection

L'entomologie est devenue ta passion. Tu peux commencer une collection de référence, mais cela n'est pas une fin en soi. Elle aura surtout valeur de témoignage de tes trouvailles.

Pour étudier

Au fur et à mesure de tes observations sur les petites bêtes, tu te rends compte qu'il en existe un très grand nombre d'espèces, et que certaines se ressemblent beaucoup. Alors conserve des échantillons afin d'établir une collection de référence. Elle peut être très belle, mais ce n'est pas son seul but. C'est un outil d'étude et il n'est pas nécessaire de garder plusieurs petites bêtes identiques.

Un peu de matériel.

Une pince pointue, pour étendre pattes et antennes.

Une pince à piquer, pour saisir les insectes épinglés.

Une pince souple, pour saisir les échantillons.

Jamais les espèces protégées !

Il existe dans chaque pays des espèces de petites bêtes officiellement protégées. Tu ne dois jamais les déranger et encore moins les placer dans ta collection, ce serait un délit ! Demande la liste des petites bêtes protégées dans les musées d'histoire naturelle, aux associations entomologiques ou consulte-la à la fin du livre.

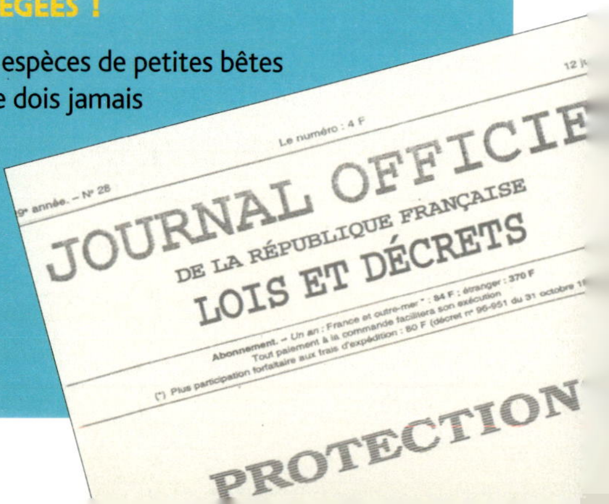

Une étrange carte d'identité

Chaque échantillon est accompagné d'une étiquette mentionnant la date de capture, le lieu précis (pays, commune, lieu-dit), les conditions de rencontre (sur un noisetier, dans un chêne mort) et le nom scientifique, déterminé grâce à un guide illustré. Tu peux compléter ces informations par un carnet dans lequel tu racontes en détail tes chasses. Note également les aventures qui t'arrivent. En relisant, tu te souviendras de choses qui t'instruiront sur les petites bêtes rencontrées.

Rédige tes étiquettes soigneusement.

Des épingles de couture, pour maintenir les insectes qui sèchent en position.

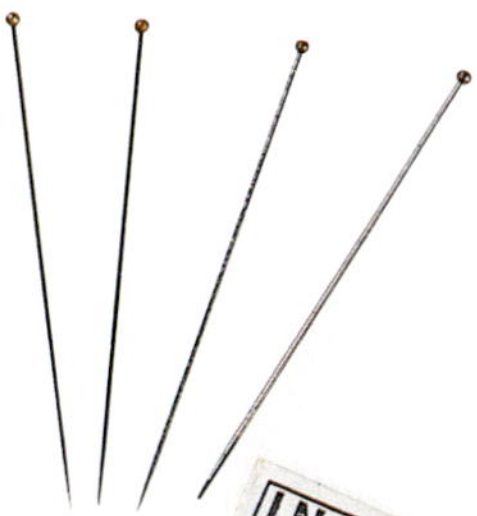

Des épingles entomologiques, taille 0 à 3, pour piquer et manipuler le spécimen.

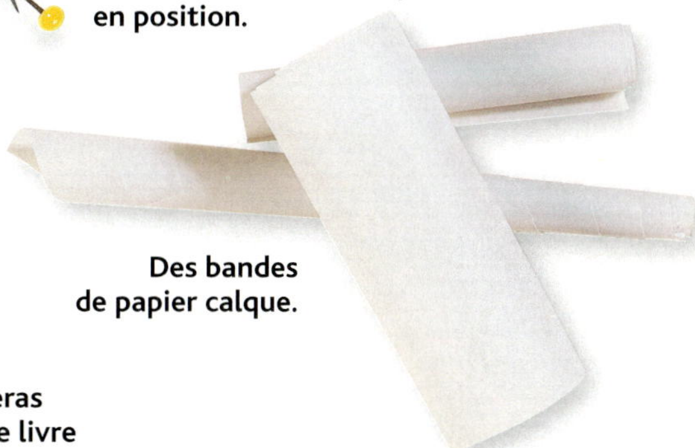

Des bandes de papier calque.

Tu trouveras à la fin de ce livre une liste d'ouvrages utiles ainsi que les adresses d'associations entomologiques.

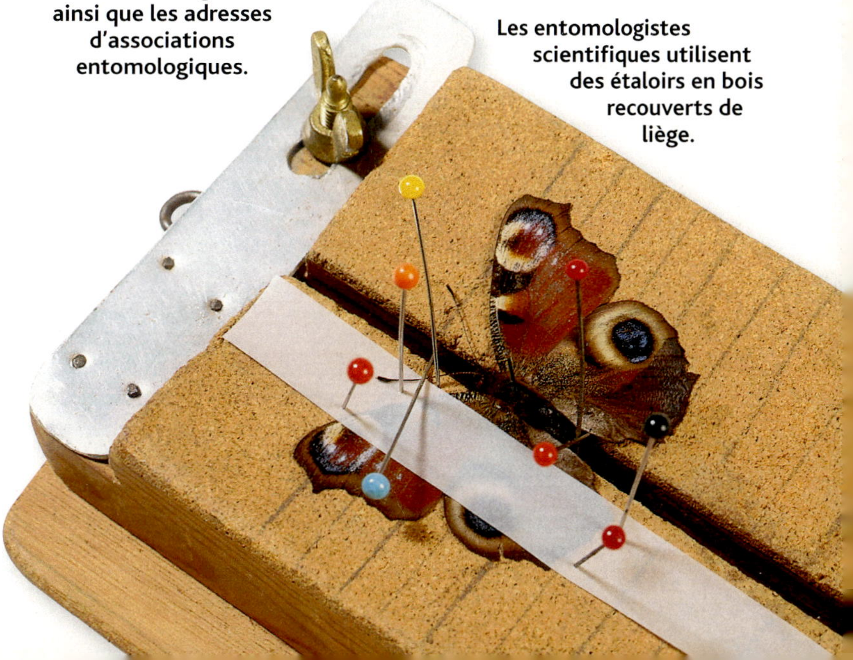

Les entomologistes scientifiques utilisent des étaloirs en bois recouverts de liège.

Ne travaille pas seul

Tu auras bientôt envie de partager tes aventures entomologiques. Il existe de nombreuses associations qui s'intéressent aux petites bêtes. Tu y trouveras des conseils, de l'aide pour déterminer les espèces et tu apprendras plein de choses auprès de copains plus avancés que toi dans la passion de l'entomologie.

Des insectes bien préparés

Avec les ailes bien déployées et les pattes bien disposées, les insectes de ta collection se montreront dans tous leurs détails.

Le matériel pour construire ton étaloir.

Pour une bonne conservation

Préparer un insecte, c'est le présenter pour le mettre en collection. Ce travail minutieux est indispensable pour que ta collection soit esthétique et facile à consulter. Conserve-la au sec et à l'obscurité. L'humidité ferait moisir tes spécimens, la lumière ternirait leurs couleurs. Fixe dans chaque boîte une boule de naphtaline qui éloignera les insectes parasites qui réduiraient tes échantillons en poussière.

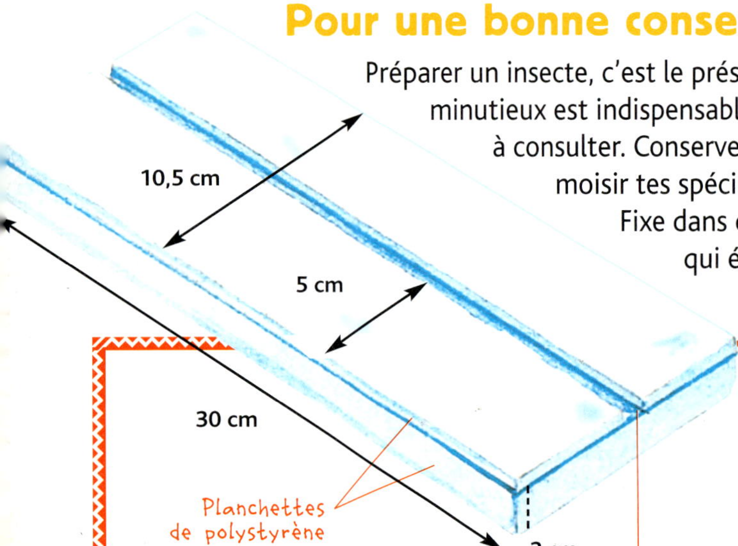

Construis ton étaloir à papillons

Ton étaloir à papillons est fait de planchettes de polystyrène coupées au cutter et contrecollées avec de l'adhésif double face. Fabriques-en plusieurs avec des rainures mesurant 5, 7, 10 et 15 mm de large. Ils seront adaptés à différents papillons selon la grosseur de leur abdomen. Découpe des bandes de papier calque.

Prépare un papillon

1 Perce le thorax du papillon et plante l'épingle dans la rainure. Place les ailes à plat sous le calque. Pique l'aile avant derrière la plus grosse nervure et hisse-la vers le haut afin que le bas de l'aile soit perpendiculaire à la rainure.

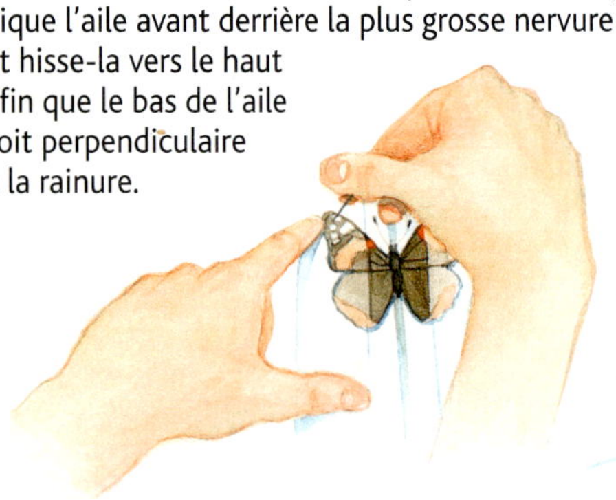

2 Pique l'aile arrière et glisse-la sous l'aile avant. Immobilise les 2 ailes en position par des épingles placées autour. Puis étale l'autre côté.

3 Immobilise l'abdomen, la tête et dispose les antennes à l'aide de croisillons d'épingles.

4 Laisse sécher 3 semaines. Retire les épingles délicatement, tes échantillons sont maintenant bien positionnés, mais cassants !

Prépare un coléoptère

Tu peux donner à l'insecte une attitude naturelle (ci-dessous) ou replier les pattes sous le corps pour éviter la casse.

1 Pique le coléoptère en haut de l'élytre droit. Étends ses 6 pattes à l'aide de pinces fines.

2 Positionne les pattes avant et immobilise-les à l'aide de plusieurs croisillons d'épingles.

3 Écarte les pattes intermédiaires du corps et bloque-les par des épingles croisées.

4 Procède de même avec les pattes arrière. Finis par les antennes.

Un ramollissoir vite fait

Si tu ne peux pas naturaliser tes prises tout de suite après leur récolte, laisse-les sécher dans leurs papillotes. Au moment de les préparer, tu pourras les ramollir pour qu'elles retrouvent leur souplesse.

1 Dans une boîte en plastique, empile plusieurs feuilles d'essuie-tout. Place entre elles tes papillotes.

2 Asperge chaque couche avec un pulvérisateur d'eau.

3 Place la boîte à température ambiante. 24 heures plus tard, toutes tes petites bêtes sont souples, tu peux les étaler facilement.

Les magasins spécialisés vendent des boîtes de collection vitrées.

D'autres idées de récoltes

Des coquilles ou des mues, dans des boîtes, sur des paillettes ou dans des flacons, les collections ne manquent pas d'imagination.

Dans des boîtes alvéolées

Si tu élèves des chenilles, collectionne leurs chrysalides vides ou leurs cocons ; ils sont tous différents. Tu peux aussi garder les coquilles vides d'escargots ou les fourreaux des larves de phryganes. Il en existe bien plus d'espèces que tu ne le crois. Toutes ces collections seront à l'abri et bien mises en valeur dans des boîtes alvéolées vendues pour le rangement des clous et des vis.

Boîtes à vis cloisonnées

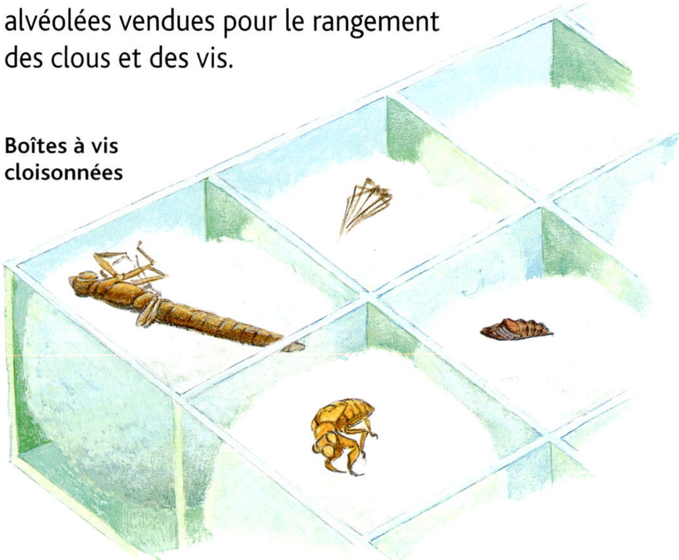

Les collections scientifiques

Dans les musées et les laboratoires de recherche, les scientifiques gardent précieusement toutes sortes de petites bêtes afin de mieux les connaître. Les animaux mous comme les mollusques et les vers sont conservés dans l'alcool dilué à 75 % ou dans le formol. Les chenilles vidées de leurs entrailles sont gonflées d'air, séchées, et des artistes repeignent leurs couleurs !

Les libellules aux couleurs si fugaces peuvent être conservées dans de petits flacons d'acétone.

Paillettes pour miniatures

Si tu es minutieux, tu peux conserver les minuscules arthropodes. Colle-les avec du vernis à ongles sur un tout petit rectangle de bristol blanc appelé « paillette ». Avant que le vernis sèche et quand l'animal est encore souple, dispose pattes et antennes avec la pointe d'une épingle. Transperce le bristol d'une épingle derrière l'insecte et place-le dans ta collection.

Collection sur paillettes

Une simple boîte à œufs munie de son couvercle transparent et garnie de coton te permet de ranger quelques coquilles.

Minuscules coquilles

Tu peux trouver une multitude de minuscules coquilles d'escargots vides. Ramasse un peu de terre dans un sous-bois, au pied d'une haie ou d'un vieux mur. De retour à la maison, tamise et trie tranquillement à l'aide d'une pince fine. Essaye aussi de tamiser du sable ou la vase des petites rivières. Que de découvertes !

En limant soigneusement tes coquilles, tu fais apparaître les parois en hélice à l'intérieur.

DES VIES TRÈS DIFFÉRENTES

Quelle diversité ! Pour s'y retrouver dans le monde foisonnant et bourdonnant des petites bêtes, les naturalistes ont classé mille-pattes, araignées, insectes ou encore escargots et limaces. Ils ont aussi étudié leur vie et leurs habitudes…

– 600 millions d'années
Apparition des mollusques

– 500 millions d'années
Apparition des poissons

– 450 millions d'années
Apparition des mille-pattes, des arachnides, des premiers insectes

Des ancêtres très lointains

Les arthropodes existaient sur Terre des millions d'années avant l'homme. Retour dans le passé de nos prédécesseurs…

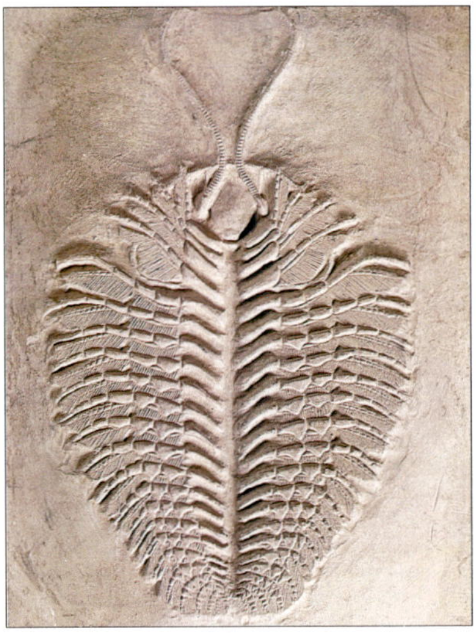

Les trilobites, cousins des ancêtres des insectes, ont vécu sur Terre il y a 600 à 260 millions d'années, puis ont disparu.

Au début de la vie

La vie est apparue dans les océans il y a environ 4 milliards d'années. Beaucoup plus tard, des algues donnèrent naissance aux plantes primitives, et des vers engendrèrent les premiers petits animaux terrestres. Les unes et les autres évoluent ensemble depuis la nuit des temps. Beaucoup d'animaux furent abondants puis disparurent, comme les dinosaures, les ammonites et sûrement beaucoup d'insectes.

Il y a 450 millions d'années, des mille-pattes, des collemboles, des libellules, des protoblattes vivaient dans des régions marécageuses où poussaient des plantes géantes. Les araignées et les scorpions hantaient la nature depuis des millions d'années. Des fougères gigantesques, des prêles grandes comme des arbres et des arbres sans feuilles au tronc

– 250 millions d'années
Diversification
des insectes

– 230 millions d'années
Apparition des dinosaures
et des mammifères

– 140 millions d'années
Apparition des insectes pollinisateurs
en même temps que les plantes à fleurs

– 3 millions d'années
Apparition
de l'homme

Cette libellule fossilisée vivait au jurassique, il y a 140 millions d'années. Son empreinte est restée gravée dans la pierre.

De petite bête en petite bête

Il y a 600 millions d'années, les océans étaient peuplés de mollusques, de vers et déjà de crustacés. Un jour, il y a environ 450 millions d'années, certains vers marins aux nombreux appendices natatoires s'enveloppèrent d'une peau plus épaisse leur permettant de vivre hors de l'eau. Ils devinrent les mille-pattes. Puis les segments de certains mille-pattes se soudèrent ou se spécialisèrent, et leur anatomie évolua vers celle des insectes et des arachnides.

écailleux peuplaient le paysage. Plus récemment, des insectes ont été englués dans la résine de conifères, transformée depuis en ambre. Ces petits animaux ont ainsi été conservés intacts, ce qui permet de les étudier. On trouve des gisements d'ambre datant de l'oligocène (– 30 millions d'années) en Pologne, au Mexique et même près de Paris !

La classification animale

Classer les êtres vivants, ce n'est pas seulement les ranger dans des classes, des ordres, etc. Cela sert aussi à reconstituer l'arbre généalogique de la vie sur Terre...

Péripates, 10 à 20 cm..

LES PÉRIPATES : INCLASSABLES !

Les péripates, ou onychophores, sont de curieuses petites bêtes carnassières des forêts tropicales, qui crachent de la glu sur leurs proies pour les immobiliser. Ils ressemblent à des mille-pattes, possèdent des antennes molles semblables aux cornes d'escargot, une trompe à 3 mandibules pour se nourrir et mettent au monde chaque année quelques petits bien formés. Ils tiennent des vers marins par leur aspect, mais on les rattache aux arthropodes, car ils muent pour grandir !

Question de stratégie

La vie a inventé 2 grands types de stratégies. Les invertébrés sont extrêmement nombreux en espèces et en nombre d'individus. Chaque espèce est très spécialisée et disparaît si les conditions de vie changent.
À l'inverse, les vertébrés sont très peu nombreux en espèces et en nombre d'individus, mais ils soignent leurs petits et savent apprendre, ce qui leur permet de s'adapter et de défendre leur espace vital face aux cohortes concurrentes des petites bêtes.

La vie sur Terre

Les êtres vivants se répartissent entre le règne végétal et le règne animal. Les règnes se divisent en embranchements, eux-mêmes subdivisés en classes, puis en ordres, en familles, en genres et enfin en espèces. Les « petites bêtes » ne forment pas une subdivision scientifique ; elles appartiennent à plusieurs embranchements : celui des mollusques, comme l'escargot, ou celui des annélides, comme le ver de terre. Les insectes, les arachnides, les crustacés sont des classes de l'embranchement des arthropodes.

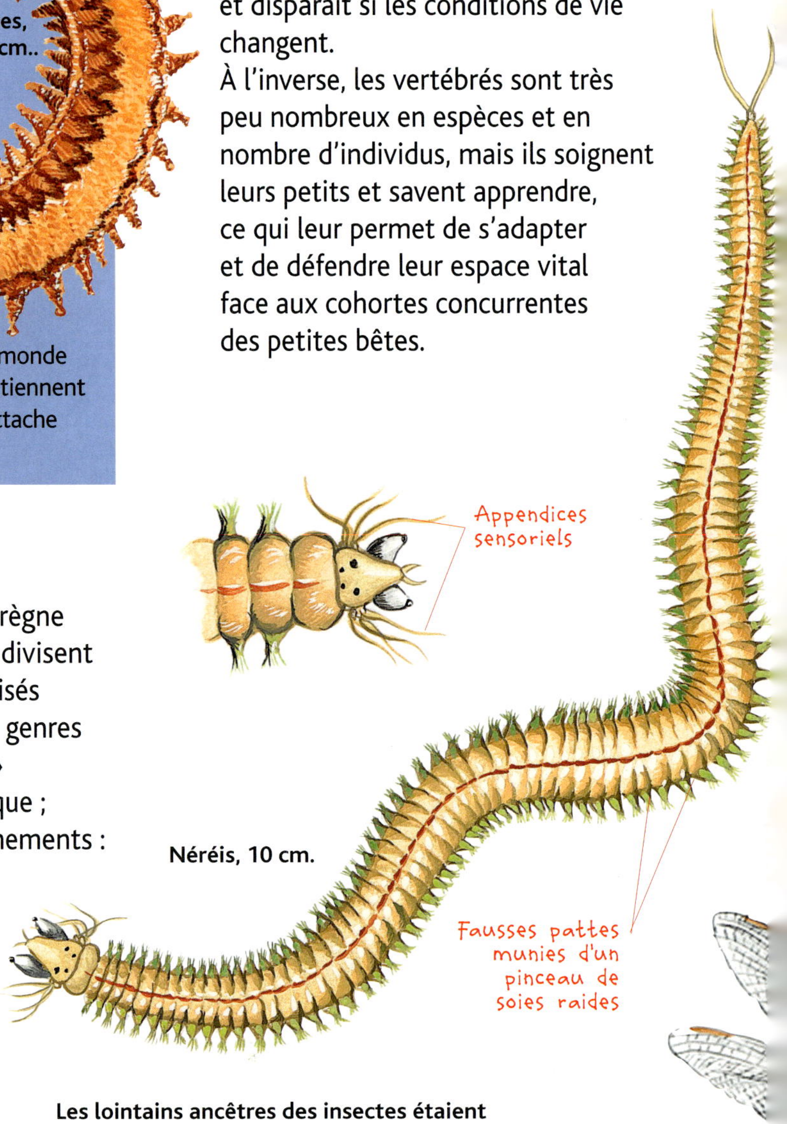

Néréis, 10 cm.

Les lointains ancêtres des insectes étaient des vers marins ressemblant à ce néréis qui vit près de nos côtes.

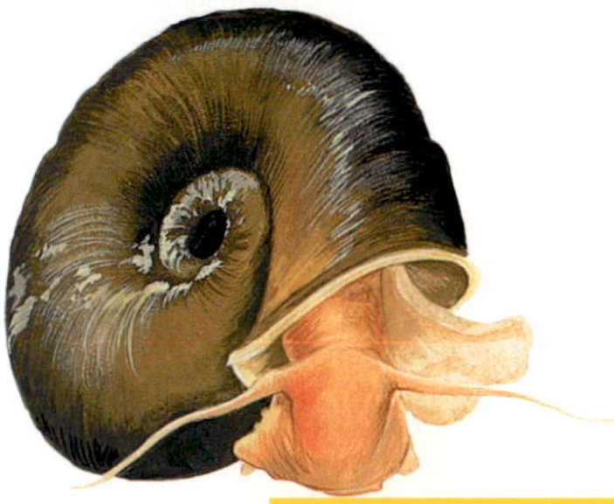

DES PETITES BÊTES BIEN CLASSÉES

Mollusques
Corps mou et entouré d'une coquille calcaire.

Annélides
Corps nu et annelé.

Arthropodes
Carapaces et pattes articulées.

Crustacés
Carapce articulée calcaire ; 10 pattes ou plus ; 4 antennes.

Arachnides
Carapace articulée en chitine ; 8 pattes ; pas d'antennes.

Collemboles
Insectes primitifs ; sans ailes.

Odonates
Ailes transversales.

Dermaptères
Ailes souples.

Isoptères
Ailes identiques.

Hétéroptères

Homoptères

Névroptères
Ailes ramifiées.

Névroptères
Ailes ramifiées.

Trichoptères
Ailes velues.

Diptères
2 ailes fonctionnelles.

Hyménoptères

Milles-pattes
Carapace articulée en chitine ; nombreuses pattes ; 2 antennes.

Insectes
Carapace articulée en chitine ; 6 pattes ; 2 antennes.

Éphéméroptères
Plécoptères

Orthoptères
Ailes droites.

Blattoptères
Mantoptères

Siphonaptères
Sans ailes.

Lépidoptères
Ailes à écailles.

Coléoptères
Ailes en étui.

Les insectes sont les seules petites bêtes à posséder des ailes. Leur clasification est fondée sur l'arrangement des nervures de leurs ailes, puis sur l'aspect de leurs pièces buccales et/ou de leurs antennes.

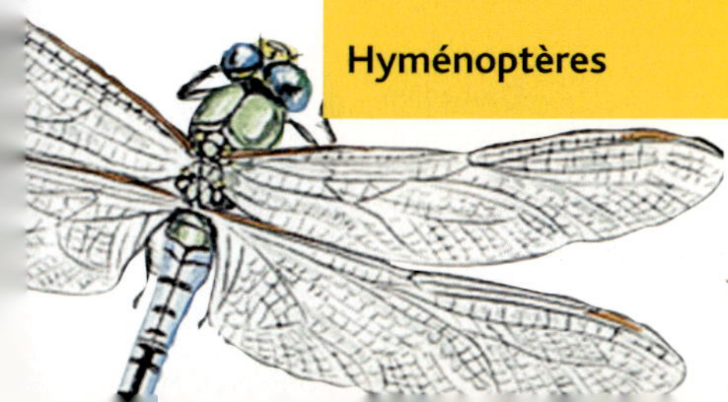

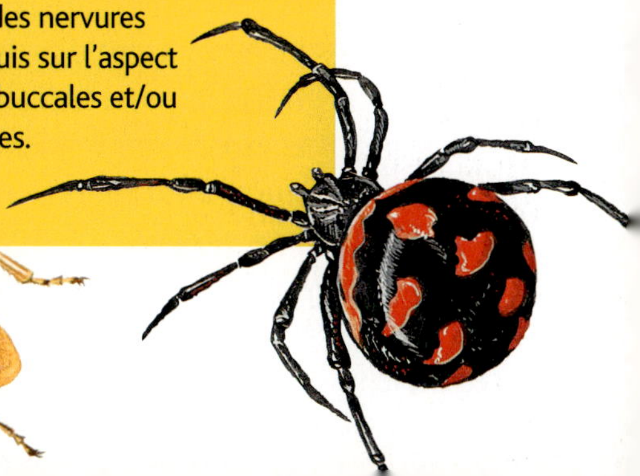

Quelques petites bêtes

Ver de terre, mille-pattes, cloporte ou sangsue, autant de petites bêtes qui ne sont pas des insectes. Elles ne viennent pas à toi en volant, mais tu les rencontreras au jardin ou en promenade.

Quelle sangsue !

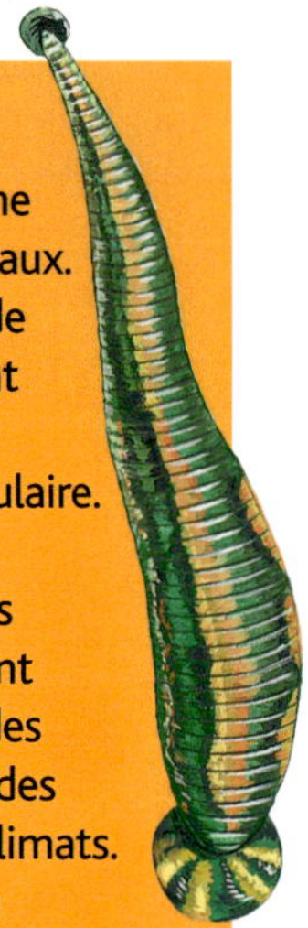

Les sangsues sont comme de petits vampires des eaux. Leur bouche est garnie de 3 mâchoires qui mordent et saignent la victime, laissant une plaie triangulaire. Munies d'une ventouse à chaque extrémité, elles se déplacent en arpentant ou en nageant comme des anguilles. On rencontre des sangsues sous tous les climats. On extrait de la sangsue officinale l'hirudine, une substance anticoagulante utilisée en médecine !

Le labour des vers de terre

Jeune ver de terre.

Les vers de terre remuent et aèrent le sol.

1 Pour observer cela, forme un cadre avec 3 tasseaux et 2 plaques de Plexiglas.

2 Dépose une couche de terreau, de feuilles mortes, puis de sable... et des vers de terre. Au bout de quelques semaines, tu verras que ces 3 matières ont été mélangées par les lombrics.

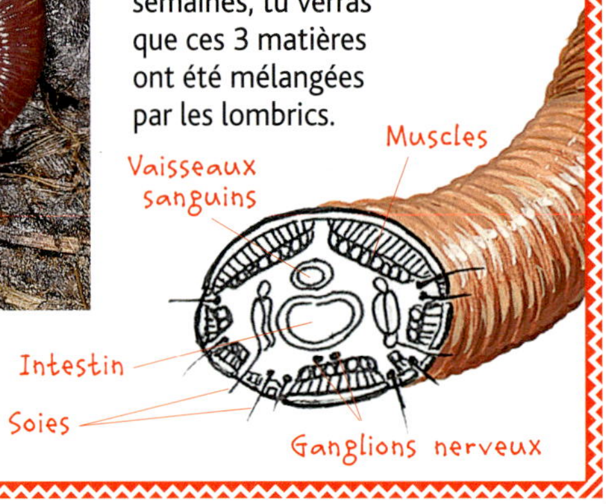

Coupe du lombric, 30 cm.

Le lombric

Il est allongé, mou, nu, et il respire par sa peau humide. Des soies raides lui permettent d'agripper les parois des galeries qu'il creuse en avalant la terre. Il digère les détritus organiques qu'elle contient et rejette des tortillons de terre à la surface du sol. Le lombric assure un labourage permanent !

Il est hermaphrodite et pond des œufs emballés dans un cocon muqueux élaboré par la selle. Les lombrics nouveau-nés mesurent 1 à 2 cm, et les adultes 30 cm ! La partie arrière du corps se régénère s'il est coupé derrière la selle.

Se mettre en boule

Le cochon de Saint-Antoine est un cloporte. Crustacé terrestre des lieux humides, il respire par des branchies. Le gloméris est un mille-pattes. Tous deux se roulent en boule. Mais les segments abdominaux des cloportes deviennent moins larges, alors que ceux des gloméris restent de même largeur, ce qui te permet de les différencier.

Cochon de Saint-Antoine, cloporte, crustacé terrestre, 1,5 cm.

Gloméris, mille-pattes, 1 cm.

Le défilé des mille-pattes

Les iules, les gloméris et les polydesmes sont des mille-pattes diplopodes, ce qui veut dire qu'ils portent 2 paires de pattes par anneau. Ils se déplacent lentement dans les sous-bois, mangeant des débris et des végétaux. Les scolopendres et les scutigères, elles, sont des mille-pattes chilopodes. Elles possèdent une seule paire de pattes par anneau et se déplacent à toute vitesse. Ne te fais pas mordre : elles ont des crochets venimeux.

MILLE-PATTES ET VENIN

Les mille-pattes chilopodes sécrètent et injectent du venin par leurs forcipules pour maîtriser leur proie. Parmi les mille-pattes diplopodes, certains iules exotiques sécrètent une perle de venin de chaque côté de leurs anneaux pour dégoûter leurs prédateurs.

Lithobie, mille-pattes chilopode, 6 cm.

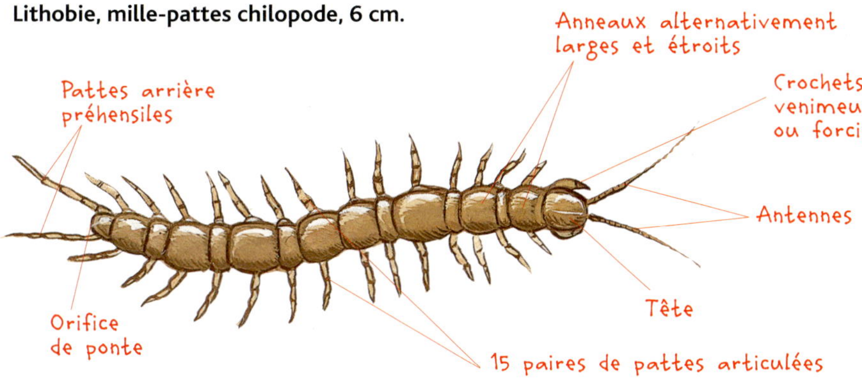

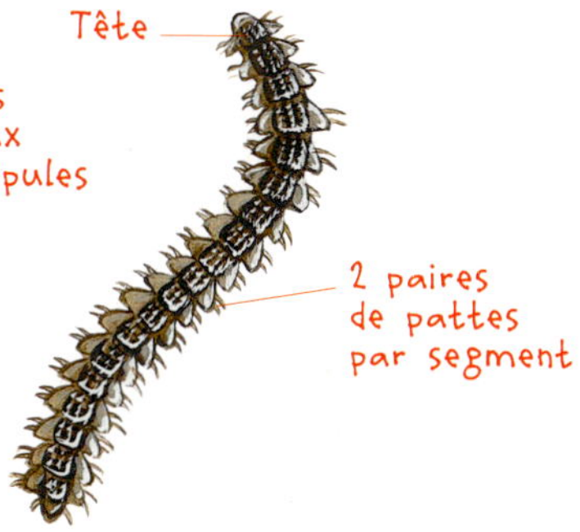

Polydesme, 5 cm.

ESCARGOTS EN PLONGÉE

Les limnées et les planorbes sont des escargots qui vivent sous l'eau mais respirent de l'air. Alors ils viennent de temps en temps faire le plein de leur unique poumon à la surface. Comme ils ne sont pas très actifs, cette réserve leur suffit pour rester plusieurs heures sous l'eau !

DISCRÈTES, LES ÉCREVISSES !

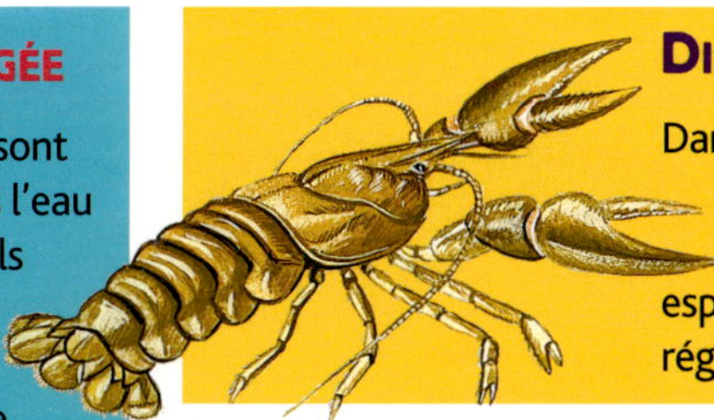

Dans les ruisseaux, les étangs, les rivières, tu peux observer des écrevisses, crustacés d'eau douce. Plusieurs espèces cohabitent en France : des espèces locales, dont la collecte est strictement réglementée, et des espèces venues d'Amérique.

Escargot de Bourgogne, 6 cm.

Les scorpions

Ils déambulent lentement quand ils chassent, armés de leur menaçante glande à venin, et se réfugient sous une pierre en cas de danger.

Il existe environ 600 espèces de scorpions connues au monde.

La vie la nuit

Les scorpions sont des arachnides. Tous sont carnassiers : ils mangent des insectes et des araignées qu'ils attrapent la nuit. Ils les saisissent dans leurs pinces, les immobilisent en ramenant leur queue au-dessus de la tête et en les piquant de leur dard. Puis ils les dilacèrent à l'aide de leurs chélicères. Leurs 4 poumons s'ouvrent sur 8 fentes respiratoires ventrales. Entre les pattes, on peut voir l'orifice par lequel naissent les petits.

Chaque année, la femelle scorpion met au mondeentre 10 et 50 petits bien formés qui grimpent sur son dos et qu'elle porte quelques jours. Puis ils se séparent, et chacun vit solitaire.

Scorpion noir, 2 cm.

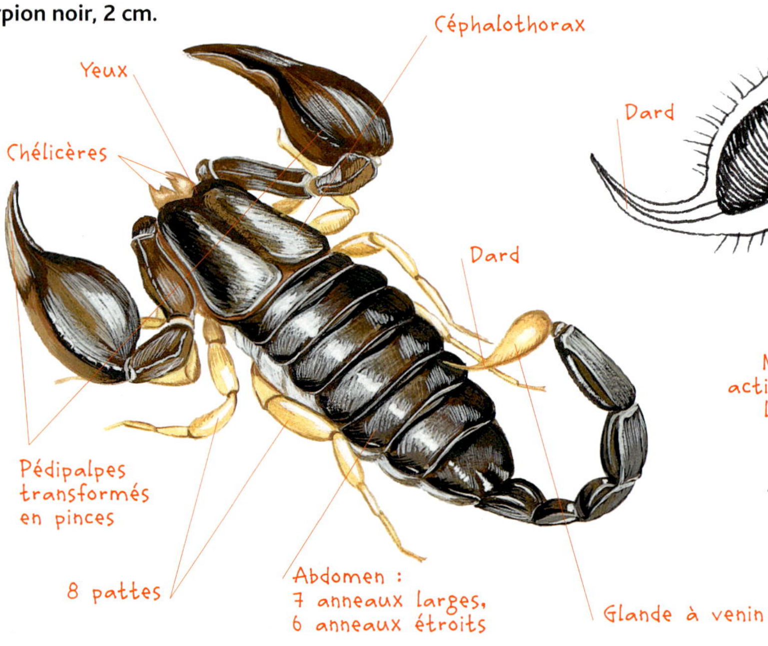

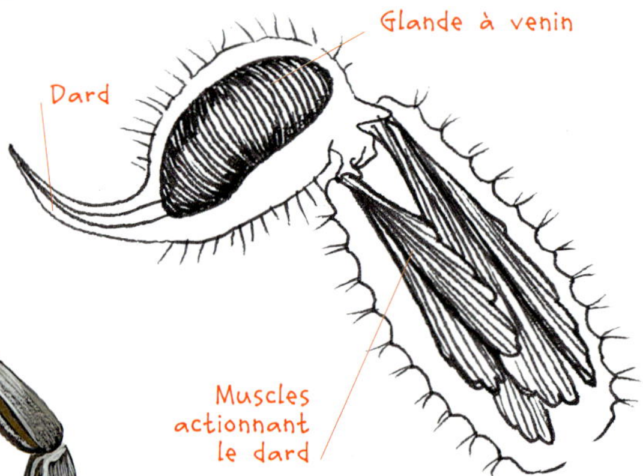

Appareil venimeux du scorpion

Des pinces et du venin

Les scorpions sont bien armés ! On constate que ceux qui ont des pinces fines et peu musclées paralysent leur proie en la piquant de leur dard. Les scorpions à grosses pinces musclées saisissent plutôt leur victime et la maintiennent solidement, sans l'envenimer, avant de la consommer.
Tous les scorpions sont venimeux et certains sont dangereux pour l'homme. Le scorpion jaune du Sahara et un scorpion de Cuba sont considérés comme mortels.
Les 5 espèces qui vivent en France, sur le pourtour de la Méditerranée, sont venimeuses, mais aucune n'est mortelle pour l'homme.

Ce scorpion languedocien mange une cicindèle.

Trouve des pseudo-scorpions

Ils sont minuscules : 2 mm, pas plus ! Ces mini-carnassiers ressemblent à des scorpions sans queue. Cherche-les dans les bois, sur le sol et sous les écorces d'arbres. Pense aussi à soulever les écailles des platanes.

Quelques scorpions

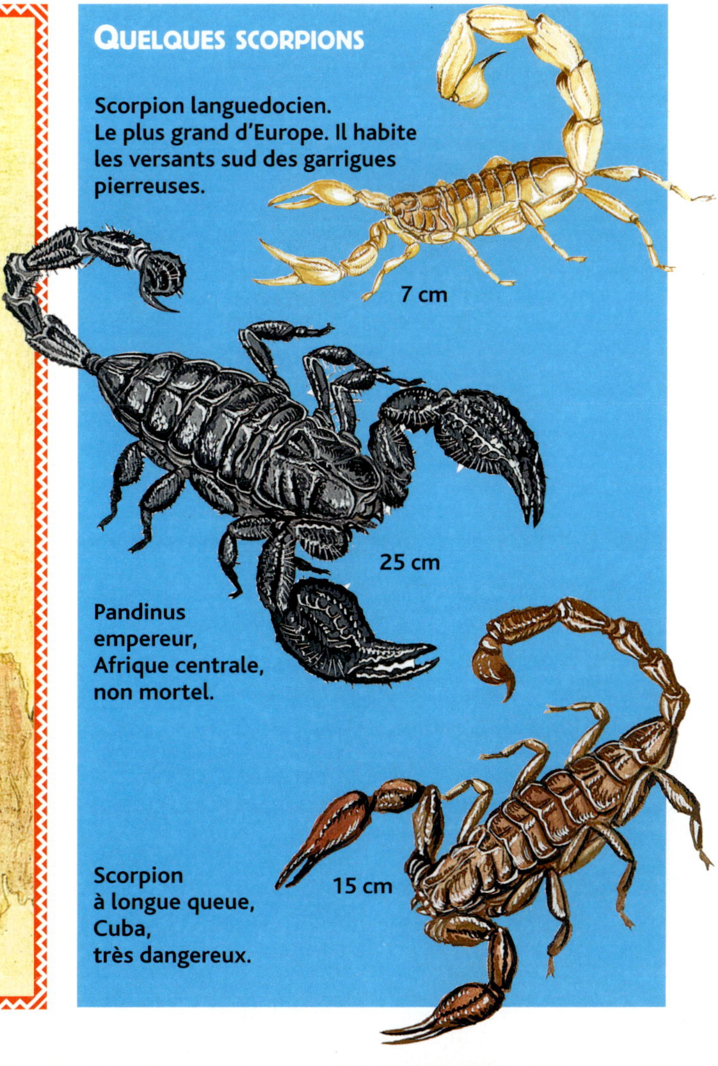

Scorpion languedocien. Le plus grand d'Europe. Il habite les versants sud des garrigues pierreuses.

7 cm

25 cm

Pandinus empereur, Afrique centrale, non mortel.

Scorpion à longue queue, Cuba, très dangereux.

15 cm

Les araignées

Tu as peur des araignées ? Pourtant, elles ne piquent que pour neutraliser leur proie et te montrent le joli spectacle de la fabrication de leur toile.

L'Eresus niger vit dans les garrigues. Le mâle rouge vif mesure au plus 1 cm, sa femelle est plus grande et toute noire.

Épeire diadème, 1,5 cm.

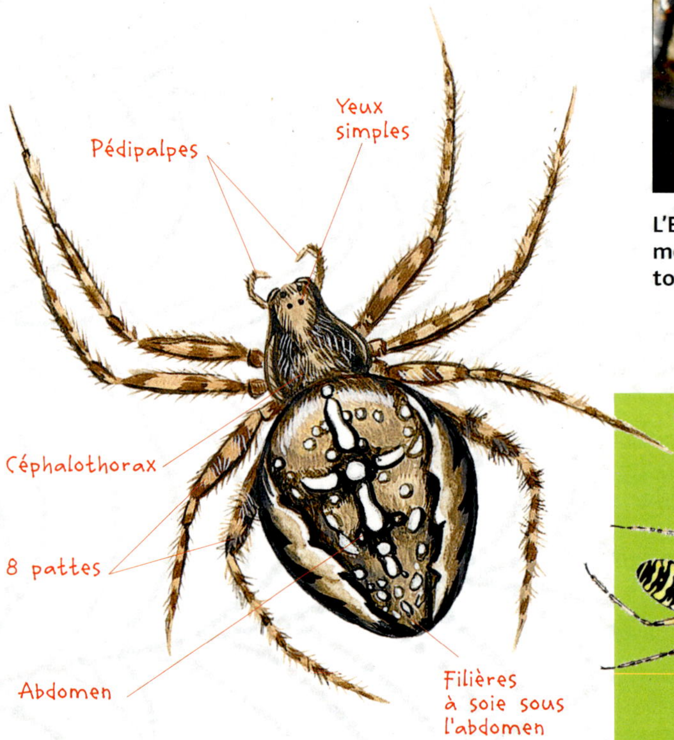

Quelques araignées

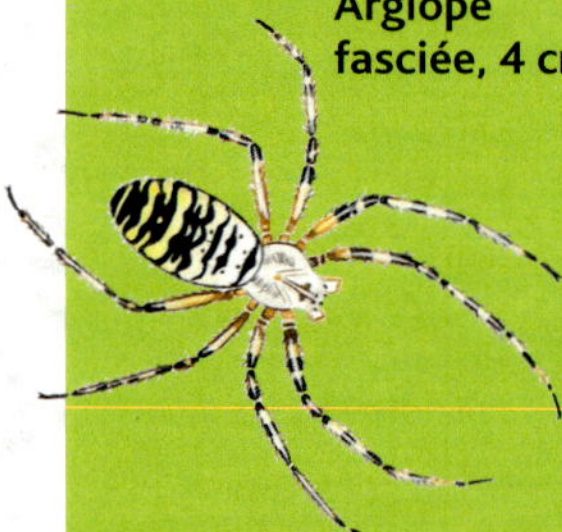

Argiope fasciée, 4 cm.

Agélène, 2 cm.

Pholcus, 4 cm.

Tégénaire domestique, 6 cm.

Veuve noire ou malmignathe. Dangereuse. Pourtour méditerranéen, 2 cm.

De petites malignes

Les araignées ont conquis tous les milieux terrestres, sous tous les climats et à toutes les altitudes. Ce sont des carnassières qui ont inventé de multiples façons de chasser et de piéger. Beaucoup d'espèces construisent des toiles. D'autres chassent à courre comme les lycoses ou à l'affût comme les saltiques. Certaines même pêchent les petits poissons, comme la dolomède, ou édifient leur toile sous l'eau, comme l'argyronète. Les unes utilisent leur toile comme lasso, les autres comme parachute. Ingénieuses !

Toutes venimeuses

Quasiment toutes les araignées possèdent des glandes à venin reliées à leurs chélicères. La plupart sont capables de doser la sécrétion lors de la morsure. Leur venin est nécrosant, ce qui veut dire qu'il détruit les cellules, ou neurotoxique, et, dans ce cas, il provoque une paralysie. La morsure venimeuse a toujours pour but d'immobiliser la proie. Les veuves noires sont dangereuses et quelques rares mygales ont un venin mortel pour l'homme.

Appareil venimeux des araignées

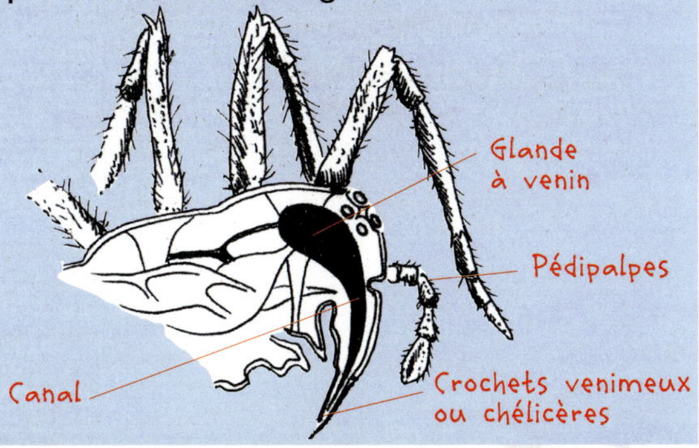

L'épeire est à l'affût d'une proie au centre de sa toile, mise en valeur par la rosée.

Les jeunes araignées restent souvent groupées quelques jours après l'éclosion, comme ces petites épeires.

Un fil multifonction

Les araignées possèdent dans l'abdomen des glandes qui produisent de la soie. Elles débouchent à l'extérieur par les filières. Les araignées se servent de la soie pour tisser leur toile, empaqueter leur proie ou envelopper leurs œufs d'un cocon. Les espèces errantes laissent derrière elles un fil qui sert aussi bien de harnais de sécurité, de parachute que de piste odorante pour que le mâle trouve la femelle !

Une araignée mal élevée

Le scytode est une petite araignée de la maison. Elle se déplace sur les murs à la recherche de petits insectes. Elle s'en approche délicatement et crache en zigzag son venin collant qui englue la victime.

Il existe 20 000 espèces d'araignées dans le monde.

Les mygales aviculaires ne vivent pas au sol mais dans les arbres. Cette aviculaire métallique vit en Guyane.

Les mygales

Impressionnantes, n'est-ce pas ? Pourtant, elles ne sont pas toutes aussi grosses que celles que tu connais...

Plutôt tropicales

Les mygales vivent surtout sous les tropiques. Une dizaine d'espèces voisines de petite taille vivent dans le sud de la France où on les appelle par erreur « tarentules ». La plupart vivent au sol, s'abritant dans un terrier qu'elles creusent et tapissent de soie. D'autres vivent dans les arbres et les arbustes. Elles y tissent un nid douillet en forme de tube dans une feuille enroulée ou dans le creux d'un arbre. Toutes mangent des insectes, exceptionnellement de petits rongeurs ou des oisillons tombés du nid, qu'elles chassent la nuit à l'affût.

Nid soyeux d'une aviculaire

Quelle est leur différence ?

Les mygales se distinguent des autres araignées : elles ont 4 poumons au lieu de 2, et leurs chélicères bougent parallèlement au lieu de se croiser.

Les mygales maçonnes d'Europe ferment leur terrier par un petit clapet articulé.

Une vie tranquille

Les mygales ne perçoivent que la lueur du jour par leurs 8 yeux simples. Elles sortent la nuit, à la recherche d'une proie passant à leur portée. Couvertes de poils sensoriels hirsutes, elles détectent la présence d'un intrus ou d'une proie par les vibrations du sol ou de l'air. Les femelles, sédentaires, pondent des centaines d'œufs qu'elles gardent dans leur cocon, tandis que les mâles errent à la recherche des femelles. Les petites mygales restent un temps avec leur mère puis se séparent. Il faut plusieurs années pour qu'elles deviennent adultes.

Lancer de poils

Certaines mygales se défendent des petits mammifères en projetant vers eux les soies urticantes de leur abdomen. Elles leur tournent alors le dos et leur lancent les soies en frottant vivement leur abdomen avec leurs pattes.

Des guêpes géantes diurnes, les pompiles, chassent et paralysent les mygales avant d'y pondre un œuf. Leur larve se nourrira de l'araignée paralysée mais vivante. Un combat à mort s'engage : c'est à celle qui piquera la première...

***Lasiodora parahibana*, Brésil, 25 cm. Elle vit 30 ans.**

***Pepsis sp*, pompile géant, 8 cm.**

Les autres arachnides

Dans la classe des arachnides, on trouve les araignées, les scorpions, et d'autres animaux moins connus, mais très étonnants.

Nourris ton opilion

Observes-en un en train de se nourrir. Place-le dans un bocal et donne-lui une mouche vivante. Il ne tarde pas à la capturer et à la consommer. N'aie pas peur, l'opilion ne pique pas.

Des points communs

Tous les arachnides ont 4 paires de pattes et des chélicères, ou crochets à venins, qui sont parfois transformés en petites tenailles. Ils ont aussi des pédipalpes, c'est-à-dire 2 palpes ressemblant à des pattes et servant à toucher. Ceux-ci sont parfois modifiés en pinces, comme chez le scorpion, et servent alors à saisir. Tous sont des carnassiers qui tuent leur proie avec ou sans venin.

Opilion, 8 cm.

Appelé aussi « faucheux », les opilions ressemblent à des araignées aux pattes fines et au corps globuleux. Ils ne sécrètent pas de venin mais sont pourvus de puissants chélicères en pinces et chassent à courre. Nocturnes, ils sont communs dans les bois et les jardins du monde entier.

Uropyge, 10 à 15 cm.

C'est une espèce tropicale aimant la moiteur des forêts pluviales. Ils vivent au sol, n'ont pas de venin mais des pédipalpes en pinces comme les scorpions. L'abdomen est muni d'un long fouet sensoriel.

De l'acarien à la mygale géante
Il y en a de toutes les tailles.
La plus grosse mygale est 2 500 fois
plus grande qu'un acarien !

Acarien, 0,1 mm.

Saltique, 0,5 cm.

Agélène, 2 cm.

Épeire, 3 cm.

Pseudo-scorpions, 0,5 cm.

On dirait des scorpions, mais sans queue. Ils sont minuscules et abondent dans la litière des forêts et sous les écorces. Leurs chélicères sont munis de glandes à soie et sécrètent du venin. Ils se nourrissent d'acariens et de petits insectes.

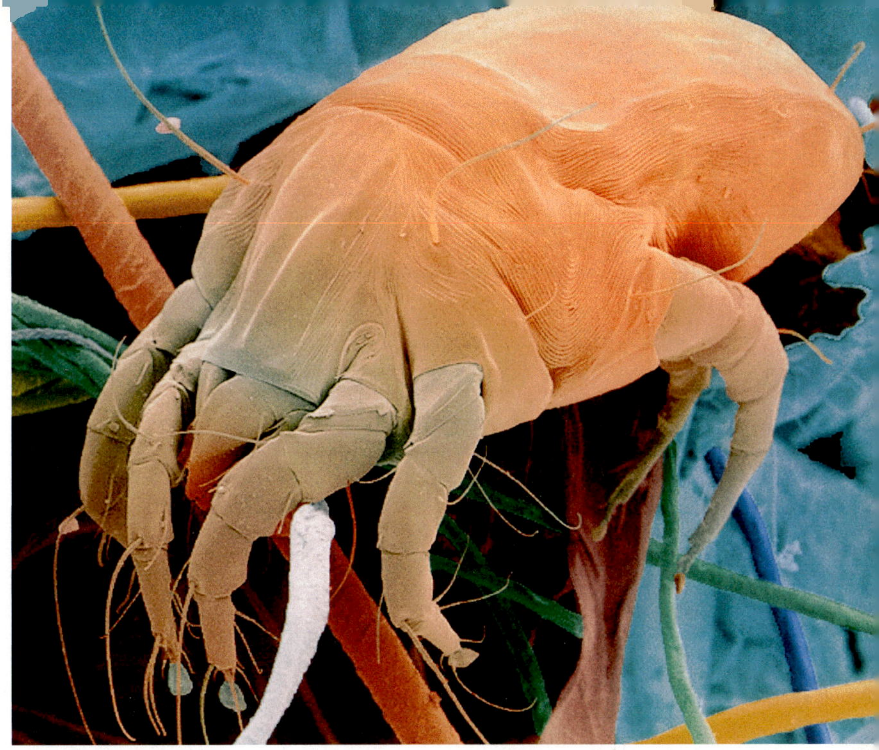

Vu au microscope électronique, voici l'acarien des poussières. Ses crottes et ses mues sont responsables d'asthme ou d'allergies à la poussière.

Solifuges, 10 à 15 cm.

Ces rapides habitants des déserts de sable semblent posséder 10 pattes car leurs pédipalpes sont aussi longs que leurs pattes. Ils vivent sous les pierres dans la journée et chassent la nuit. Leurs puissants chélicères décortiquent le plus coriace des coléoptères.

Amblypyges, 10 à 30 cm.

Les amblypyges habitent les lieux sombres des forêts tropicales humides. Leurs pattes avant sont allongées en fouets tactiles. Ils capturent les proies dans leurs pédipalpes en forme de râteau acéré et les déchiquettent avec leurs chélicères.

Tégénaire, 5 cm.

Mygale géante, 25 cm.

Les insectes primitifs

Ils sont tout petits, ont 6 pattes, mais pas d'ailes. Ces insectes paraissent bien frêles et un peu pâlots à côté de leurs grands frères, les insectes évolués.

Les diploures vivent dans le sol ou les feuilles mortes. Ces petits insectes n'ont pas d'yeux et pas d'ailes.

Qui sont-ils ?

Les insectes primitifs sont de minuscules bestioles dont le corps n'est pas encore complètement segmenté à la sortie de l'œuf. Ils ne portent pas d'ailes, alors on les nomme aptérygotes (du grec pteron : ailes). Le nombre de mues est variable. Il existe peu d'espèces. Mais chacune donne naissance à des cohortes d'individus ; ils sont très abondants dans les sols où ils jouent un rôle écologique important.

Lépisme ou poisson d'argent, 1 cm.

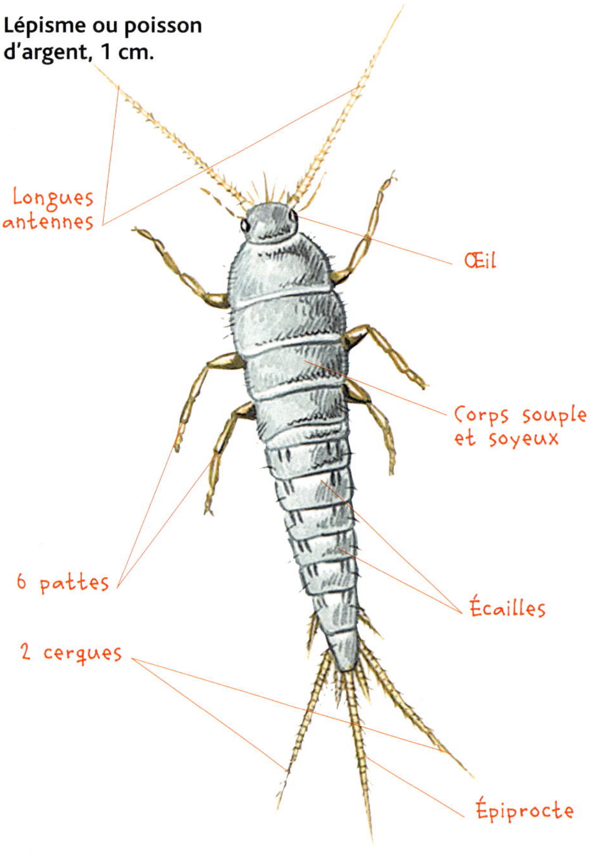

Les thysanoures

Tu connais le poisson d'argent, ce petit insecte argenté en forme de fuseau qui court partout quand tu allumes la lumière dans un lieu sombre ? Il fait partie des thysanoures, qui seraient les ancêtres de tous les insectes. On en connaît environ 150 espèces. Leur corps allongé, précédé d'antennes longues et souples, se termine par de longs cerques. Ils sont plutôt nocturnes et de couleurs discrètes. Très fragiles, ils s'écrasent au moindre choc.

Les protoures

Ce sont de petits animaux de forme allongée, généralement blanchâtres. Ils vivent dans le sol des forêts où ils s'attaquent à d'autres minuscules petites bêtes. Ils ne possèdent pas de vraies antennes. On en compte une cinquantaine d'espèces différentes, pas plus.

Les thysanoures sont des détritivores.

Un collembole grignotant un pétale.

Collembole, 0,1 cm.

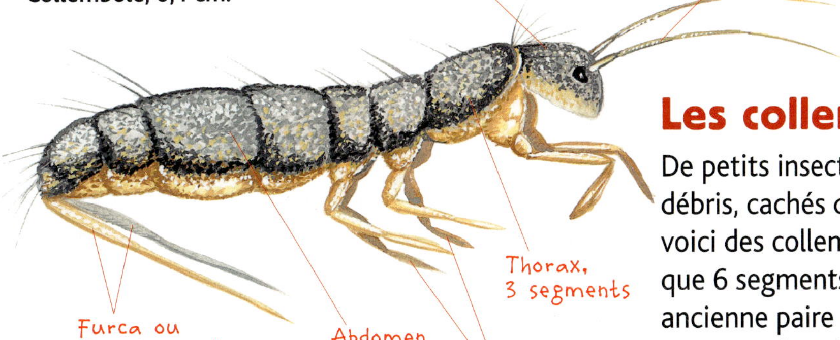

Les collemboles

De petits insectes broutent et mangent quelques débris, cachés dans la végétation ou sur le sol : voici des collemboles. Leur abdomen ne comporte que 6 segments et il est garni au bout d'une ancienne paire de pattes transformée en fourche sauteuse, la « furca ». Ils comptent plusieurs milliers d'espèces. Certains vivent même sur l'eau.

Minuscules trouvailles

Les collemboles se rassemblent souvent près de l'eau. Repère des plantes en pot posées depuis longtemps dans un endroit humide. Sous les pots, des dizaines de collemboles s'abritent, à l'humidité.

À la surface d'une mare couverte de lentilles d'eau vit la podure, un collembole noir de 3 mm. Recueille dans une épuisette des lentilles d'eau. Examine ta récolte dans un aquarium, tu trouveras cet insecte miniature.

Éphémères et perles

Ce sont de petits insectes gracieux. Ils passent leur enfance cachés sous l'eau. Puis un jour, les adultes s'envolent, pour quelques heures…

Un seul jour

Tu as sûrement déjà rencontré des éphémères, au bord de l'eau. Ces petits insectes aux couleurs discrètes ont les ailes quadrillées de nombreuses nervures. L'animal les tient jointes au repos. Le bout de l'abdomen est prolongé par 2 cerques fins et longs et un filament caudal. Les larves d'éphémères vivent dans l'eau. Leur nourriture varie selon les espèces. Les adultes ont des pièces buccales broyeuses atrophiées et ne se nourrissent pas.

Éphémères bien nommés

Les adultes de certaines espèces émergent tous au même moment. Ils pullulent alors, tandis que les poissons et les oiseaux insectivores se régalent. Ils se reproduisent et meurent aussitôt. La vie d'adulte de ces insectes est vraiment éphémère !

Après leur courte vie, les éphémères meurent par milliers.

La vie des éphémères

Les larves grandissent en une année dans les cours d'eau, surtout à fond pierreux. Elles muent une dizaine de fois, se métamorphosent en adultes qui émergent et s'accouplent aussitôt. Les femelles pondent immédiatement dans l'eau et meurent.

Éphémère danois, 1 cm.

La vie des perles

Les œufs sont pondus dans l'eau. Les larves s'accrochent dans les graviers et deviennent adultes en une seule année. Pour se métamorphoser, elles sortent de l'eau et muent perchées sur une pierre.

On connaît 3 000 espèces de perles dans le monde.

Habitants des torrents

Les perles appartiennent à l'ordre des plécoptères. Ce sont de petits insectes dont la larve omnivore se développe dans l'eau des rivières. Leurs ailes sont marquées de nervures ramifiées et superposées à plat sur le dos au repos. Elles volent rarement et se tiennent plutôt sur les rochers et les plantes des berges. Leurs pièces buccales sont broyeuses. Les adultes sont végétariens ou ne s'alimentent pas. Le mâle est plus petit que la femelle.

Des insectes témoins de la pureté de l'eau

Les perles et les éphémères aiment surtout les torrents et les rivières aux eaux pures. Alors, en étudiant les espèces présentes dans une rivière, les scientifiques connaissent la santé des eaux. On dit que ces insectes sont des bio-indicateurs des milieux aquatiques.

Perle à 2 points, 1 cm.

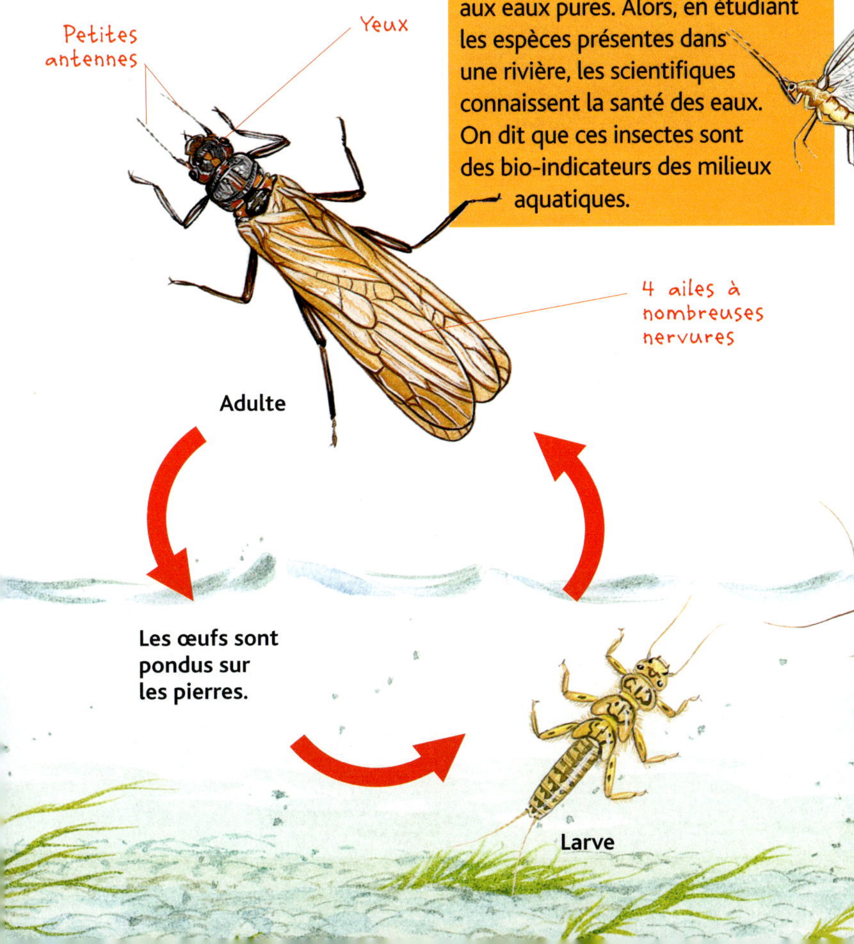

Les éphémères les plus communs

Éphémère de feu, 1,5 cm.

Éphémère disparate, 2 cm.

Éphémère jaune, 2 cm.

Éphémère vierge, 2 cm

Les perles les plus courantes

Perle à petite tête, 2,5 cm.

Perle jaune des torrents, 0,6 cm.

Mouche-aiguille, 0,7 cm.

Accrochée à son ancienne peau, la libellule déplie ses ailes.

Libellules et demoiselles

D'élégants insectes patrouillent au-dessus de l'étang, se posent un instant, et repartent de leur vol énergique et bruissant…

Agrion vierge, 6 cm.

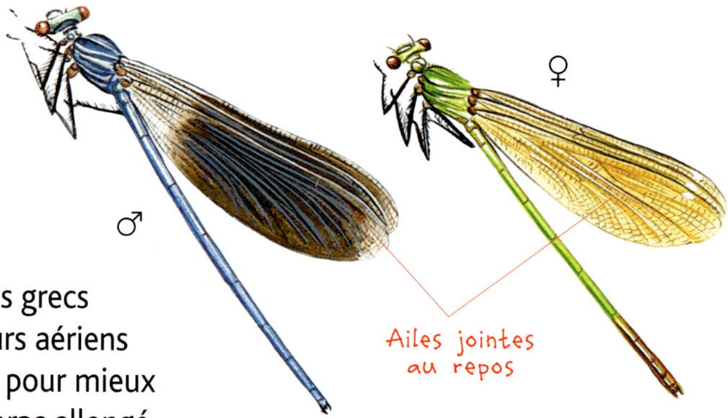

Des mâchoires dentées

Les libellules et les demoiselles forment l'ordre des odonates. Odonate est la contraction des mots grecs odontos, dent, et gnathos, mâchoire. Ces prédateurs aériens ont donc des mandibules dentées, et de gros yeux pour mieux voir leurs proies… Ce sont de grands insectes au corps allongé et aux ailes couvertes de nervures décrivant des dessins géométriques.

Æschne bleue en train de pondre, 10 cm.

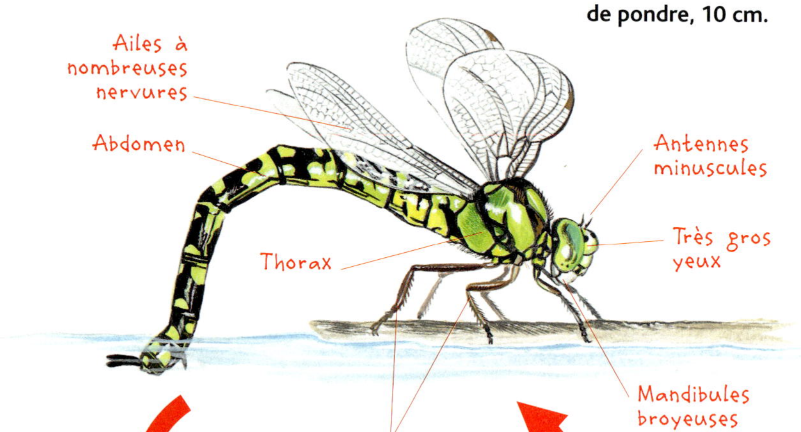

Une vie de libellule

Les femelles pondent dans l'eau ou sur les berges qui seront immergées en hiver. Leurs larves carnassières grandissent en 1 an, ou plus si l'eau est très froide. Elles muent environ 10 fois avant d'émerger pour donner naissance à l'adulte.

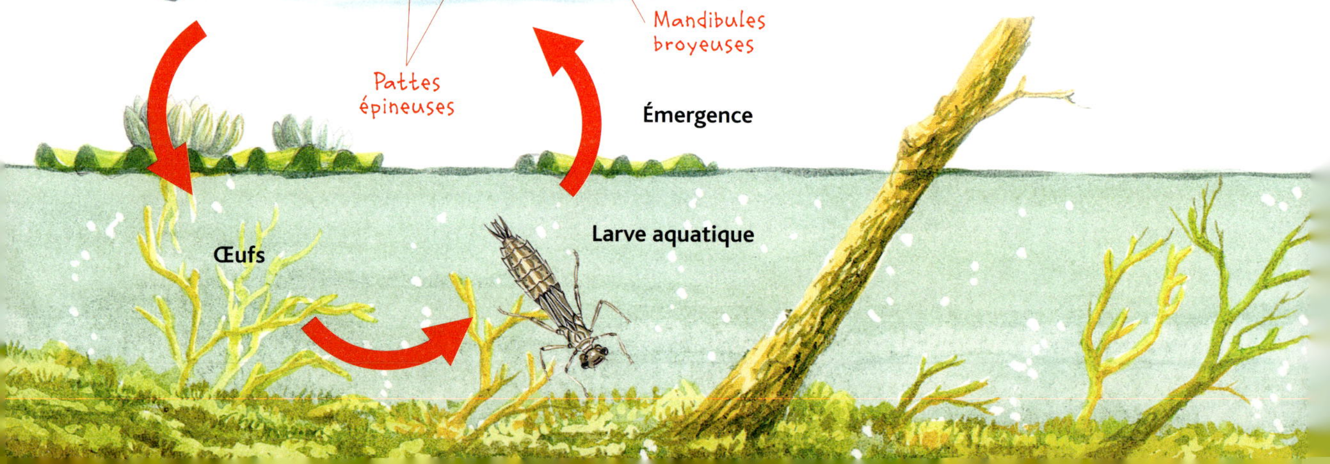

Élégantes demoiselles

Les zygoptères sont les demoiselles ou « petites libellules » (quoiqu'on en connaisse de 15 cm de long en Amazonie !). Elles volettent lentement et, au repos, portent les ailes jointes. Elles passent beaucoup de temps posées sur la végétation. Les 3 appendices caudaux des larves sont des branchies.

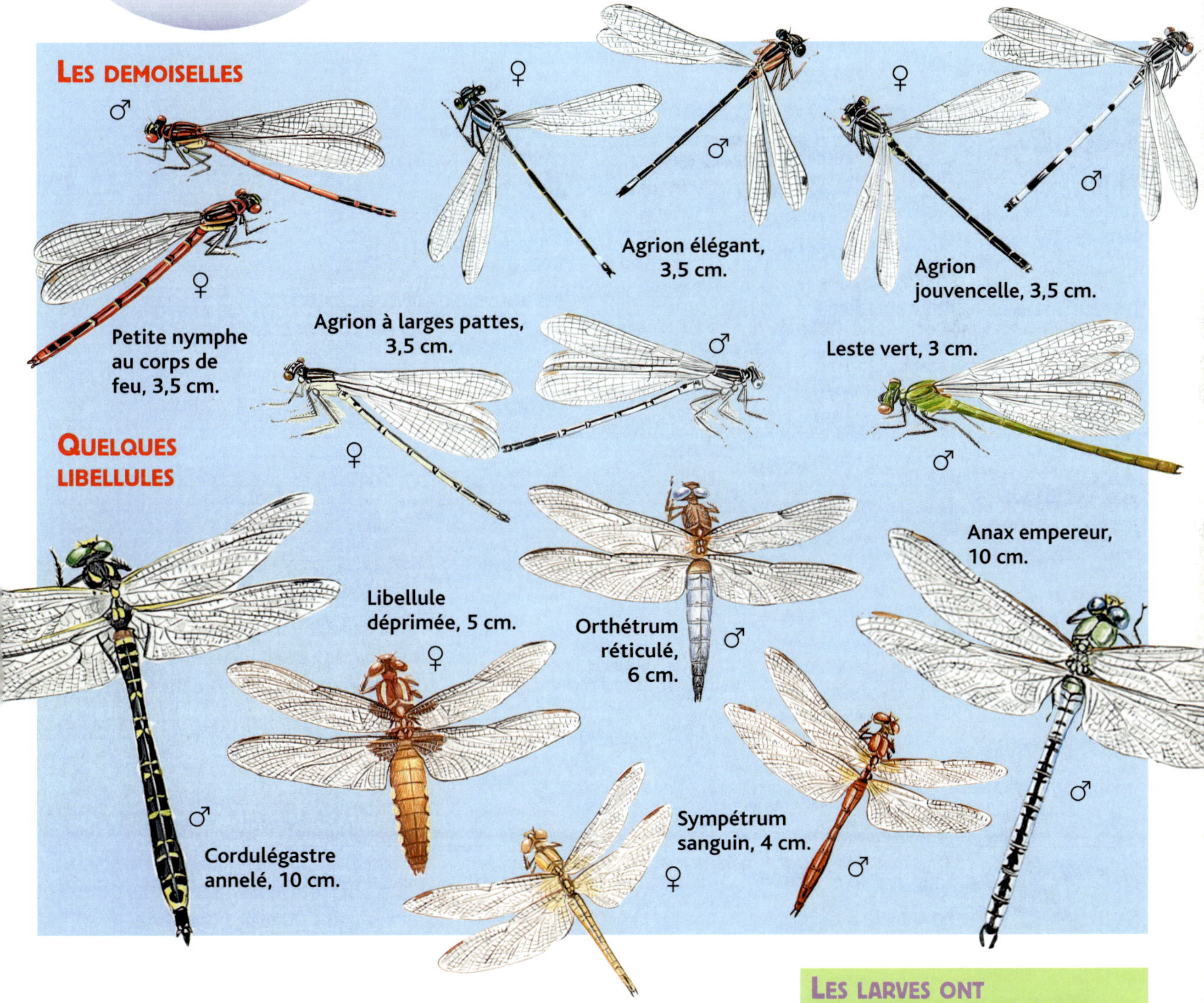

Belle envergure

Les anisoptères sont les « grandes libellules », dont les ailes avant et arrière sont différentes. Elles les gardent étalées au repos. Ce sont des voiliers infatigables qui passent beaucoup de temps en vol pour chasser ou défendre leur territoire. Certaines libellules sont même migratrices. Elles ont une excellente vue pour repérer leurs proies en vol.

LES LARVES ONT UN MASQUE REPLIABLE

Les larves de libellules capturent leurs proies à l'aide d'un bras articulé, le masque. C'est en fait leur lèvre inférieure, articulée et munie d'une paire de pinces à l'extrémité.

Les blattes et les mantes

Les blattes te rebutent et, à l'inverse, les mantes te fascinent. Pourtant, ces insectes sont des cousins proches...

Blatte géante ailée du Pérou, 7 cm.

Scène de ménage

Les mantes religieuses sont connues pour leurs relations difficiles car la femelle dévore souvent le mâle au cours de l'accouplement ! On ne connaît pas la raison de ce comportement et on constate que ce phénomène ne gêne en rien la fécondation.

Mante religieuse, 6 cm.

Belles et cruelles

Les mantes ont de fines antennes. Ce sont toutes de redoutables carnivores qui chassent à l'affût, camouflées dans la végétation, approchant lentement un insecte repéré de leurs yeux perçants. Les jeunes ressemblent aux adultes, mais ils n'ont pas d'ailes. Leur croissance est rapide, quelques semaines à peine.

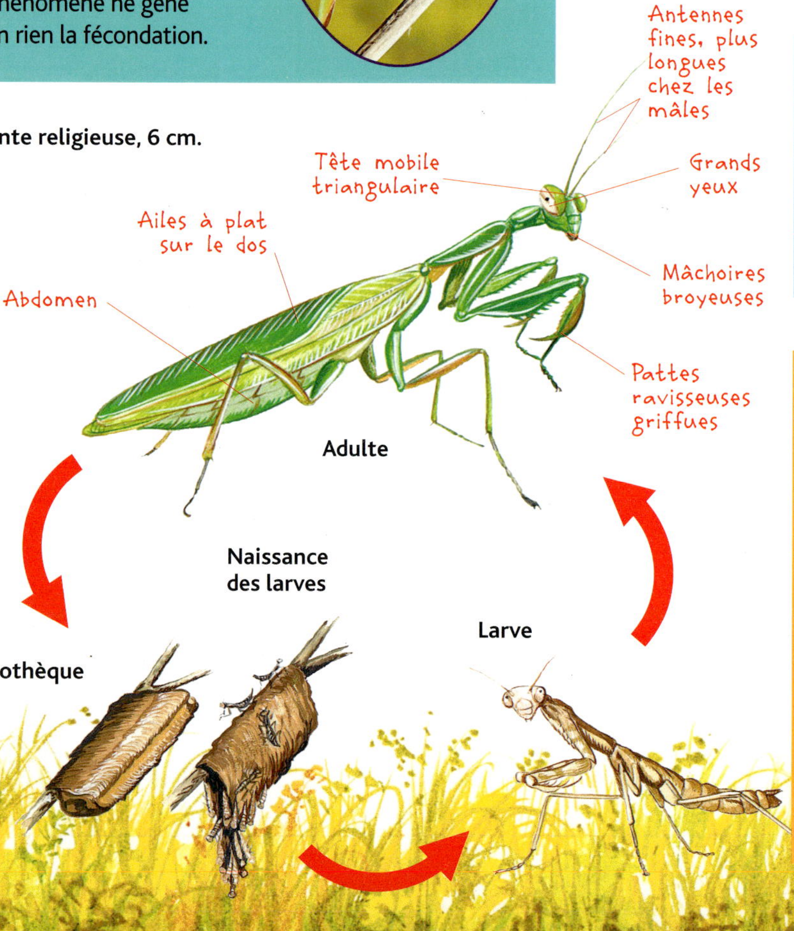

La vie des mantes

La femelle fécondée dépose plusieurs oothèques en quelques semaines. Il en sort la saison suivante 50 à 200 jeunes selon l'espèce. Ils sont adultes après 5 ou 6 mues.

Très connues

Les blattes et les mantes forment l'ordre des dictyoptères. Ce sont de grands insectes aux ailes couchées sur le dos au repos. Les ailes arrière sont pliées en éventail sous les ailes avant. Regarde les mantes droit dans les yeux : leur tête mobile en tous sens est armée de pièces buccales broyeuses. Les œufs des dictyoptères sont groupés en oothèques et les jeunes vivent dans les mêmes milieux que les adultes.

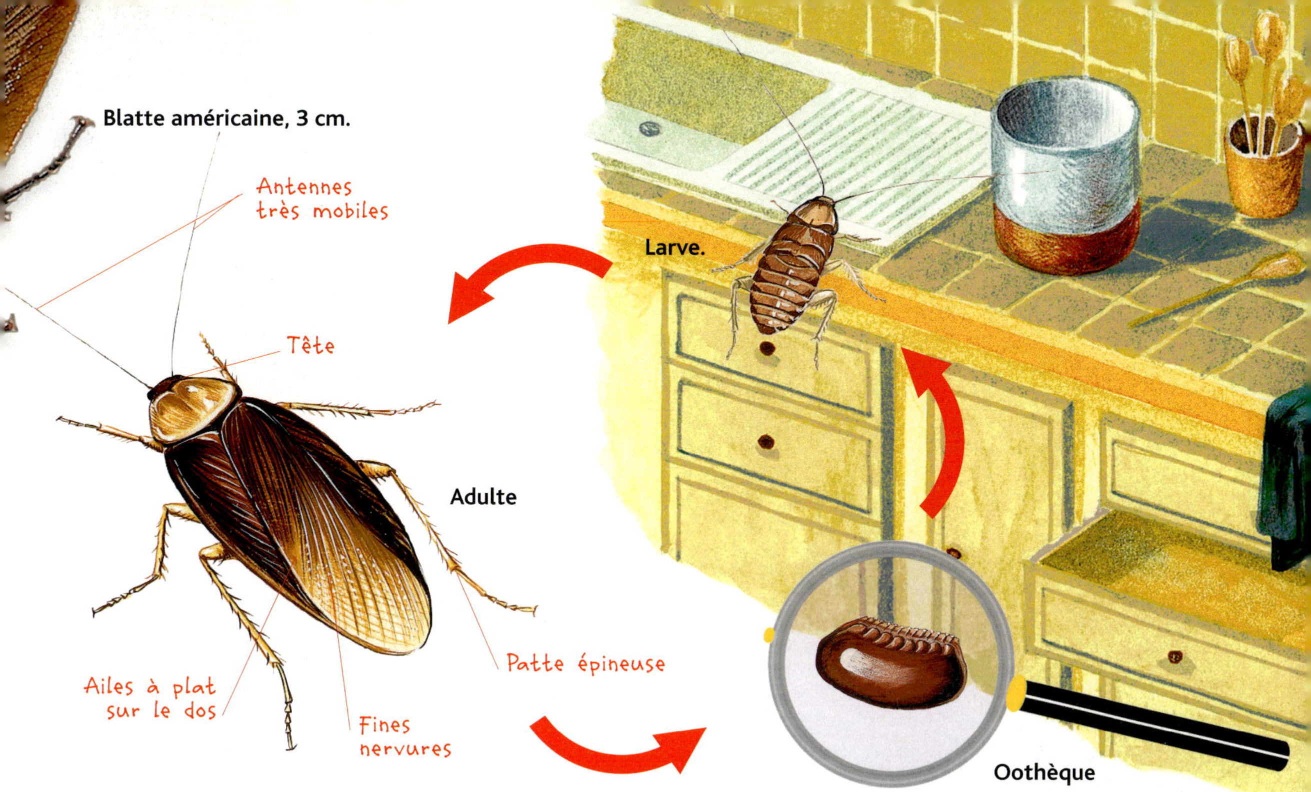

Mauvaise réputation

Les blattes, trapues et aplaties, ont les pattes épineuses et se déplacent à toute vitesse en agitant leurs longues antennes ! Elles mangent miettes et débris, vivent la nuit et détestent la lumière. Les œufs sont souvent enveloppés dans une oothèque parcheminée. Certaines espèces possèdent même une poche incubatrice où les œufs sont gardés jusqu'à l'éclosion des petits.

La vie des blattes

Elles sont très prolifiques.
Leur cycle de reproduction dure seulement de 3 à 8 mois. La femelle pond des oothèques qui donnent naissance en quelques semaines à plusieurs dizaines de jeunes.

Quelques rencontres

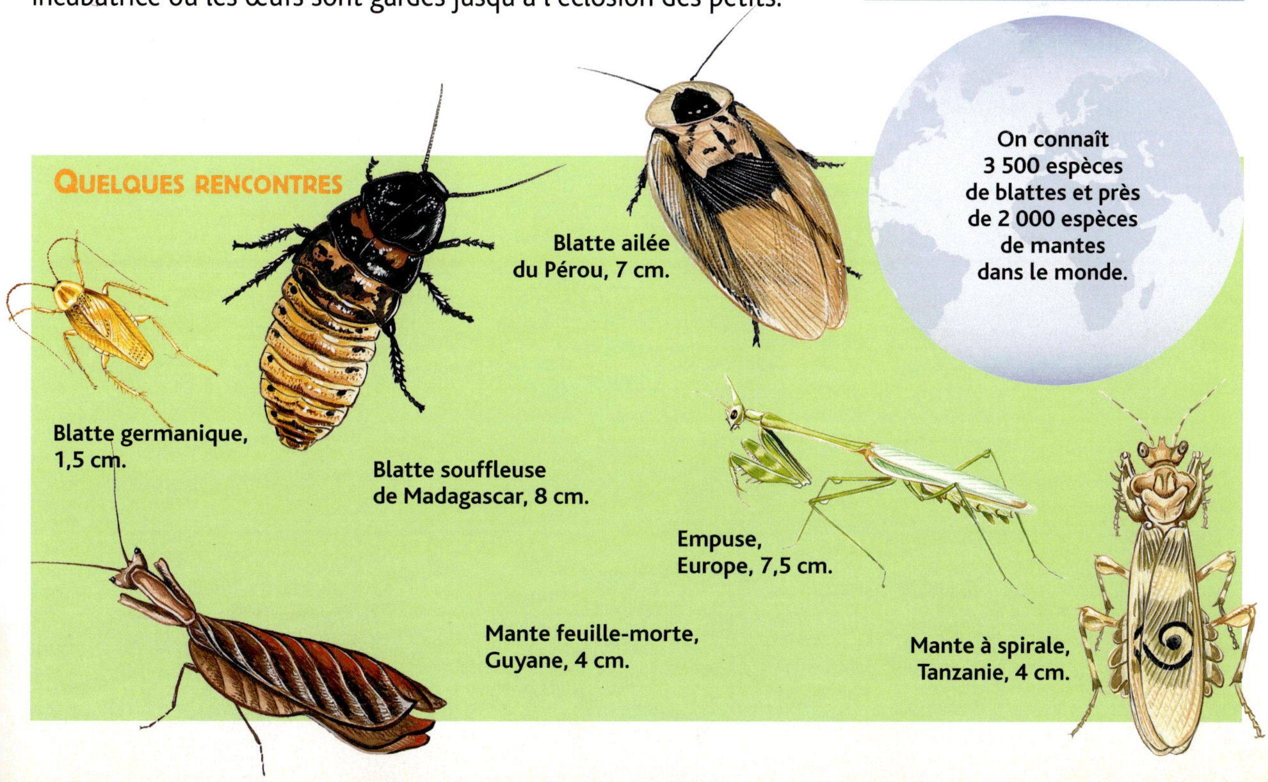

Criquets, sauterelles et grillons

Zut ! Le criquet t'a encore échappé, la sauterelle se tait à ton approche et le grillon disparaît dans son trou. Sacrés sauteurs et sacrés farceurs, les orthoptères...

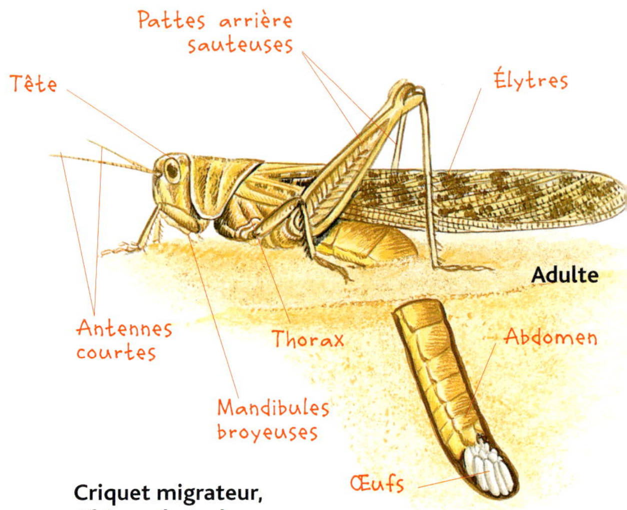

Criquet migrateur, Afrique du Sud, 7 cm.

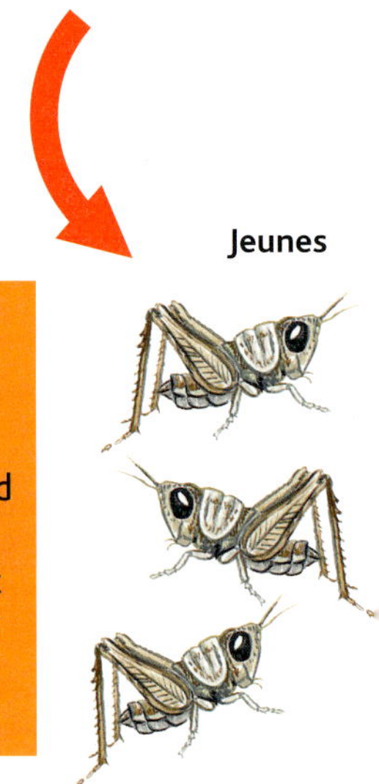

Des points communs

Les criquets, les sauterelles et les grillons forment l'ordre des orthoptères. Tous ont des ailes parcourues de nervures droites. Mais ce que tu as remarqué, c'est que tous ces insectes sautent et qu'ils chantent pour se rencontrer. Leurs ailes arrière se plient en éventail. Enfin, ils broient leur nourriture.

Bas les pattes !

Malins, les orthoptères : si on saisit leurs pattes arrière, ils s'en séparent et s'enfuient. Ce phénomène d'automutilation s'appelle « l'autotomie ».

La vie des orthoptères

Mâles et femelles s'accouplent à la saison chaude et la femelle pond plusieurs fois. Quelques dizaines de jeunes naissent. Ils ressemblent déjà à leurs parents et grandissent en quelques semaines, faisant 5 ou 6 mues.

Les criquets, un peu à part

Les criquets ne s'activent que le jour et adorent le soleil. Ce sont des végétariens aux antennes courtes et rigides. La femelle dépose ses œufs en oothèques en enfonçant son abdomen tout entier dans le sol. Les criquets communiquent entre eux par des craquettements émis par le frottement des pattes arrière sur les élytres.

Les épaisses pattes sauteuses cachent de puissants muscles.

Criquets, sauterelles et grillons comptent 17 000 espèces de par le monde, dont plus de la moitié sont des criquets !

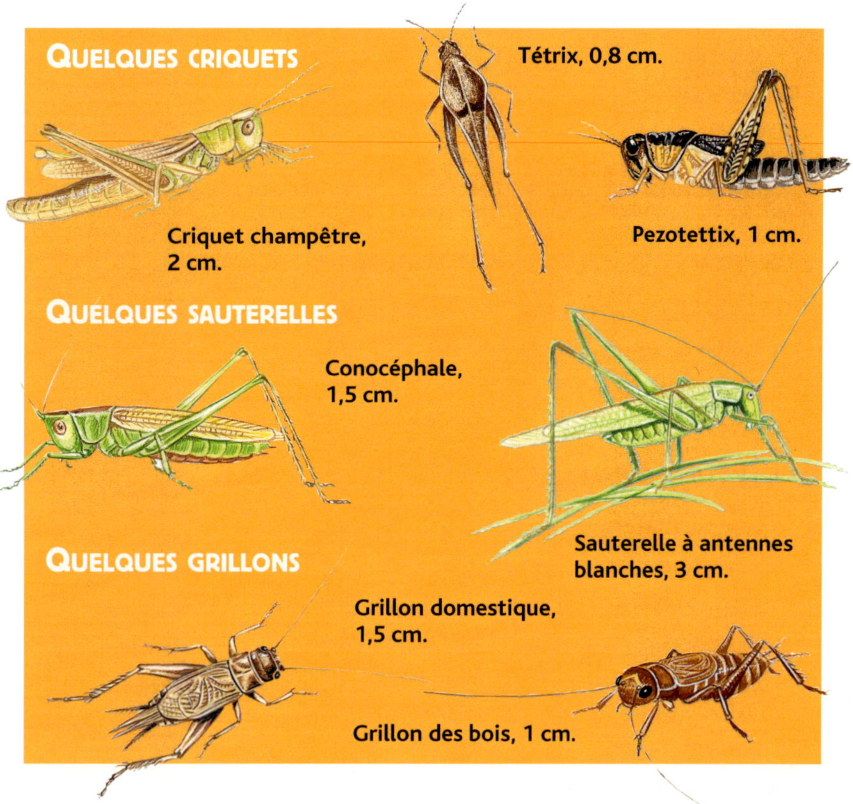

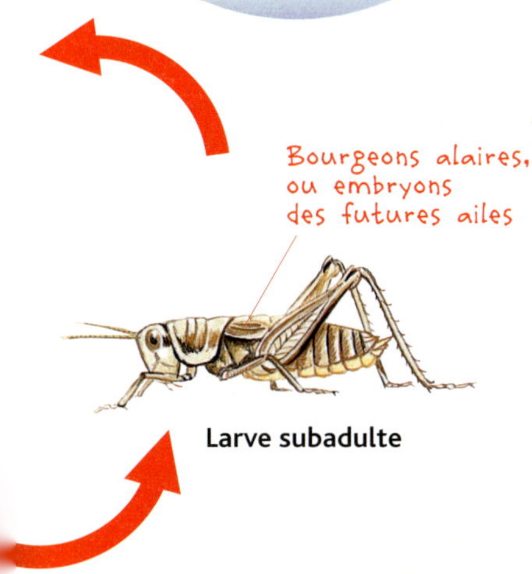

Larve subadulte

La taupe-grillon

La courtilière est un grand grillon qui vit sous terre comme une taupe. À l'aide de ses pattes en forme de pelles, elle creuse les sols meubles. Le couple construit un réseau souterrain et y amasse des réserves végétales pour ses nombreux jeunes qui grandissent en 2 ans.

Grillon champêtre, 2,5 cm.

Sauterelle verte, 7 cm.

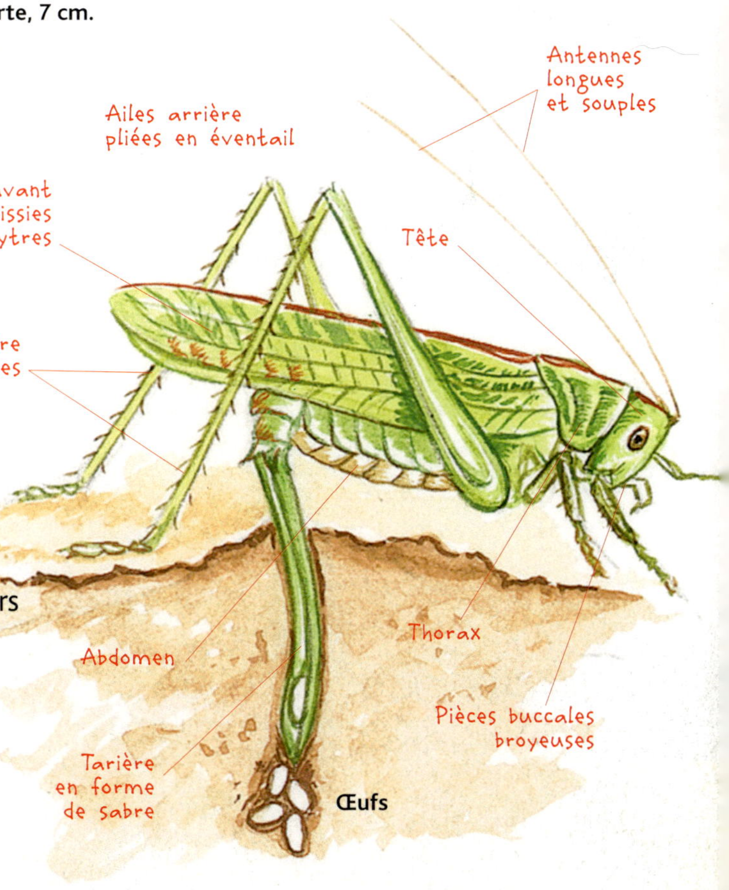

Chanteurs et compagnie

Sauterelles et grillons stridulent en frottant leurs élytres l'un sur l'autre. Tous ont des antennes longues et souples. Les femelles montrent une tarière servant à déposer les œufs. Les sauterelles sont actives aussi bien le jour que durant les nuits chaudes et beaucoup sont carnassières, tandis que les grillons, eux, sont omnivores et plutôt nocturnes.

Les phasmes

Vraiment discrets, ces insectes ! Paisiblement dissimulés dans la végétation, ils grignotent les feuilles une à une.

Proches cousins

Les phasmes forment un petit ordre d'insectes, les chéleutoptères. Ils ont beaucoup de points communs avec les criquets mais ne sautent pas, et certaines espèces sont privées d'ailes. Ce sont des mangeurs de végétaux. S'ils perdent une patte par accident, elle peut se régénérer en quelques mues.

Double usage

Le phasme des fougères sud-américain possède derrière la tête 2 glandes sécrétant un liquide âcre qui décourage les prédateurs. Ses couleurs vives sont doublement utiles : elles annoncent sa toxicité et le dissimulent en brisant sa silhouette quand il se tient sur le feuillage découpé des fougères dont il se nourrit.

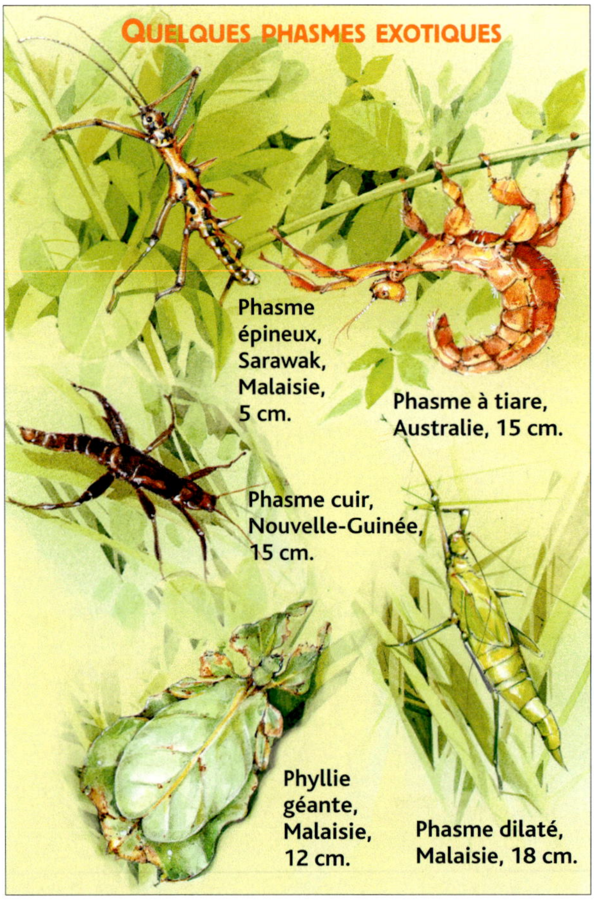

Camouflés

Les phasmes sont tous mimétiques avec leur environnement végétal ! Certaines espèces ressemblent à des brindilles, des branchettes sèches ou couvertes de lichen, des morceaux d'écorces épineuses ou à des feuilles. Ils se tiennent immobiles dans la journée dans des positions qui renforcent leur mimétisme et s'activent la nuit à la recherche des plantes à brouter. Quand on les dérange, beaucoup se balancent comme une feuille au vent ou se laissent tomber, faisant le mort !

Bâton-du-diable, Europe, 8 cm.

Œufs ressemblant à des graines, 0,2 cm.

Chasse au pulvérisateur

Dans le sud de la France, en été par temps chaud, repère les feuilles de ronces grignotées en arc de cercle sur les talus ensoleillés. Il y a un phasme dans les parages ! En pulvérisant un peu d'eau sur la végétation 1 ou 2 m alentour, tu le verras s'agiter.

On ne compte que 2 000 espèces de phasmes de par le monde.

La vie des phasmes

Après un accouplement qui dure longtemps, la femelle pond quelques œufs chaque nuit jusqu'à sa mort. Patience : les petits éclosent plusieurs mois après et grandissent en 5 à 6 mues, sauf les phyllies qui muent une dizaine de fois.

Termites et perce-oreilles

Les termites vivent discrètement à l'abri de la lumière, certains édifiant des termitières immenses. Les perce-oreilles, eux aussi, vivent dans l'ombre…

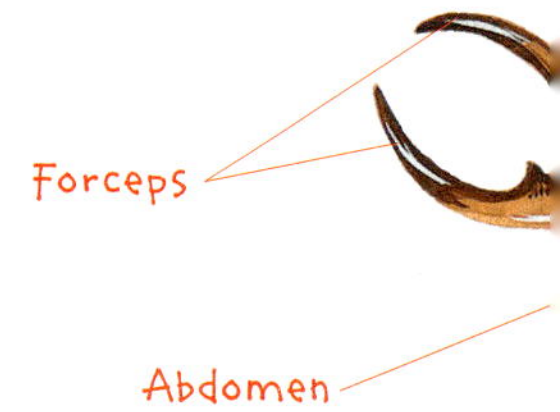

La vie des termites

Chaque année, des termites ailés s'envolent de la termitière. Des couples se forment et chacun perd ses ailes. Les fondateurs, le roi et la reine, creusent alors une chambre souterraine où a lieu l'accouplement. Ils vivent plusieurs années. Leur descendance est composée de soldats et d'ouvriers qui édifient la termitière.

Les 2 000 espèces de termites sont regroupées dans l'ordre des isoptères.

Des termites en France !

Malencontreusement importées d'Asie au XVIIIe siècle, 2 espèces de termites vivent dans le sud-ouest de la France et à Paris. Présents à l'état sauvage dans quelques forêts, ils font des ravages dans les vieilles maisons de Bordeaux et Toulouse.

Tout un royaume

Les termites détestent la lumière ! Alors ces petits insectes au corps mou et aux pattes courtes vivent en immenses colonies organisées à l'abri du jour, sous terre ou à l'intérieur du bois. Ils se nourrissent de bois : ils le broient, l'ingèrent, puis le digèrent grâce à des micro-organismes présents dans leur tube digestif, comme chez les ruminants.

Les galeries extérieures bâties par les termites sur une poutre pour circuler à l'abri de la lumière.

À quoi sert sa pince ?

La pince, ou forceps, est parfois utilisée pour immobiliser une proie, mais elle aide aussi à replier les ailes sous les élytres chez les quelques espèces qui volent. Chez le mâle, les pinces sont courbes ; chez la femelle, elles sont plutôt droites et parallèles.

La femelle perce-oreille garde ses œufs et élève ses petits.

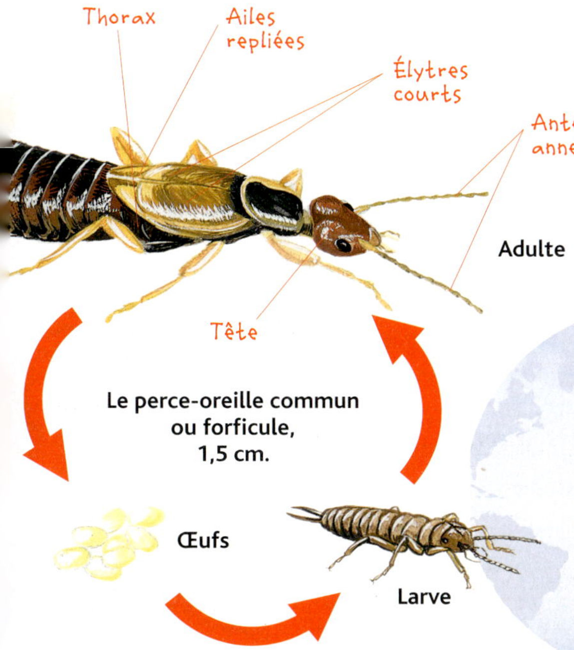

Un géant et un nain

Parmi les perce-oreilles européens, le *Labidura riparia* mesure près de 3 cm et vit sous les pierres des bords de mer et sur les rives des grands fleuves. Le *Labia minor* ne mesure que 7 mm et vit dans les tas d'herbes mortes au jardin.

Inoffensifs

Les perce-oreilles sont d'inoffensives petites bêtes aux mœurs nocturnes. Ils appartiennent à l'ordre des dermaptères, ce qui signifie « ailes en peau ». Ils sont omnivores, grignotant feuilles, pétales et ne dédaignant pas une proie vivante à l'occasion. Tu rencontres des perce-oreilles toute l'année, car les larves et les adultes hibernent sous les écorces des arbres.

La vie des perce-oreilles

La femelle perce-oreille pond quelques dizaines d'œufs. Les petits ressemblent aux parents, sans les ailes, et restent groupés quelque temps sous la surveillance de la mère. Ils grandissent en 6 mois, muant 5 ou 6 fois.

Fais un abri à perce-oreilles

Les perce-oreilles adorent se glisser dans les interstices des écorces des vieux arbres ou dans les pétales des roses à peine ouvertes. Pour les attirer, à l'automne, fais un rouleau de carton ondulé. Fixe-le verticalement à un tronc d'arbre près d'un buisson. Quelques jours plus tard, tu surprendras de nombreuses petites bêtes.

Certaines espèces de punaises veillent sur leurs œufs.

Les punaises

Il y en a de toutes petites et de très grosses, qui vivent dans les bois ou dans l'eau, dans nos pays ou sous les tropiques… Quelle grande famille !

Est-ce qu'elles piquent ?

Les punaises forment l'ordre des hétéroptères. Elles piquent mais, à part la punaise des lits, elles s'attaquent rarement à l'homme. Toutes sont des insectes dont les pièces buccales sont modifiées en rostre capable de piquer et sucer les végétaux, parfois les animaux. Beaucoup d'entre elles possèdent des glandes abdominales émettant une odeur nauséabonde servant à éloigner les intrus. Un bon moyen de défense !

La vie des punaises

La femelle pond quelques dizaines d'œufs, souvent en groupe. Les jeunes qui en sortent ressemblent aux adultes et ont le même mode de vie. Ils restent ensemble quelques jours et se séparent. Ils grandissent, faisant plusieurs mues, et sont adultes avant l'hiver.

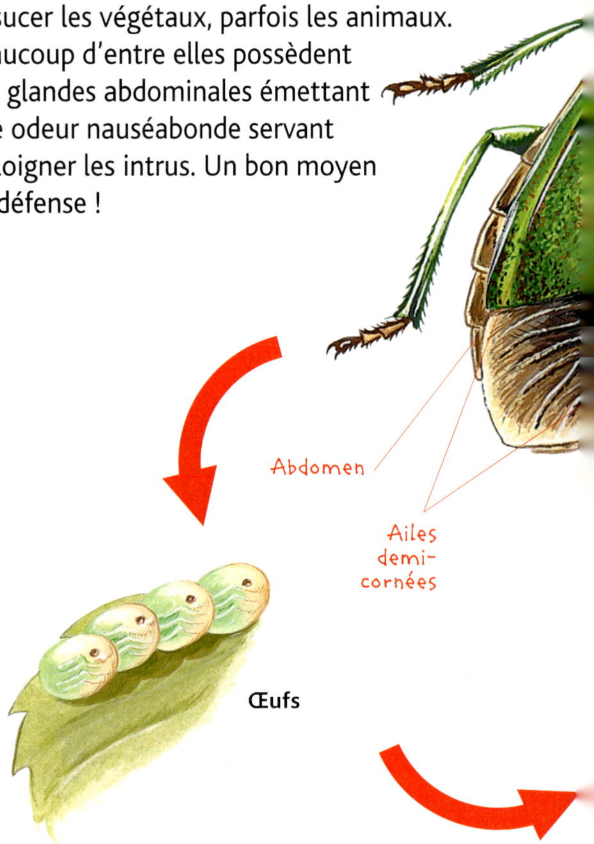

Marque des punaises avant l'hiver

Avant l'hiver, les punaises vertes rentrent hiberner dans la maison. Marque-les au vernis à ongles coloré et relâche-les. Au printemps, tu repéreras celles qui ont survécu à l'hiver. Elles font leur première apparition sur les vitres et cherchent à sortir.

On compte 75 000 espèces d'hémiptères dans le monde, dont 27 000 punaises.

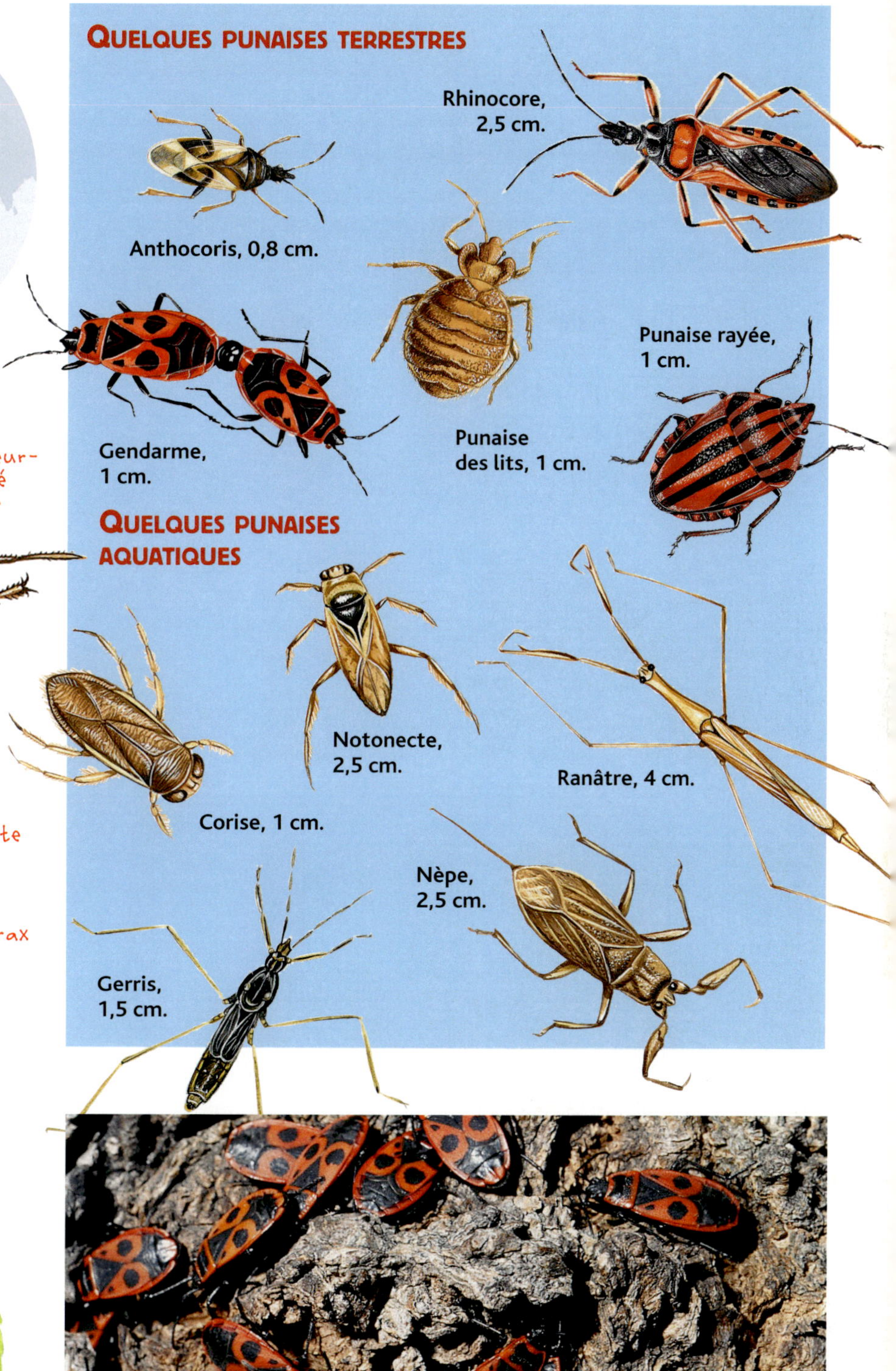

La plus connue, c'est le gendarme, appelé aussi suisse ou cherche-midi.

Cigales, pucerons, cochenilles et compagnie

Les pucerons piquent, les cochenilles collent, les cicadelles sautent et les cigales chantent. Mais ils font partie du même ordre, les homoptères.

Cigale grise, 3 cm.

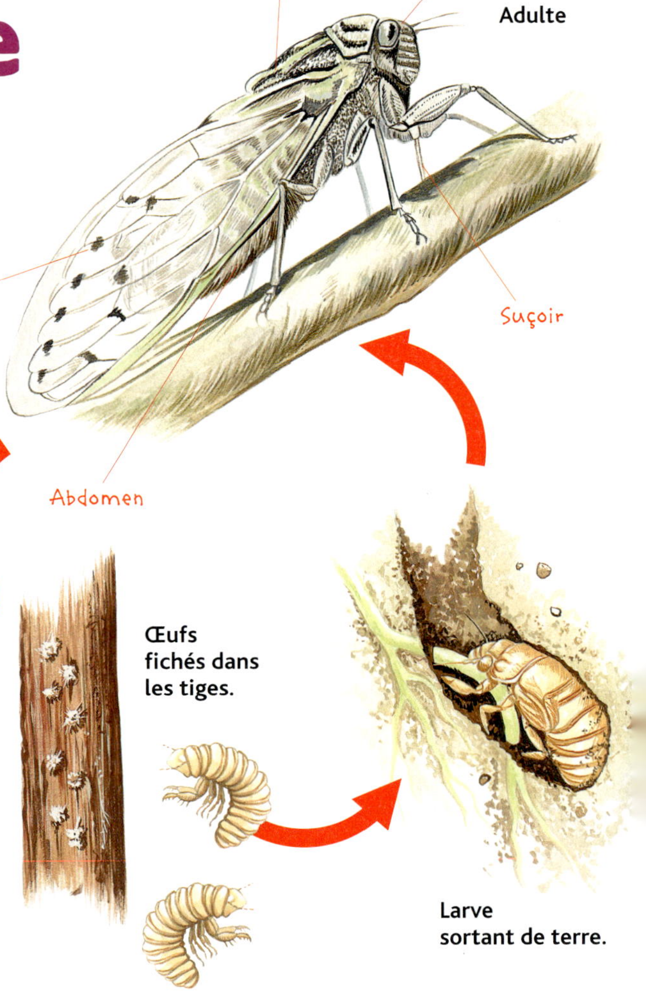

La cigale sortie de terre s'est envolée, abandonnant sur une tige sa dernière mue ou dépouille nymphale.

LA VIE DES CIGALES

Les cigales pondent à l'intérieur des rameaux tendres. Les larves, grandes comme des puces, se laissent tomber sur le sol et s'enterrent. Elles sucent la sève des racines et grandissent en 4 ans. Puis elles sortent de terre et muent, donnant naissance à l'adulte qui ne vit que 1 mois !

Chantez maintenant !

Les homoptères sont des insectes piqueurs et suceurs. Sous leur large tête, ils cachent un rostre pour piquer et aspirer la sève des plantes. Leurs ailes membraneuses sont disposées en toit au repos. Mâles et femelles s'accouplent rapidement en se tenant généralement côte à côte. Les femelles pondent sur la végétation, les larves vivent comme leurs parents et se développent en une saison, sauf celles des cigales. Les cigales sont les seuls homoptères qui chantent.

Le « crachat de coucou » est produit par la larve de cicadelle, qui s'y cache. Elle fabrique ces bulles avec ses excréments liquides.

Les cochenilles restent immobiles sous leur carapace cireuse, suçant la sève de la plante.

La vie des pucerons

Au printemps, les pucerons du rosier sont des femelles ovovivipares sans ailes. En mai, elles engendrent des femelles ailées qui émigrent sur d'autres végétaux. Plusieurs générations se succèdent. À l'automne, les femelles ailées donnent naissance à des pucerons des 2 sexes, dont les femelles pondent les œufs qui passent l'hiver.

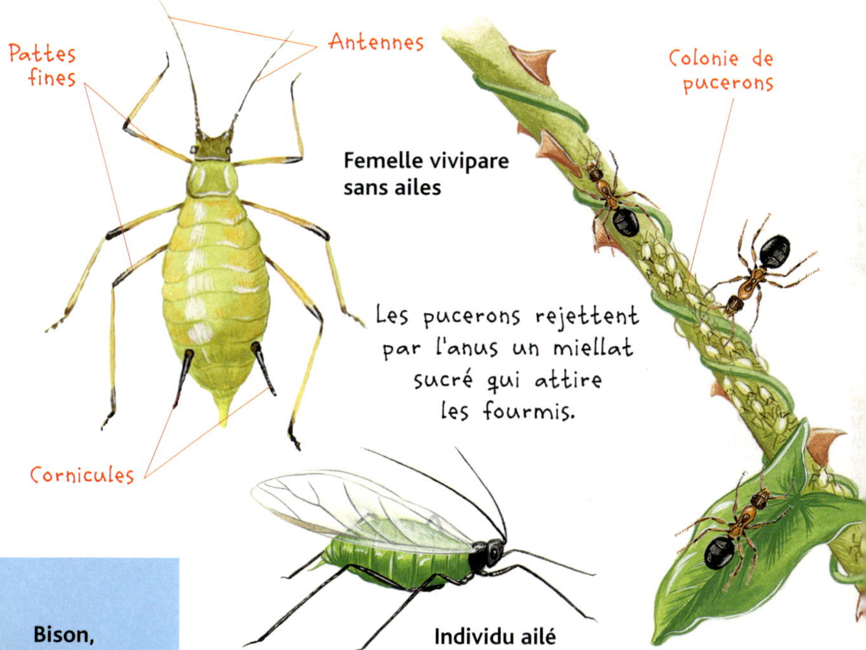

Puceron du rosier, 0,1 à 0,5 cm.

Quelques espèces

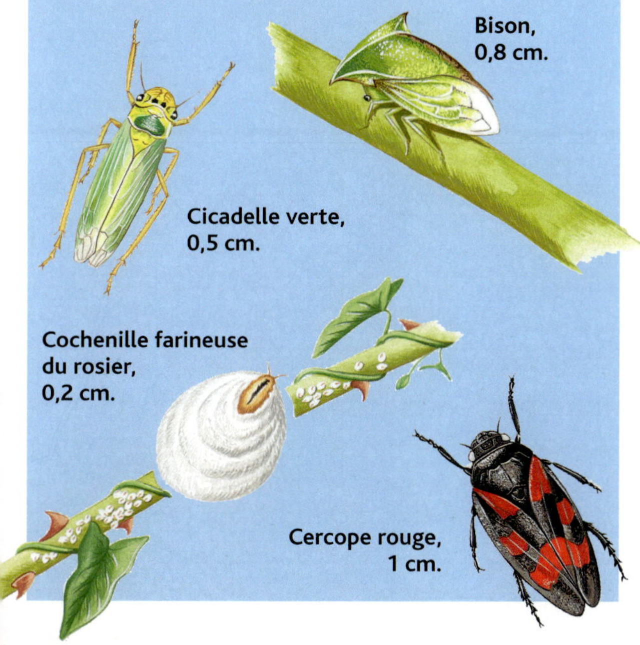

Avec ou sans ailes

Les pucerons vivent en groupes sur les végétaux dont ils sucent la sève. Ils peuvent réaliser jusqu'à 20 générations par an, changeant d'espèce végétale au cours de ce cycle ! Quant aux femelles de cochenilles, ou poux des plantes, elles n'ont pas de pattes et vivent à l'abri de leur carapace cireuse, pompant aussi la sève des végétaux. Leurs mâles sont ailés. Les adultes de certaines générations de pucerons et de cochenilles ont des ailes et s'envolent pour disséminer l'espèce.

Les poux et les puces

Ils ne sont pas bien grands, mais très dérangeants. Quand ils attaquent, ça démange !

Le pou des cheveux mesure 2 à 3 mm. Il est gris. Le voici vu au microscopie électronique et colorisé.

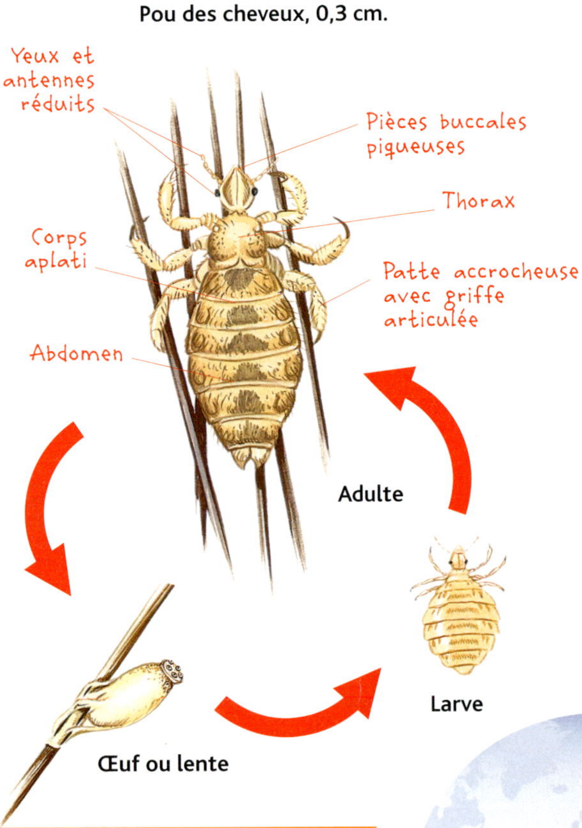

Des parasites

Les poux sucent le sang de leur hôte, sauf ceux vivant sur les oiseaux, qui se nourrissent surtout de particules de plumes et de peau. Leurs pièces buccales sont piqueuses ou broyeuses. Tous les poux du monde forment l'ordre des phtiraptères. Ce sont des parasites externes d'animaux à sang chaud. Chaque espèce vit sur une seule ou un très petit nombre d'espèces hôtes. Les poux ont une métamorphose incomplète.

La vie des poux

Les femelles de pou collent leurs œufs aux poils. Chaque œuf, ou lente, donne naissance à un jeune pou devenant adulte en 2 semaines !

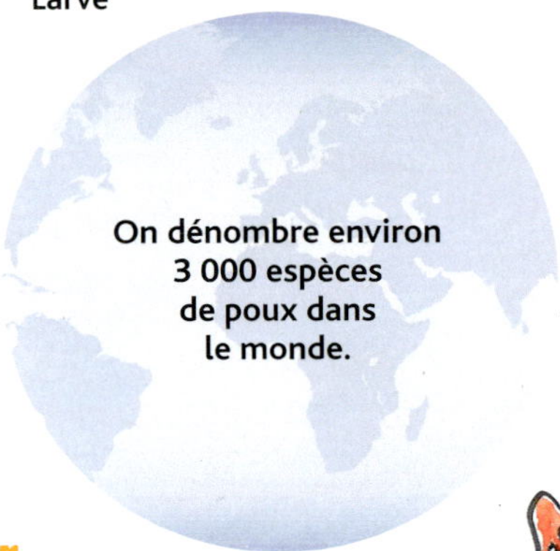

S'accrocher ou mourir

Les poux ne peuvent vivre que sur leur hôte. Privés de sa chaleur quelques heures, ils meurent ! Aussi leur corps est-il parfaitement adapté pour y rester accroché coûte que coûte : leurs pattes sont courtes, munies d'une griffe articulée pour se fixer aux poils. Ils n'ont pas d'ailes et passent d'un animal à l'autre par contact. Leurs yeux sont petits ou absents, et leurs antennes sont réduites.

Même sur les éléphants !

L'*Haematomyzus* est un pou au rostre suffisamment long et rigide pour piquer… la peau des éléphants !

LA PUCE, LE RAT ET LA PESTE

La peste est une terrible maladie propagée par la puce du rat. Au milieu du XIVe siècle, en plein Moyen Âge, elle fut responsable de la mort du quart des habitants de l'Europe en quelques années !

Sac à puces

Pas très recommandables, les puces ! Ce sont des parasites externes des animaux à sang chaud, qu'elles piquent pour leur sucer le sang. Chaque espèce de puce vit sur une ou quelques espèces. Les larves vivent dans les tanières et les nids des hôtes, et mangent les pellicules de peau ou les excréments. Elles constituent l'ordre des siphonaptères. Ce sont des insectes à métamorphose complète. Les adultes n'émergent de leur nymphe que s'ils détectent la présence d'un hôte de passage, attendant parfois près d'un an !

Puce du chat, 0,1 cm.

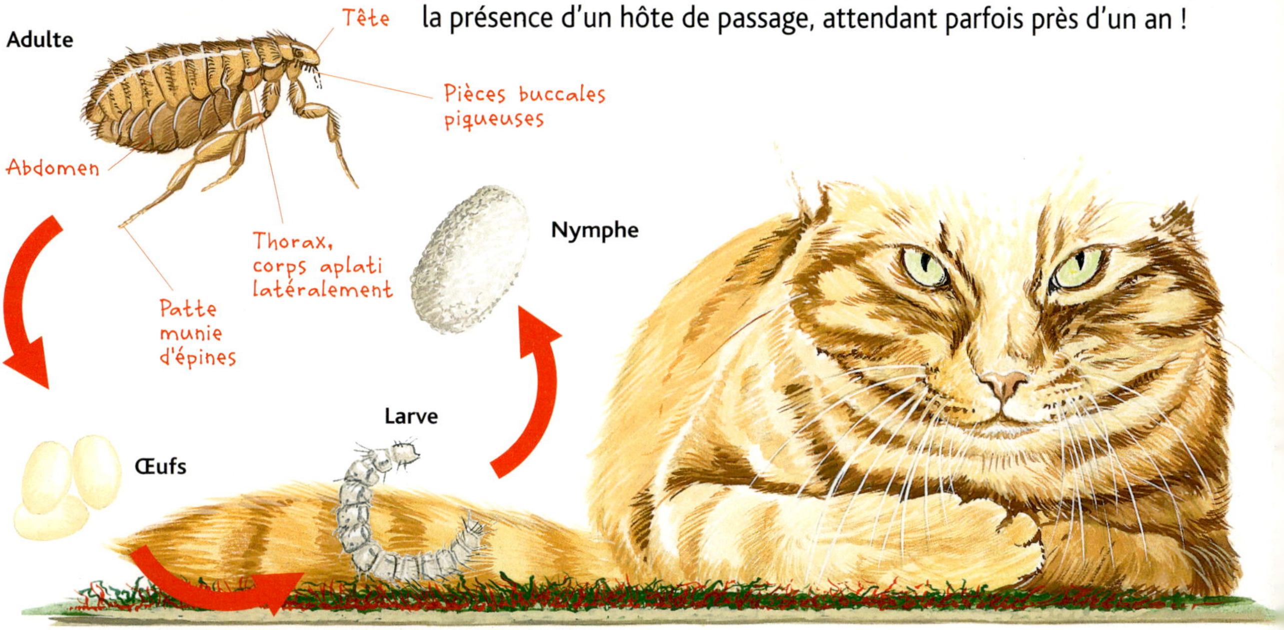

C'EST L'INVASION

De retour de vacances, les propriétaires de chiens ou de chats sont parfois agressés par des quantités de puces affamées ! Elles se développent dans le panier et émergent massivement en sentant les vibrations provoquées par les estivants de retour !

Vivre dans les poils

Les puces sont aplaties latéralement afin de se faufiler entre les poils des mammifères. Leurs pattes puissantes sont munies d'épines sur lesquelles elles prennent appui pour se déplacer. Si elles tombent de leur hôte, aucun problème ! Leurs pattes sauteuses leur permettent de remonter tout de suite et, contrairement aux poux, les puces ne meurent pas au froid.

La puce du chat, vue de face, au microscope électronique.

LA VIE DES PUCES

Les puces pondent leurs œufs par groupes d'une dizaine sur le sol. Les larves grandissent en 2 semaines, ne muant qu'une seule fois. Elles se nymphosent dans un léger cocon de soie. Puis la puce adulte émerge.

Fourmilions, ascalaphes et phryganes

Ils ressemblent un peu à des papillons, un peu à des libellules. Pourtant, ce ne sont ni l'un, ni l'autre. Découvre ces insectes méconnus…

Un peu à part

Par les chauds après-midi d'été, de beaux insectes se posent dans la végétation… Voici les fourmilions et les ascalaphes, formant la classe des névroptères. Ils ont le corps mou et de longues ailes parcourues de nervures fourchues. Ces carnassiers sont armés de pièces buccales broyeuses. Leur tête est ornée d'antennes en massue. Ce sont des insectes à métamorphose complète et leurs larves vivent au sol. Celles des sialis, leurs cousins, vivent dans l'eau.

L'ascalaphe vole au soleil et chasse en vol. Sa larve vit au sol. Tous deux sont carnassiers.

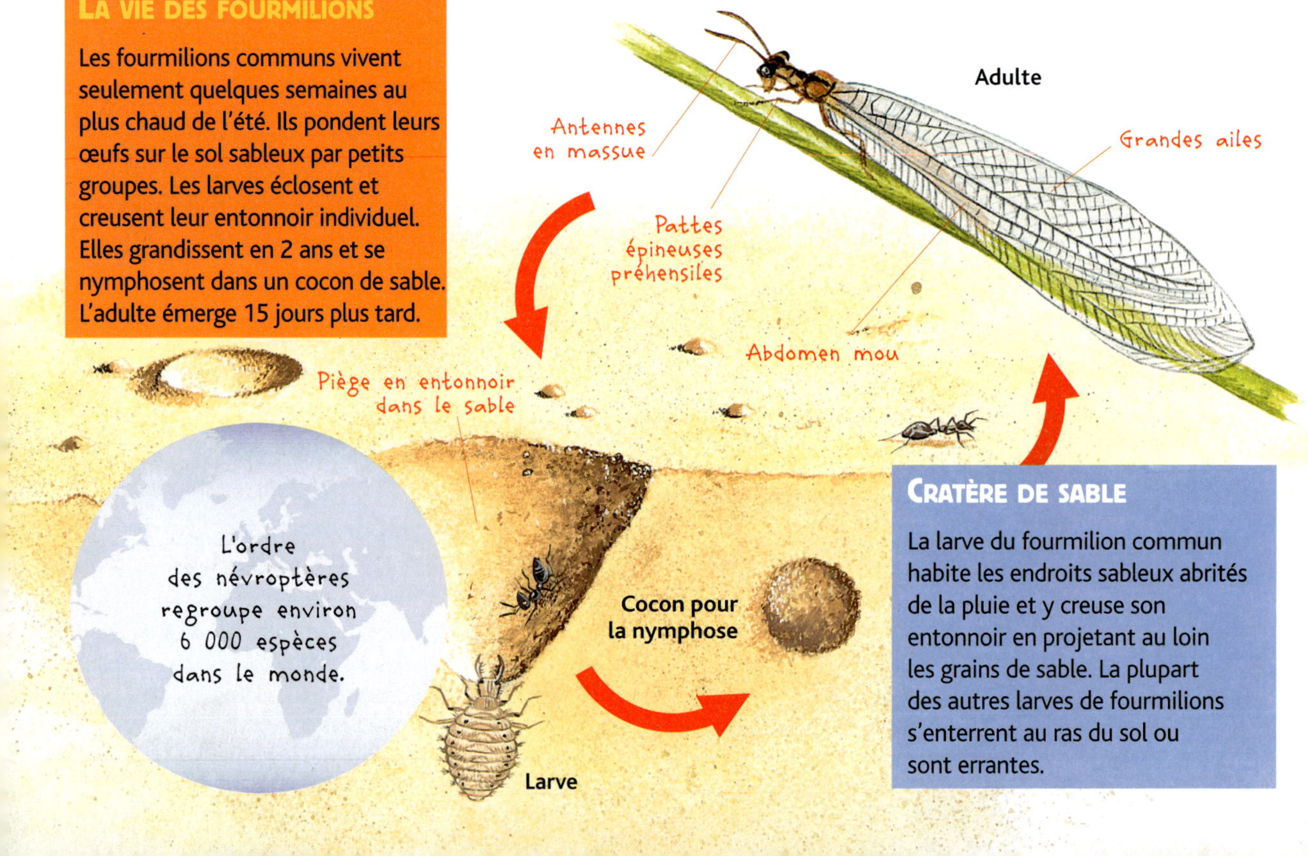

La vie des fourmilions

Les fourmilions communs vivent seulement quelques semaines au plus chaud de l'été. Ils pondent leurs œufs sur le sol sableux par petits groupes. Les larves éclosent et creusent leur entonnoir individuel. Elles grandissent en 2 ans et se nymphosent dans un cocon de sable. L'adulte émerge 15 jours plus tard.

Cratère de sable

La larve du fourmilion commun habite les endroits sableux abrités de la pluie et y creuse son entonnoir en projetant au loin les grains de sable. La plupart des autres larves de fourmilions s'enterrent au ras du sol ou sont errantes.

LA RAPHIDIE

Cette cousine des fourmilions se nourrit surtout de pucerons qu'elle saisit dans ses mandibules. Tandis qu'elle les croque, elle redresse la partie avant de son thorax pour décoller sa proie du sol et l'empêcher ainsi de se débattre.

La chrysope, ou mouche aux yeux d'or, vit dans les haies et rentre dans les maisons pour hiberner. Larves et adultes dévorent les pucerons !

Toutes poilues

Tu rencontreras les phryganes au cours d'une balade de nuit au bord de l'eau. Elles sont attirées par la lumière et constituent l'ordre des trichoptères ou insectes à ailes velues. Les adultes sont nocturnes, végétariens ou bien ne se nourrissent pas. Les larves vivent dans l'eau, respirent par des branchies placées le long de l'abdomen et construisent un fourreau en agglutinant avec de la soie des brindilles, des coquilles, des herbes. Ce fourreau leur sert de protection, de cachette mais aussi de lest !

LA VIE DES PHRYGANES

Les phryganes pondent dans l'eau ou près de l'eau par petits paquets d'œufs pris dans une masse gélatineuse. Les larves, omnivores, vivent sous l'eau dans le fourreau qu'elles se fabriquent. La nymphose a lieu dans le fourreau et l'adulte émerge l'année suivante.

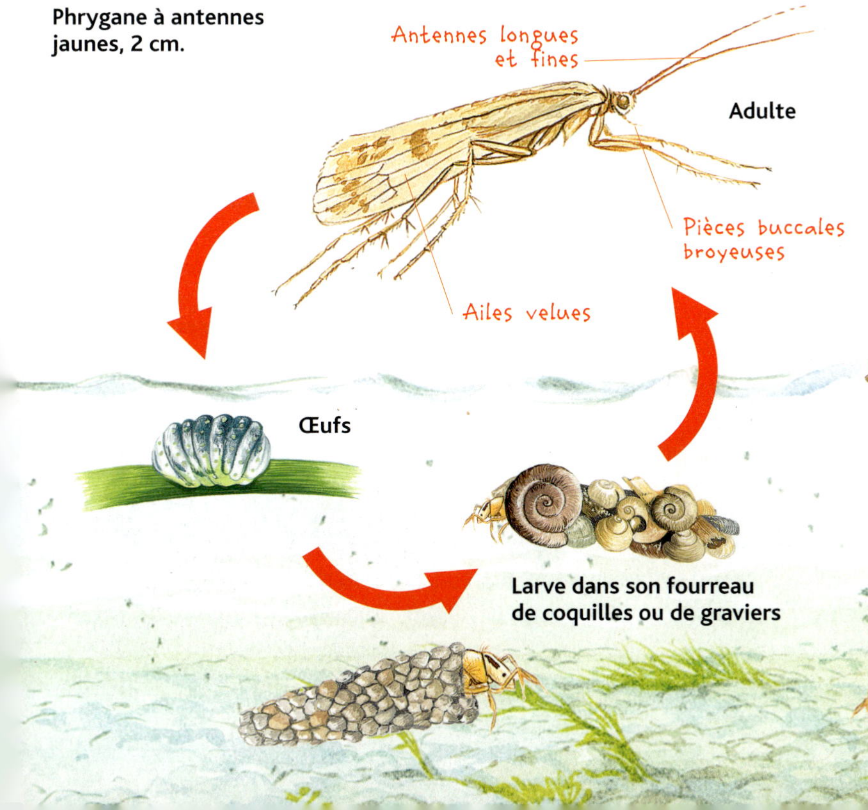

Les papillons

De jour, de nuit, voici les stars des insectes, les plus colorés, les plus gracieux, qui se montrent et virevoltent…

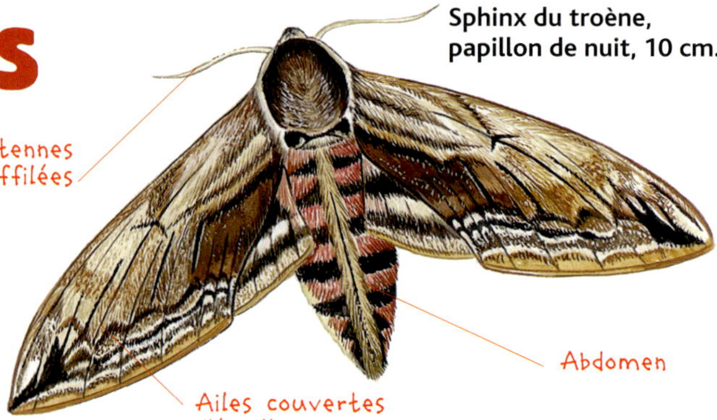

Sphinx du troène, papillon de nuit, 10 cm.

Œufs sous les feuilles de troène ou de lilas

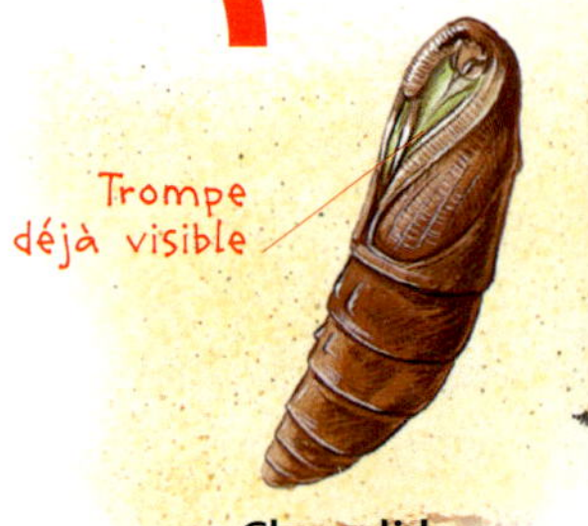

Chrysalide

Chenille portant une corne à l'arrière

Les plus élégants

Ornés de leurs grandes ailes couvertes d'écailles colorées, les papillons forment l'ordre des lépidoptères. Regarde leur longue trompe suceuse. Les adultes se nourrissent de nectar. Certaines espèces n'en possèdent pas et vivent très peu de temps à l'état adulte. Leurs larves, les chenilles, sont munies de pièces buccales broyeuses et sont pour la plupart végétariennes. Ce sont tous des insectes à métamorphose complète et leur nymphe s'appelle la chrysalide.

La vie des papillons

La femelle dépose ses œufs sur les végétaux que consomment les chenilles. Ils éclosent une quinzaine de jours plus tard. Les chenilles grandissent en 5 à 6 semaines, muant 4 fois, puis se chrysalident.

Avec des mandibules

Les petits papillons de la famille des microptérigidés sont des papillons très primitifs qui n'ont pas de trompe, mais des mandibules avec lesquelles ils mangent du pollen ! Ils sont proches des phryganes, leurs ancêtres.

Chrysalides inventives

Les chrysalides des papillons sont toutes différentes. Certaines chenilles de papillons de jour se suspendent par le bout de l'abdomen. D'autres s'attachent verticalement, fixées par un bracelet de soie qui ceinture la chrysalide. Les chenilles de papillons de nuit, elles, s'enterrent pour se chrysalider, ou bien elles tissent un cocon protecteur dans le feuillage ou au sol.

Faciles à voir

Souci, 4 cm.

Écaille cramoisie, 2,5 cm.

Tircis, 4 cm.

Demi-deuil, 4 cm.

Noctuelle psi, 2,5 cm.

Vulcain, 5 cm.

Méticuleuse, 3 cm.

Papillon de jour ou de nuit ?

Les papillons de jour ont les antennes en massue et, au repos, leurs ailes sont jointes. Chez eux, il n'y a pas de cocon.

Damier du plantain, 3 cm.

Les papillons de nuit ont les antennes en forme de fouet ou de plume. Leurs ailes sont à plat ou en toit au repos, et leurs chenilles tissent souvent un cocon pour se chrysalider.

Découpure, 2,5 cm.

Cocon du grand paon de nuit, 5 cm.

La chenille queue-fourchue (6,5 cm) mange des feuilles de saule ou de peuplier.

Cette plante, sinon rien !

Beaucoup de chenilles sont « programmées » par la nature pour manger seulement quelques espèces de plantes. Mais les scientifiques ont montré qu'elles acceptaient un mélange de farine de maïs et de protéines si on y mélange un extrait de leur plante nourricière. C'est donc l'arôme de leur nourriture qui leur donne de l'appétit ! Les chenilles, voraces, sont aussi des gourmets...

Familles de papillons

Les 150 000 papillons du monde sont répartis en 80 familles ! Voici juste un petit aperçu te donnant le nom des principales familles et te montrant pour chacune une espèce représentative...

Zygénidés,
800 espèces aux mœurs diurnes, toxiques, famille eurasienne.
Zygène du trèfle

Arctiidés,
5 000 espèces.
Écaille-martre

Noctuidés,
30 000 espèces.
Noctuelle de la patience

Notodontidés,
2 000 espèces.
Grande queue-fourchue

Crambidés,
10 000 espèces,
famille de minuscules papillons présents partout.
Pyrale de l'ortie

Nymphalidés,
1 600 espèces.
Paon du jour

Piéridés,
2 000 espèces.
Citron

Papilionidés,
700 espèces.
Flambé

Satyridés,
2 800 espèces.
Silène

Lycénidés,
3 000 espèces.
Azuré de la bugrane

Sphingidés,
1 000 espèces.
Sphinx du tilleul

Attacidés,
1 200 espèces, comptant
certaines des plus grandes du monde.
Attacus atlas

Géométridés,
12 000 espèces.
Phalène du sureau

Uranidés,
quelques dizaines
d'espèces seulement parmi
les plus belles au monde.
Uranie ripheus

Morphidés,
80 espèces,
famille sud-américaine.
Morpho

Brassolidés,
80 espèces de « papillons-hiboux »,
famille sud-américaine.
Caligo

Héliconidés,
70 espèces, famille sud-américaine.
Héliconie

La mouche émerge de sa pupe.

Mouches et moustiques

Elles s'installent dans la cuisine et ils envahissent ta chambre. Difficile de les oublier, ceux-là !

Bzzz !

Compte bien : mouches et moustiques ont deux ailes, alors on les a regroupés dans l'ordre des diptères. Les ailes avant servent au vol, les ailes arrière sont devenues des haltères en forme de balancier contenant les organes de l'équilibre. Ces insectes ont une métamorphose complète. Ils grandissent et se reproduisent très vite et se nourrissent généralement de liquides.

Bien connues

Les mouches volent en plein jour : ce sont des insectes diurnes. La larve des mouches est nommée asticot, et leur nymphe pupe. Elles volent habilement et leur vol vibré est rapide. Leurs antennes en bâtonnets sont très courtes. Les mouches communes ont un suçoir puissant, les taons et les asiles, un rostre piqueur. Les syrphes ont des pièces buccales broyeuses pour manger le pollen.

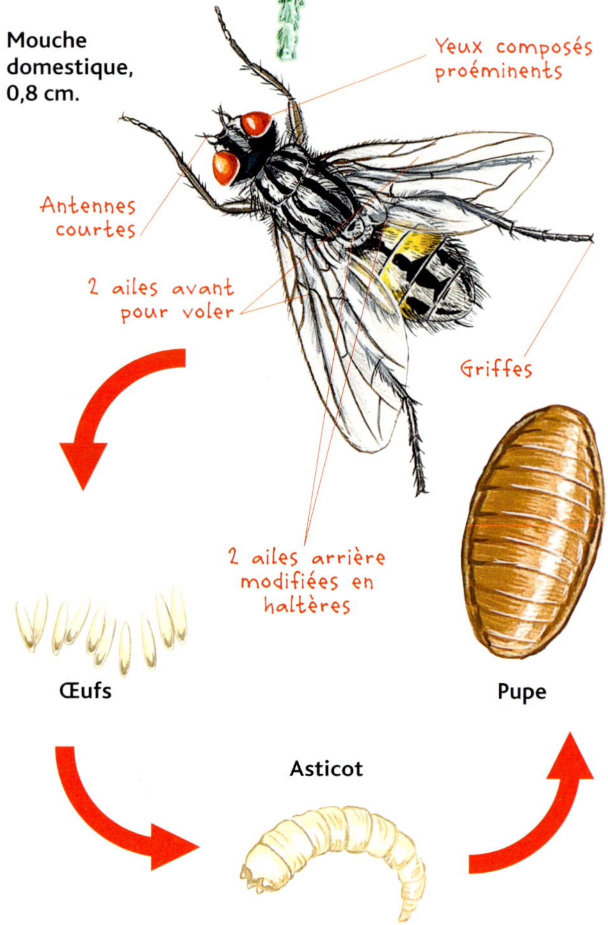

La vie des mouches

Les mouches domestiques pondent de nombreux œufs sur le crottin ou sur des déchets pourrissants. Les asticots, boudinés et aveugles, sans tête ni pattes, grandissent en 2 semaines. Après 3 mues, ils se nymphosent en pupe, puis l'adulte émerge.

C'est leur faute

- Les mouches tsé-tsé sont des espèces africaines qui piquent l'homme et lui transmettent un parasite responsable de la grave maladie du sommeil.
- Les anophèles, des moustiques tropicaux, abritent dans leur tube digestif les protozoaires responsables du paludisme ou malaria et les inoculent à l'homme en le piquant.

Quelques mouches

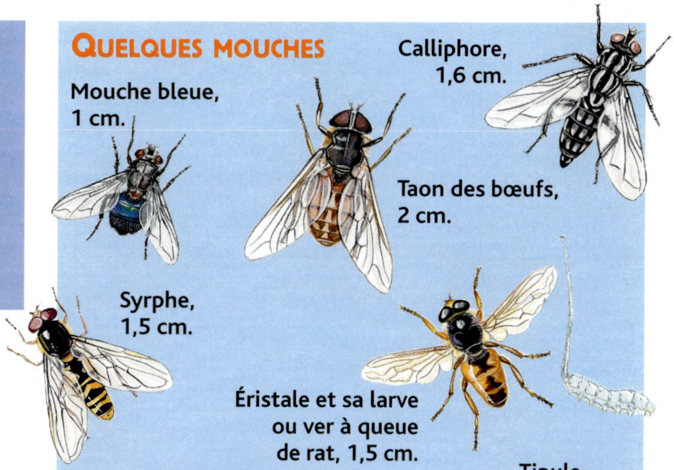

Quelques moustiques

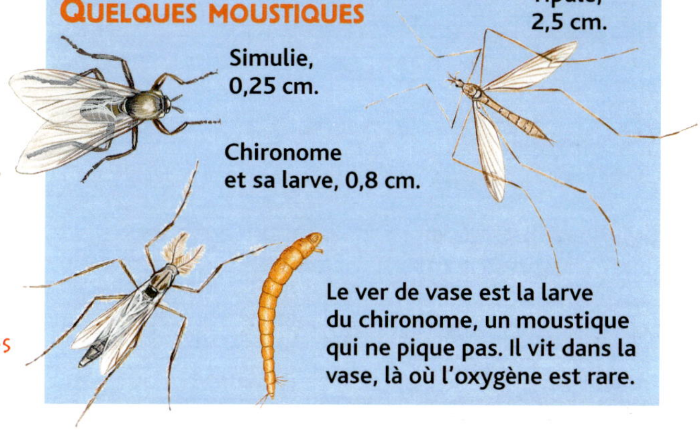

Le ver de vase est la larve du chironome, un moustique qui ne pique pas. Il vit dans la vase, là où l'oxygène est rare.

Piqueurs

C'est la nuit que sortent les moustiques. Ils ont un corps grêle et deux ailes élancées. Les mâles possèdent de longues antennes plumeuses et se nourrissent de nectar, laissant aux femelles le soin de piquer les animaux à sang chaud pour se nourrir avant de pondre leurs œufs. Leur rostre piqueur est allongé et entouré d'une paire de palpes tactiles très sensibles.

Moustique piqueur femelle, 0,8 cm.

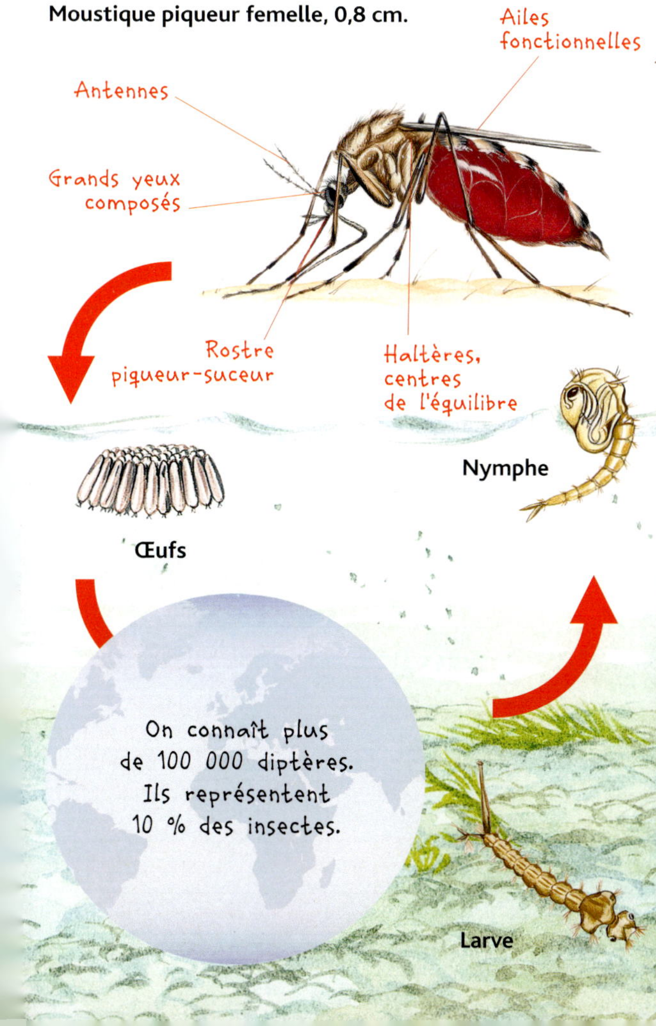

La vie des moustiques

Les femelles pondent dans l'eau des œufs groupés en barquette flottante. Les larves se tiennent sous la surface, filtrant les particules organiques et respirant l'air par un tube. Elles muent 4 fois en quelques jours et se transforment en nymphe dont sortira le moustique adulte.

Le moustique adulte émerge de sa nymphe.

La guêpe broie ses proies à l'aide de ses mandibules et boit des jus sucrés.

Abeilles et guêpes

Les abeilles et les guêpes se ressemblent, mais si tu les observes en détail, tu remarqueras quelques différences.

La grande famille des ailes membraneuses

Les hyménoptères ne sont pas très grands, mais ils sont très évolués. Leurs ailes, peu nervurées et membraneuses, sont attachées entre elles par de petits crochets. Le vol est en général vibré. Beaucoup d'hyménoptères ont la « taille de guêpe », c'est-à-dire un étranglement entre le thorax et l'abdomen. Leur métamorphose est complète.

Guêpier

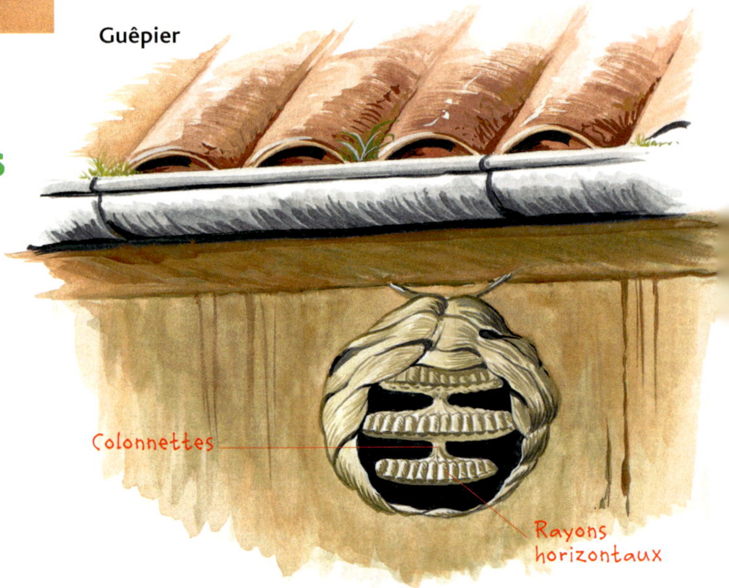

Les guêpes aménagent leur guêpier sur une branche ou sous terre, selon les espèces. Au printemps, chaque femelle fécondée avant l'hiver crée un nouveau guêpier.

L'andrène fauve, une abeille solitaire, niche dans la terre.

Les guêpes

La guêpe mange de tout, mais elle préfère les proies vivantes. C'est une chasseresse qui s'attaque à des insectes aussi gros qu'elle. Elle les sectionne en morceaux avec ses mandibules tranchantes et les emporte au nid entre ses pattes. Les guêpes vivent en société dans un guêpier.

Guêpe commune, 2,5 cm.

Son corps est lisse. Elle vit dans le guêpier aux rayons horizontaux, bâtis avec du bois mâché à l'aide de ses mandibules.

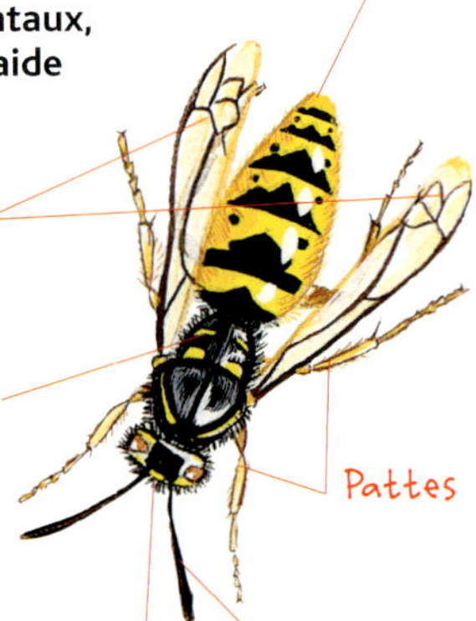

On compte environ 100 000 hyménoptères dans le monde.

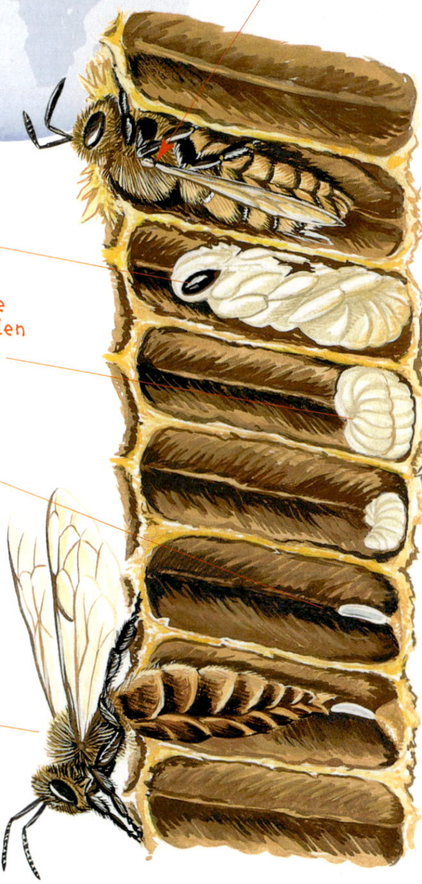

Abeille, 2 cm.

Son corps est couvert de poils. Elle vit dans la ruche où les rayons, verticaux, sont bâtis avec la cire sécrétée par les glandes abdominales de certaines ouvrières.

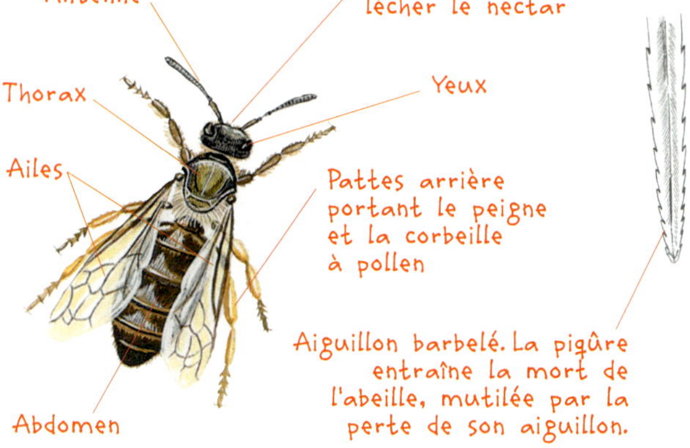

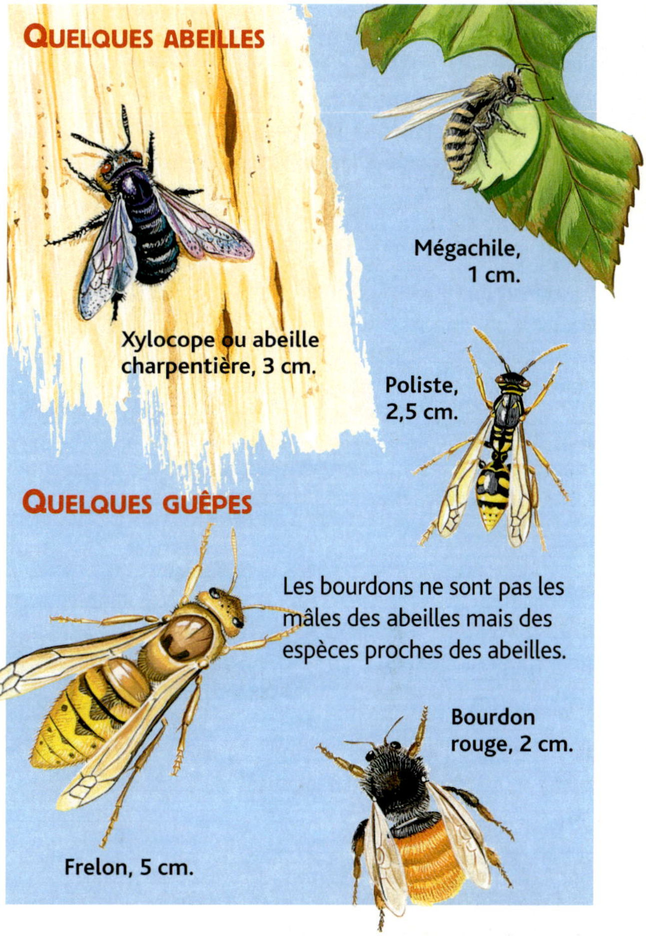

La vie des abeilles et des guêpes

La femelle pond au début de la belle saison. Les larves, blanchâtres, ressemblent à des asticots. Elles muent 3 fois avant de se transformer en nymphe. Sur la nymphe, on voit bien les futurs appendices. Il en sort un insecte parfait quelques semaines plus tard.

Les abeilles

La plupart des espèces d'abeilles sont des insectes solitaires. Elles se nourrissent du nectar des fleurs. Dans une petite cavité, la femelle aménage des loges qu'elle remplit de pollen avant d'y pondre un œuf. Les larves mangent le pollen et se développent seules. Les abeilles à miel et les bourdons vivent en société. Les abeilles forment des colonies perpétuelles de milliers d'individus. Les bourdons forment des colonies annuelles fondées chaque printemps par des reines qui ont hiberné.

Les fourmis

À quatre pattes le nez dans l'herbe, tu peux passer des heures à les regarder. Des heures à te demander comment elles font pour être si bien organisées ?

Les fourmis ouvrières soignent les larves et les nymphes de la fourmilière.

Fourmi moissonneuse, 1 cm.

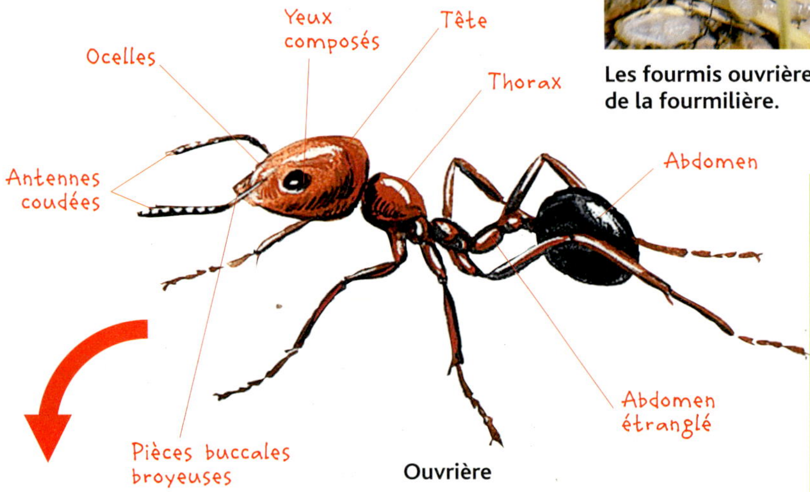

Ouvrière

Œufs jaunâtres pondus par une reine

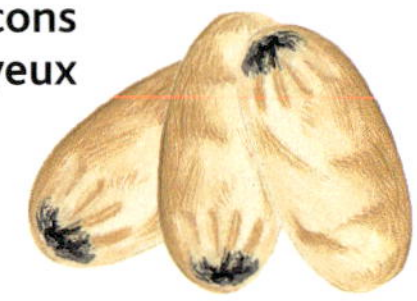

Cocons soyeux

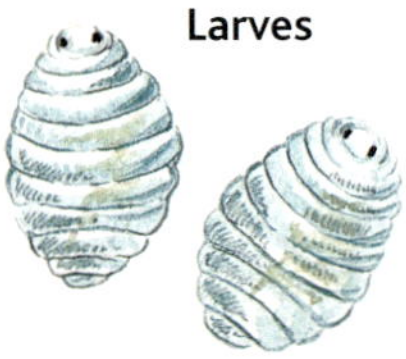

Larves

Aiguillon en option

Certaines fourmis possèdent un aiguillon venimeux lisse, comme celui des guêpes. Les fourmis plus évoluées ont perdu cet aiguillon, mais leur glande à venin s'est modifiée en pulvérisateur à poison (acide formique). Elles aspergent à distance la proie ou l'intrus visé. D'autres encore mordent puis déposent une gouttelette d'acide sur la plaie. Ça pique !

La vie des fourmis

La ou les reines de la colonie pondent en permanence dans des chambres d'incubation. Les œufs puis les larves, en forme d'asticots blanchâtres, sont soignés par les ouvrières. Elles se transforment bientôt en nymphes dans un cocon de soie. L'adulte ouvre le cocon quelques jours plus tard à l'aide de ses mandibules, aidé par les ouvrières.

Des travailleuses

Toutes les fourmis vivent en sociétés. Leur corps présente un étranglement au niveau d'un pédoncule constitué du ou des deux premiers segments abdominaux. Leurs mandibules sont de type broyeur. Les ouvrières n'ont pas d'ailes, mais les adultes sexués, mâles et femelles, naissent avec des ailes et les gardent le temps du vol nuptial. Toutes les espèces de fourmis ne piquent pas, mais elles forment avec les abeilles et les guêpes le sous-groupe des aculéates ou hyménoptères à aiguillon.

On connaît 15 000 espèces de fourmis sur Terre et, sur un seul arbre en Amazonie, on a compté plus de 40 espèces !

Les unes et les autres

Chez les fourmis, c'est chacun ses goûts. Certaines espèces sont granivores et constituent de véritables greniers. Il y a les chasseresses et celles qui élèvent des pucerons ou des cochenilles pour se nourrir de leur miellat. D'autres cultivent des champignons sur de la bouillie de feuilles. Chaque espèce a aussi son habitat préféré. Certaines creusent leur fourmilière dans le sol, d'autres l'édifient dans les arbres ou entre des feuilles cousues. Certaines errent par caravanes de plusieurs millions d'individus, dévorant tout sur leur passage ou réduisant même d'autres fourmis en esclavage.

QUELQUES FOURMIS

Crématogastre, 0,3 cm.

Fourmi rousse et sa fourmilière, 0,8 cm.

Fourmi géante, 1,5 cm.

Fourmi noire des jardins, 0,5 cm.

Fourmi d'Argentine, 0,2 cm.

Les fourmis ailées sont les rois et futures reines de nouvelles fourmilières.

LES AUTRES HYMÉNOPTÈRES

Tenthrède, 1 cm. Les larves ou fausses chenilles grandissent en grignotant des feuilles.

Cynips, 0,3 cm. Minuscule. Les larves grandissent dans des galles végétales provoquées par la piqûre de l'adulte.

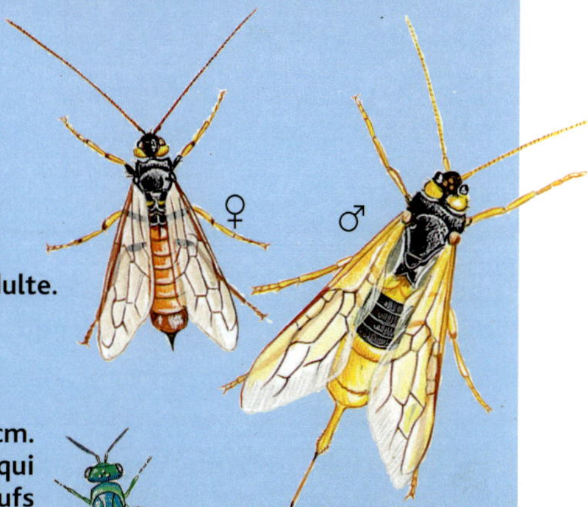

Pompile, de 2 à 10 cm. Pond ses œufs sur des araignées qu'elle paralyse.

Chrysis, 0,5 cm. Guêpes-coucous qui pond ses œufs à la place de ceux des abeilles solitaires !

Syrex, 3 cm. Grand hyménoptère inoffensif dont la larve xylophage vit dans le bois.

Chalcidien, 0,1 cm. Les larves vivent dans des larves d'autres insectes.

Ichneumon, 1,5 cm. Hyménoptère parasitant les chenilles des papillons.

Les coléoptères

Du minuscule scolyte au scarabée géant d'Afrique, leurs tailles sont aussi différentes que leurs habitudes...

Les hoplies vivent sur les berges des cours d'eau.

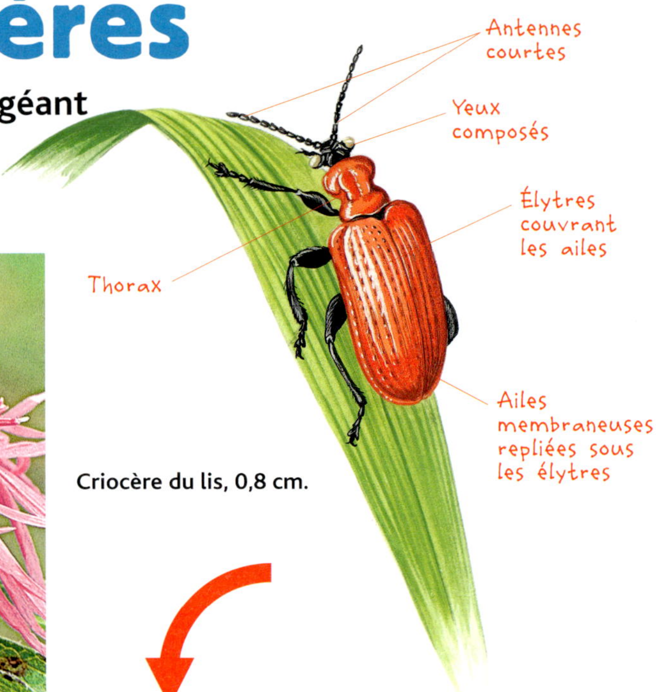

Criocère du lis, 0,8 cm.

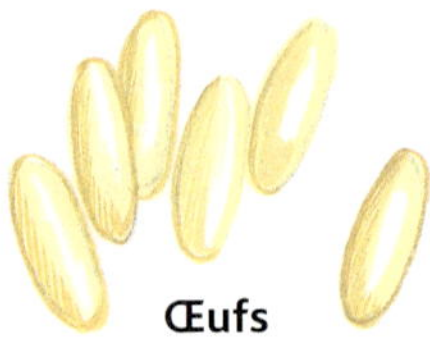

Œufs

Nymphe dans sa coque de terre

Larve dissimulée sous ses crottes, grignotant les feuilles.

LA VIE DES CRIOCÈRES

La femelle dépose ses œufs sur les feuilles d'un lis. Les larves éclosent, et, en 4 à 5 semaines, elles muent 5 fois. Elles se laissent tomber, s'enterrent et se nymphosent dans une coque de terre. La saison suivante, l'adulte émerge et sort de terre.

Un air de famille

Rouges, verts, à pois blancs ou même métallisés, les coléoptères ont tous en commun des élytres, ailes épaissies qui couvrent leur abdomen mou, sauf chez les staphylins. Les élytres ne se recouvrent pas, ils sont jointifs. Durant le vol, ils sont écartés ou soulevés mais ne battent jamais. Au repos, ils protègent les ailes arrière repliées sur l'abdomen. Les élytres n'existent que chez l'adulte. Les coléoptères sont des insectes à métamorphose complète dont les larves passent par 3 à 5 stades avant de se transformer en nymphes.

TAILLE STRATÉGIQUE

Quand la larve d'un coléoptère ne trouve pas assez de nourriture, elle ne meurt pas, mais donne un adulte de petite taille. À la génération suivante, les adultes sont de taille normale si les larves sont rassasiées. Ainsi, on trouve chez les dynastes ou les capricornes des individus 3 fois plus grands que leur voisin !
Il y a donc moins de mortalité mais, en contrepartie, les femelles ne pondent que quelques dizaines d'œufs.

Des vies multiples

Les coccinelles consomment des pucerons ou des cochenilles, les chrysomèles grignotent des feuilles, les larves de capricornes mangent du bois, alors que les adultes se nourrissent de pollen, de sève ou ne s'alimentent pas ! Carabes, cicindèles et staphylins sont, eux, de redoutables carnassiers. D'autres espèces sont aquatiques tels les dytiques, et certaines vivent sous la terre ou dans les arbres. Les coléoptères ont colonisé tous les milieux, ils exploitent toutes les sources de nourriture offertes par la nature.

Le scarabée sacré roule sa pilule de crottin et l'enterre avant de pondre un œuf dessus. La larve s'en nourrira.

LA VIE DES BOUSIERS

Ils enterrent des excréments dans des loges parfois reliées par des galeries, puis ils y pondent un œuf. Les larves émergent la saison suivante.

Le catalogue des coléoptères

Ils ont tous une paire d'ailes épaissies en étui protecteur, les élytres. Mais comme ils sont très nombreux et très différents, on a subdivisé cet ordre en centaines de familles, en examinant la forme de leur corps et celles de leurs antennes.

Grand capricorne du chêne, 4,5 cm. Cérambycidés. Sa larve grandit dans le tronc d'un vieux chêne. L'adulte ne vit qu'un été.

Dytique marginé, 3 cm. Dysticidés. La larve aquatique est une terrible carnassière. L'adulte chasse sous l'eau mais peut voler pour changer de mare.

Hydrophile brun, 3,5 cm. Hydrophilidés. Ce gros coléoptère vit dans les mares. Il broute les plantes aquatiques. Sa larve aquatique, elle, est carnassière.

Cicindèle commune, 1,5 cm. Cicindélidés. La larve vit dans un puits vertical. Adultes et larves sont carnassiers.

Carabe doré, 3 cm. Carabidés. Adultes et larves consomment escargots et vers.

Lucane cerf-volant, 4 à 8,5 cm. Lucanidés. C'est le plus grand coléoptère d'Europe. Il vole lourdement au crépuscule en été. Sa larve vit dans les racines des vieux chênes.

Meloé, 2 cm. Meloïdés. Sa larve mange du pollen puis parasite les nids d'abeilles solitaires.

Le rhinocéros, 4,5 cm. Dynastidés. La larve vit dans le sol, sous des souches ou des troncs pourris qu'elle grignote. L'adulte vole le soir. Il se nourrit de fruits tombés et de sève d'arbre.

Charançon de l'ortie, 0,8 cm. Curculionidés. La larve habite dans les tiges. L'adulte grignote les feuilles.

Bupreste, 1 cm. Buprestidés. La larve du bupreste creuse des galeries dans les branchettes. L'adulte grignote du pollen.

Taupin des bois, 2 cm. Élatéridés. Cette espèce est prédatrice et vit sous les écorces et dans le bois pourri où elle se nourrit de larves d'insectes. Sa larve a les mêmes mœurs. Il existe des taupins végétariens adultes et larves.

Cétoine dorée, 2 cm. Cétonidés. Elle grignote le pollen. Sa larve vit dans le terreau et se nourrit de feuilles mortes.

Cantharide, 1,5 cm. Cantharidés. C'est un prédateur qui chasse les petits insectes sur les fleurs. La larve chasse au sol.

Grand staphylin, 2 cm. Staphylinidés. Il consomme diverses petites bêtes et se cache toute l'année sous les objets du jardin.

Hanneton commun, 3 cm. Mélolonthidés. Il vole au crépuscule à la fin du printemps et se nourrit de pousses de feuillus. Sa larve, le ver blanc, dévore les racines des plantes.

Ver luisant, 1,5 cm. Lampyridés. La femelle, vermiforme, brille les soirs d'été pour attirer les mâles qui volent. Tous deux sont carnassiers, comme leurs larves.

Coccinelle, 0,8 cm. Coccinélidés. C'est un prédateur de petits insectes. Certaines espèces sont végétariennes.

Bousier géotrupe, 2 cm. Géotrupidés. Il creuse des terriers sous les bouses de vache, y enterre des boulettes de bouse et y pond ses œufs.

Ténébrion meunier, 1,5 cm. Ténébrionidés. Adultes et larves se nourrissent de débris végétaux.

Chrysomèle de la menthe, 0,8 cm. Chrysomélidés. L'adulte et sa larve ne grignotent que des feuilles des menthes. Chaque chrysomèle ne mange que quelques espèces de plantes.

PETITS MAIS SURDOUÉS

Les petites bêtes savent tout faire ! Les unes chantent, d'autres imitent des brindilles, fabriquent du miel, de la cire, de la soie, marchent sur l'eau, marchent au plafond, piquent, vivent en colonies, bâtissent de gigantesques termitières. Des surdouées de la nature...

Les insectes savent voler

Escargots ou cloportes, mille-pattes ou araignées, toutes ces petites bêtes restent clouées au sol. Parmi elles, seuls les insectes savent vraiment voler. Décollage...

Quand le papillon moro-sphinx butine en volant sur place, on dirait un colibri.

Un peu de technique

Les insectes dont les ailes avant sont aussi grandes que les ailes arrière se propulsent grâce au vol battu. Ils battent l'air de grands mouvements, mais ils sont plutôt lents et se fatiguent vite. Ceux dont les ailes arrière sont beaucoup plus petites que les ailes avant pratiquent un vol vibré, plus rapide et plus efficace. Leurs ailes battent très vite dans un mouvement moins ample.

Des records

- **Les plus rapides**
Plus de 50 km/h, plus vite que toi quand tu cours, pour de nombreux diptères et des papillons sphinx.
- **Le plus loin**
Le papillon monarque d'Amérique du Nord parcourt 6 000 km en 3 semaines lors de sa migration, soit 35 km/h durant 8 h chaque jour pendant 21 jours.
- **Les ailes les plus rapides**
1 000 battements d'ailes par seconde chez le diptère Forcypomia.
- **Le plus endurant**
Certaines mouches minuscules, les drosophiles, volent 4 à 5 h sans se poser ! De nombreux insectes en migration font de même, aidés par le vent.

Petite tortue

Des papillons à réaction

Certains papillons de jour ont un vol à réaction ! Regarde-les : leur vol est sautillant et ils ont les ailes fermées au plus haut de leur course. Leurs grandes ailes s'incurvent en se refermant et chassent une bulle d'air vers le bas et vers l'arrière. Hop là !

Synchro !

Il ne faut pas se mélanger les ailes ! Pourtant, les ailes avant des fourmilions sont en haut alors que leurs ailes arrière sont encore en bas. Évidemment, le rendement de ce vol n'est pas très élevé, et ces insectes ne sont pas de bons voiliers. Chez d'autres comme les papillons, de puissants muscles thoraciques compriment et dilatent le thorax, ce qui provoque le battement. Ces muscles atteignent un quart du poids pour certains gros papillons de nuit.

L'envol des araignées

Après leur éclosion, les jeunes de nombreuses espèces d'araignées se disséminent dans la nature en émettant un fil de soie, le fil d'Ariane. Quand il est suffisamment long pour que le vent l'emporte, l'araignée lâche prise et s'envole. Le vol peut se prolonger sur des dizaines de kilomètres !

S'échauffer d'abord

C'est comme à la gym ! Les muscles du vol doivent être chauds pour développer un effort suffisant et soulever l'animal. Facile en été. Mais les gros insectes ou les espèces des régions froides font vibrer leurs ailes pour s'échauffer avant de s'envoler. C'est le cas des gros coléoptères et des papillons de nuit. De plus, ces derniers sont couverts d'un pelage qui leur donne une forme aérodynamique et qui conserve la chaleur de leur effort.

Le mouvement des ailes du bourdon entraîne une vibration de l'air, ce qui produit le bruit du bourdonnement.

Vol sur place

Les insectes qui pratiquent le vol vibré sont capables de faire du surplace. Leur vol devient alors bourdonnant. En été, observe les syrphes, les éristales ou le moro-sphinx voler sur place.

Pour comprendre le vol des insectes

1. Découpe dans du carton ondulé la forme des ailes d'une mouche.
2. Colle-les avec du ruban adhésif sur le couvercle de la boîte à chaussures.
3. Fends les 4 coins de la boîte et replace le couvercle à l'envers.

Quand tu appuies sur le milieu du couvercle, les ailes se lèvent.
Quand tu relâches, elles retombent.
C'est sur ce principe que sont animées les ailes des insectes à vol vibré.

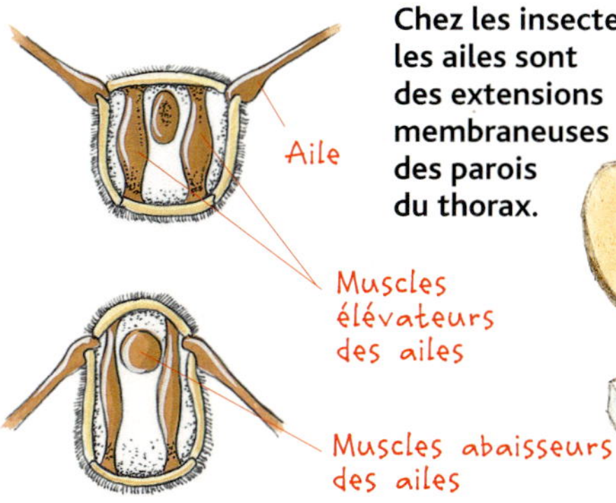

Chez les insectes, les ailes sont des extensions membraneuses des parois du thorax.

Sauter et marcher

Les petites bêtes s'enfuient en courant sans s'emmêler les pattes, ou disparaissent d'un bond. Secrets de leur étonnante mobilité.

Iule, 3 à 25 cm selon les espèces.

L'iule soulève ses pattes par paires. Certaines paires sont posées, tandis que d'autres sont levées, effectuant un léger mouvement vers l'avant pour avancer au prochain « pas ».

Même sans pattes

Ho ! hisse ! Les vers avancent en étirant puis en contractant leur corps tandis que de petits poils, les soies, prennent appui sur le sol. L'escargot et la limace rampent grâce à des ondes musculaires qui parcourent leur pied (ou sole), enduit de mucus pour une bonne adhérence. Les mille-pattes, eux, lèvent leurs appendices tour à tour grâce à des ondes qui se déplacent d'arrière en avant. On retrouve ces ondes musculaires dans la marche des chenilles et, en général, chez tous les petits animaux rampants.

Ils se dandinent

Les animaux mimétiques, comme les phasmes et les mantes religieuses, ajoutent à leur démarche lente un balancement qui augmente leur ressemblance avec la végétation animée par le vent.

Phasme dilaté, Malaisie, 15 cm.

La marche à 6 pattes des insectes

Et un !
Pattes 1-4-5 posées

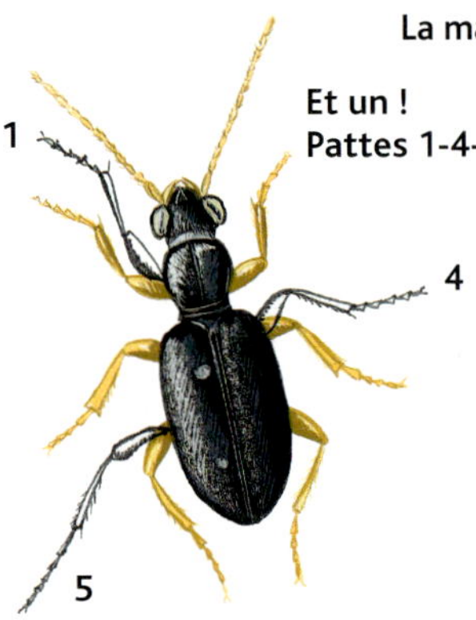

Et deux !
Pattes 2-3-6 posées

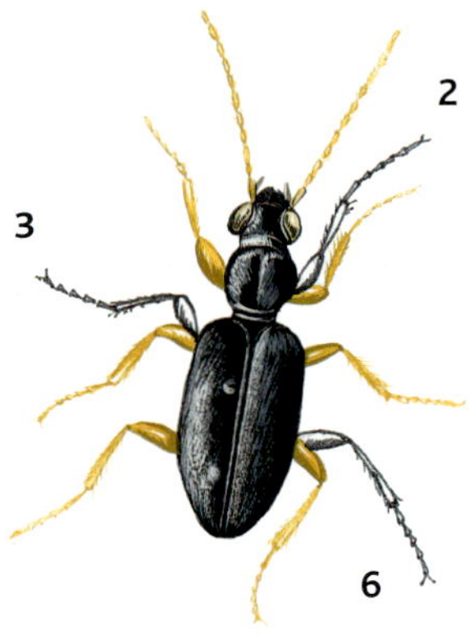

Dans chaque tripode, la patte arrière se lève un peu avant la médiane qui se lève juste avant la patte antérieure.

6 pattes tout-terrain

Chez les insectes, ça se complique ! Les adultes ont tous 6 pattes qu'ils lèvent 3 par 3. L'animal a ainsi toujours 3 points de contact au moins avec son support : parfait pour être stable en tout terrain ! Ces mouvements des pattes sont contrôlés par un message qui parcourt la chaîne nerveuse d'arrière en avant. C'est, là aussi, une onde postéro-antérieure qui commande la locomotion.

Sauter 1 mètre en longueur d'un seul bond : facile pour les criquets !

La manière de sauter

Les criquets, les sauterelles, les grillons, les puces et certains coléoptères comme les altises utilisent les cuisses musclées de leurs pattes arrière pour bondir. La puce fait des bonds de 20 cm en hauteur et 40 cm en longueur. Vu sa taille, c'est comme si toi, tu sautais par dessus la tour Eiffel ! Les araignées sauteuses, elles, mobilisent leurs 8 pattes à la fois pour faire un bond ! Les collemboles se servent de leur furca, sorte de fourche sauteuse placée au bout de leur abdomen : en la redressant brutalement, ils se propulsent en l'air.

Le saut du taupin

Les taupins, quand ils sont sur le dos, savent se redresser d'un bond. Tout à fait étonnant !

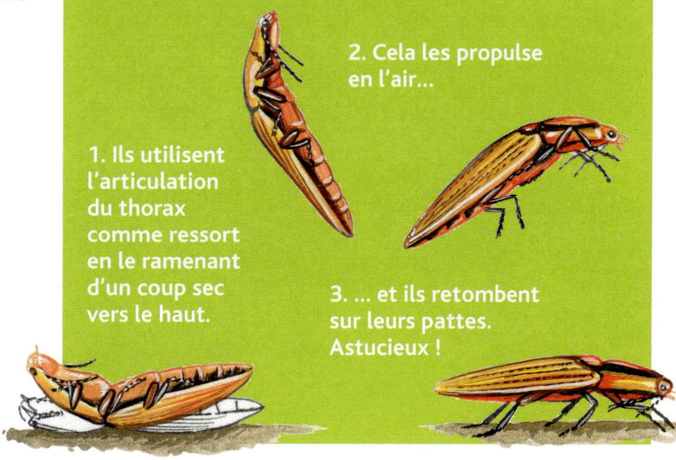

Le pois sauteur

Au Mexique existe une espèce de petit papillon, la « tordeuse-sauteuse », dont la chenille se développe dans une graine d'euphorbe. Si la chenille veut déplacer la graine, par exemple parce qu'elle est au soleil et surchauffée, elle bondit dans sa loge et ainsi communique à sa graine une impulsion qui la fait sauter !

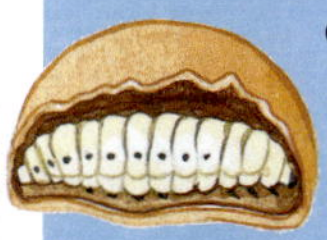

Indispensable saut

Sauter, c'est plus rapide que marcher. Les animaux de toute petite taille comme les collemboles se déplacent surtout en sautant. Les puces passent en sautant d'un animal à un autre, et les grillons, les criquets et les sauterelles bondissent pour échapper à leurs ennemis. Les araignées sauteuses sautent pour aller plus vite, ou bondissent sur leurs proies pour les surprendre.

Comme toutes les cicadelles, ses cousines, le bison saute.

Nager

Dans la rivière, dans la mare ou dans l'étang, il faut savoir se déplacer. Alors les petites bêtes aquatiques et leurs larves ont appris à nager.

Brasse ou crawl

Chaque petite bête a sa façon de se déplacer dans l'eau. Les punaises aquatiques comme la notonecte aux longues pattes arrière ou la corise pratiquent la brasse. Les coléoptères comme l'hydrophile ou le gyrin nagent plutôt le crawl en déplaçant alternativement l'une et l'autre patte arrière. Les larves de libellules se propulsent en expulsant de l'eau, tandis que les larves vermiformes font onduler leur corps.

Anax empereur

Les pattes arrière du dytique portent de longues soies alignées qui forment ensemble une sorte de rame.

Les larves des libellules possèdent une ampoule rectale qui abrite leurs branchies et qui leur sert habituellement à respirer.

Quand elles veulent se déplacer rapidement, elles la vident brusquement, chassant l'eau contenue, et avancent ainsi par réaction !

Mouvements désordonnés

Toutes les petites bêtes n'ont pas une nage aussi perfectionnée que le dytique. Les sangsues et les larves de demoiselles avancent en ondulant dans l'eau, comme les poissons. Les larves aquatiques des moustiques s'agitent en tous sens. Leur corps n'étant pas profilé pour glisser dans l'eau, elles dépensent beaucoup d'énergie pour un petit déplacement. La larve rouge du chironome, ou ver de vase, se déplace elle aussi en gigotant en tous sens.

La ranatre aux fines pattes prend appui sur les plantes.

Limnée

GLISSER SOUS LA SURFACE

On dirait que les limnées ou les planorbes sont suspendus sous la surface de l'eau. Ce phénomène paraît impossible. Pourtant, leur pied collant perce d'abord la surface de l'eau, puis, par des ondulations du bord de leur pied, ces escargots aquatiques prennent appui sur la surface pour se déplacer aussi vite que sur une vitre, comme par magie !

MARCHER SUR L'EAU

Quelques petites bêtes marchent sur l'eau sans se mouiller grâce à la tension superficielle. À la surface, les molécules d'eau forment comme une pellicule tendue. Des poils hydrofuges garnissent le bout des pattes de ces petites bêtes. L'alliance de ces 2 phénomènes suffit à soutenir leur poids plume. Les araignées pardose et pirate, les punaises gerris et hydromètres vivent ainsi sur l'eau et y capturent les petits insectes qui y tombent.

Gerris

LE DÉPLACEMENT DE LA SANGSUE

La sangsue nage en faisant onduler son corps long et aplati dorso-ventralement, ou se déplace en fixant tour à tour sa ventouse buccale et sa ventouse postérieure sur les pierres.

Chants et bruits

Moins fort, les cigales, on n'entend plus les sauterelles ! Ouvre les oreilles, et apprends à reconnaître les chants d'insectes.

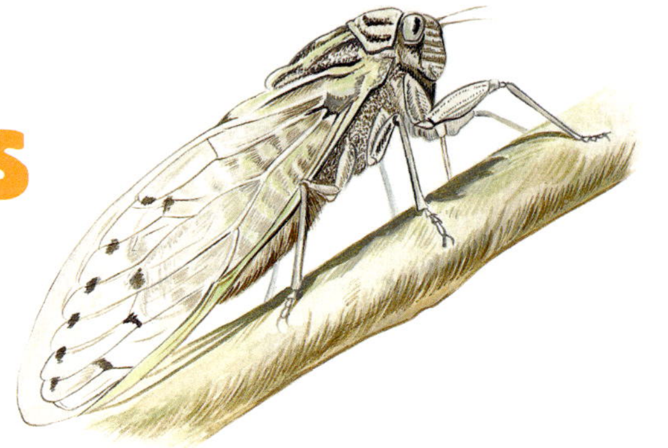

Attirer un partenaire

Quand les mâles de criquets, de sauterelles, de grillons et de cigales sont amoureux, ils chantent la sérénade ! Tous émettent des sons pour attirer leur femelle, ce qui n'est pas courant dans le monde silencieux des petites bêtes. Souvent, seul le mâle émet un son très caractéristique de l'espèce, et la femelle se contente de s'approcher de lui. Mais, chez certaines espèces de sauterelles et de cigales, elle chante à son tour pour lui répondre. On peut distinguer les espèces en écoutant la fréquence et le rythme de leurs chants.

Les cymbales de la cigale
Les mâles chantent toute la journée grâce à un organe vibrant situé sous l'abdomen. Il est protégé par une plaque : l'opercule. Un muscle fait vibrer une membrane, le tambour. Le son est amplifié dans la caisse de résonance grâce à une seconde membrane, le miroir.

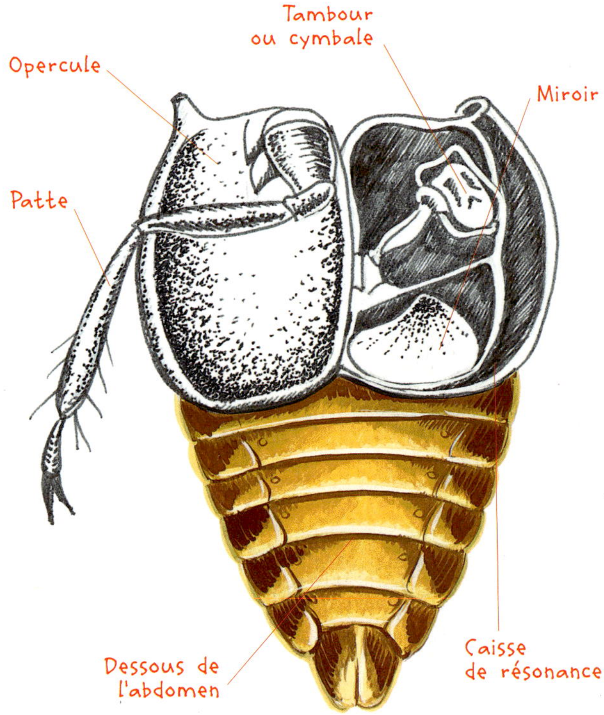

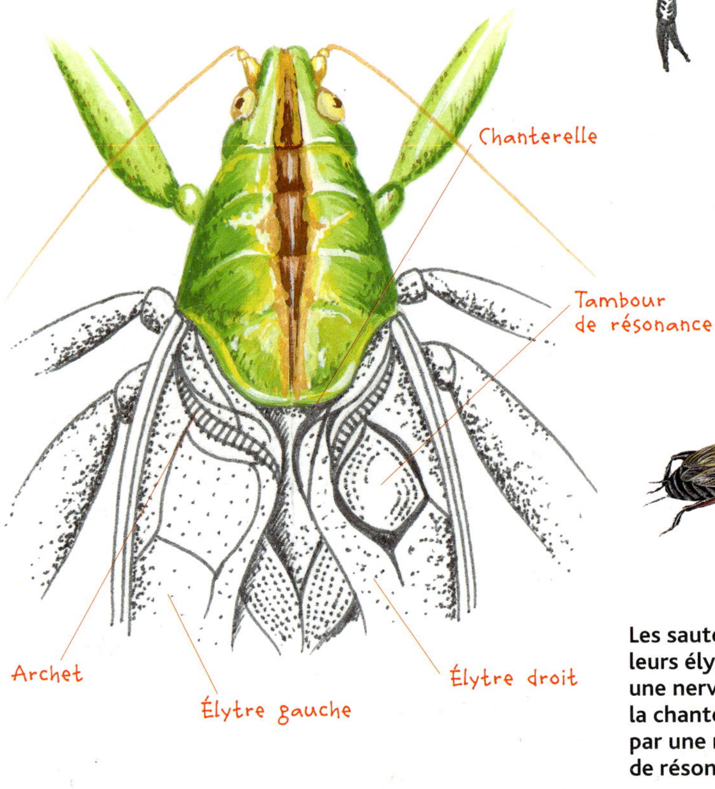

Les sauterelles et grillons stridulent en frottant leurs élytres l'un sur l'autre. Sous l'élytre gauche, une nervure dentée, l'archet, frotte une nervure saillante, la chanterelle, placée sur l'élytre droit. Le son est amplifié par une membrane tendue entre 2 nervures, le tambour de résonance.

Silence, les insectes !

Le sphinx tête-de-mort siffle ! Les sifflements sont émis par la trompe, ce qui est unique dans le monde des insectes.

Sphinx tête-de-mort

Certaines écailles émettent de faux échos d'ultrasons pour perturber les chauves-souris qui les chassent.

Écaille cramoisie

Certains capricornes couinent quand on les saisit, en frottant leurs 2 premiers segments thoraciques l'un sur l'autre.

Grand capricorne

Les blattes malgaches soufflent en expulsant violemment l'air de leurs trachées respiratoires.

Blatte de Madagascar

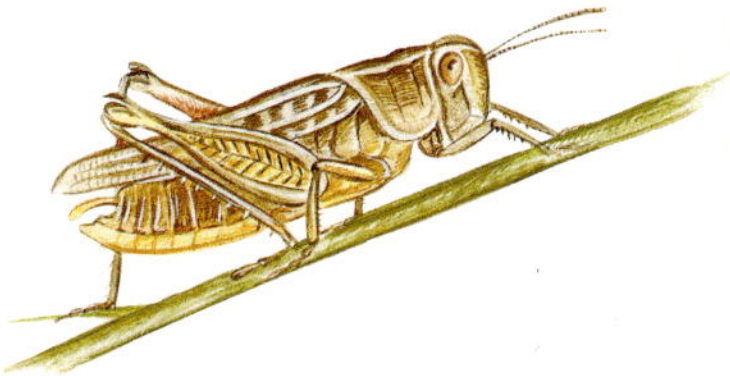

Les criquets craquettent
Le chant des criquets est produit en frottant les fémurs dentés des pattes arrière sur une nervure saillante des élytres.

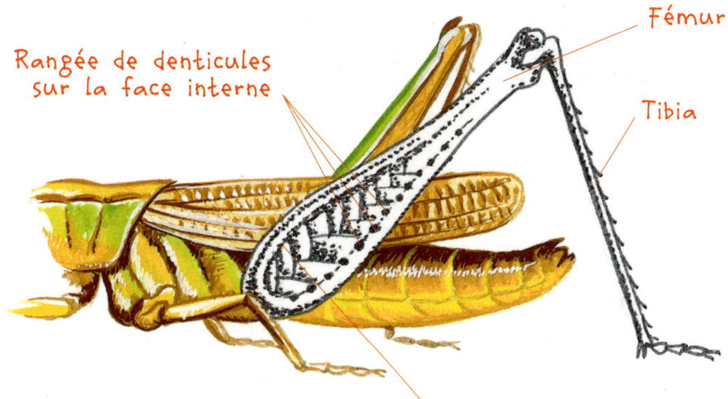

Repousser ses ennemis

Le sphinx tête-de-mort, les blattes souffleuses et les capricornes font plus fort ! Ils émettent des sons pour effrayer et décourager leurs prédateurs. C'est souvent un sifflement ou un frottement répétitif. Le sifflement est très dissuasif, car inhabituel de la part d'une petite bête. Des papillons, les agéronias d'Amérique du Sud, émettent même en volant, avec la base de leurs ailes, des claquements qui préviennent un congénère qu'il entre en territoire réservé.

Râpe du grillon des champs, vue au microscope électronique.

Imite leur chant

1. Prends un peigne aux dents souples et un canif.
2. Effleure la pointe des dents avec le couteau tout au long du peigne. Chaque dent vibre en produisant un son. C'est ce principe qui sert au chant des criquets, sauterelles et grillons.

Les polistes sont des guêpes peu agressives qui ne piquent que quand on touche à leur nid.

Usines chimiques

De la cire, de l'acide, des venins ou des liquides qui sentent mauvais : parfois, les petites bêtes savent fabriquer quantité de produits chimiques.

Venimeux

Pour se défendre et souvent pour tuer leur proie, scorpions, araignées, guêpes et compagnie utilisent leur venin. Celui-ci est nécrosant et détruit les tissus, ou neurotoxique et s'attaque au système nerveux, causant des paralysies puis la mort. Certaines petites bêtes n'ont pas besoin de piquer, elles possèdent du venin dans leur corps. On dit qu'elles sont vénéneuses. Souvent, ces petites bêtes annoncent le danger qu'elles représentent par leurs couleurs vives.

Les zygènes possèdent un dérivé de cyanure (toxique) dans leur lymphe.

Zygène du trèfle

Irritant

Inutile d'enfoncer un aiguillon pour piquer son adversaire. La plupart des chenilles poilues, comme les chenilles processionnaires et de nombreuses mygales, ont des poils urticants très utiles pour leur défense. La fourmi des bois, elle, dépose du bout de son abdomen une gouttelette d'acide formique ou bien la projette en direction de l'ennemi. Ça picote ! Le carabe bombardier, lui, vit sous les pierres dans les lieux humides. Son cloaque sécrète une protéine qui, dégradée par un enzyme, explose, pulvérisant derrière l'insecte un jet d'acide. Le bruit de l'explosion et le nuage sont perceptibles.

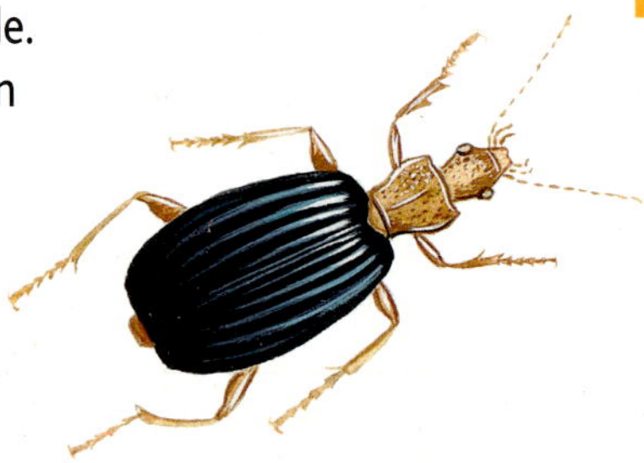

Carabe bombardier

Papillonnite en Guyane

Chaque année en septembre sévit à Kourou, en Guyane, « la papillonnite ». Le responsable, *Hylesia cinerea*, est un papillon dont les écailles des ailes sont allergènes. Pour le piéger, la ville de Kourou a installé des projecteurs autour de grands bassins où les papillons attirés se noient.

BRILLANTS !

Les vers luisants, les lucioles et certains taupins sont capables d'émettre de la lumière. Quelques-unes de leurs cellules fabriquent une substance qui, réagissant avec un enzyme spécial, provoque l'émission de lumière.

Ver luisant femelle

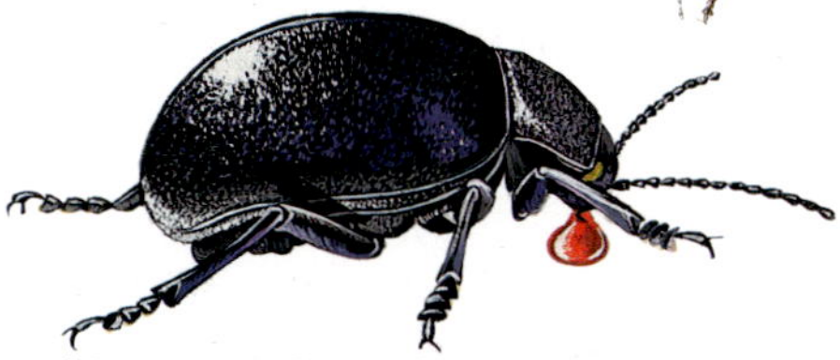

Ne dérange pas le crache-sang. Ce petit coléoptère est inoffensif, mais il laissera sur ta main une gouttelette rouge, juste pour te faire peur !

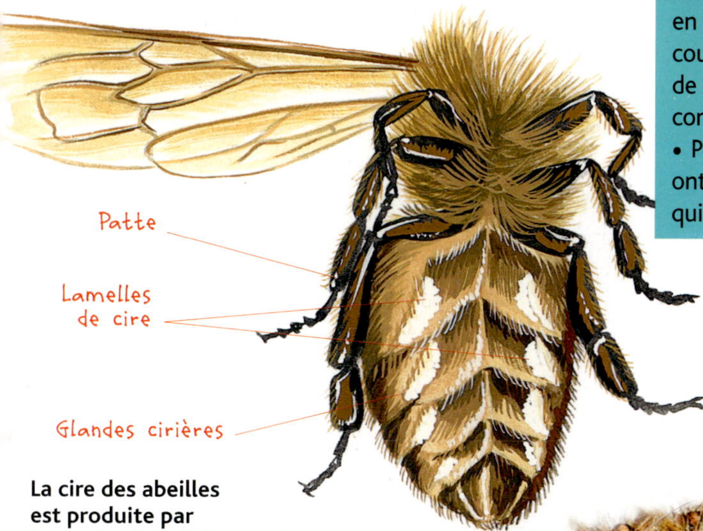

La cire des abeilles est produite par leurs glandes cirières qui débouchent entre les 4 derniers segments de l'abdomen.

Dégoûtant !

Beaucoup de petites bêtes sécrètent des liquides qui sentent mauvais pour faire fuir leurs ennemis. Les glandes sécrétrices se situent derrière la tête, sur les côtés du corps ou près de l'anus. L'assaillant (parfois, c'est toi) lâche prise ! La coccinelle libère au niveau du thorax un liquide nauséabond. Les carabes le rejettent par l'anus. Le mâle du phasme Eurycantha de Nouvelle-Guinée sort de son cloaque une membrane malodorante s'il est dérangé.

DE LA CIRE ET DE LA SOIE

- La cire est commune chez les petites bêtes. Sur certaines chenilles ou chrysalides, la cire est visible sous forme de poudre claire appelée pruinescence. Les cigales, certains pucerons et cochenilles en produisent sous forme de filaments et semblent couverts de laine. Les abeilles aussi produisent de la cire dans leurs glandes abdominales, pour construire les rayons de la ruche.
- Pour bâtir des cocons et des toiles, les petites bêtes ont des glandes qui produisent de la soie, une protéine qui durcit à l'air.

Les poils des chenilles du processionnaire du pin sont urticants. Parmi les oiseaux, seul le coucou mange ces chenilles impunément.

Certaines chenilles font un cocon. Ici, celle du ver à soie tisse d'abord un échafaudage avec son fil. Puis elle se contorsionne tout en tissant. La paroi de soie s'épaissit. La construction dure 2 jours et utilise un seul fil de soie d'environ 2 km !

Précieuse soie

Certaines petites bêtes tissent parfois une belle soie brillante. Futur abri ? Futur piège ? Suis le fil, et tu verras...

D'où sort la soie ?

La soie est une protéine, la séricine, sécrétée dans les glandes séricigènes. Elle en sort liquide et se solidifie au contact de l'air. Les chenilles et autres larves d'insectes ont des glandes à soie qui s'ouvrent sous la bouche, si bien qu'elles tissent en déplaçant la tête ! En revanche, chez les araignées, les glandes à soie débouchent par les filières, au bout de l'abdomen. Certaines de leurs glandes produisent des fils collants, d'autres produisent un fil de rappel que les araignées sécrètent derrière elles, toute leur vie.

DES RECORDS

- Un fil de soie est fait de brins fins mesurant entre 0,3 et 1,2 millionième de millimètre de diamètre !
- La soie présente la solidité d'un fil d'acier de même diamètre et supporte d'être étirée de 2 fois sa longueur avant de rompre !
- Des araignées néphiles produisent une soie 200 fois plus solide que l'acier ! Elles font l'objet de recherches, afin d'intégrer leur soie dans des objets de haute technologie comme des gilets pare-balles.

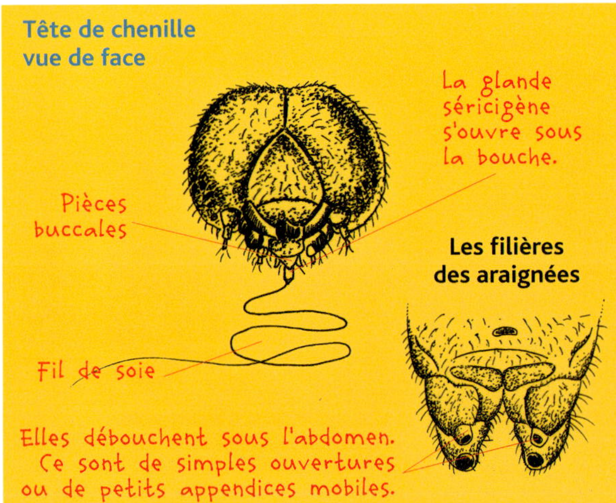

L'épeire construit sa toile

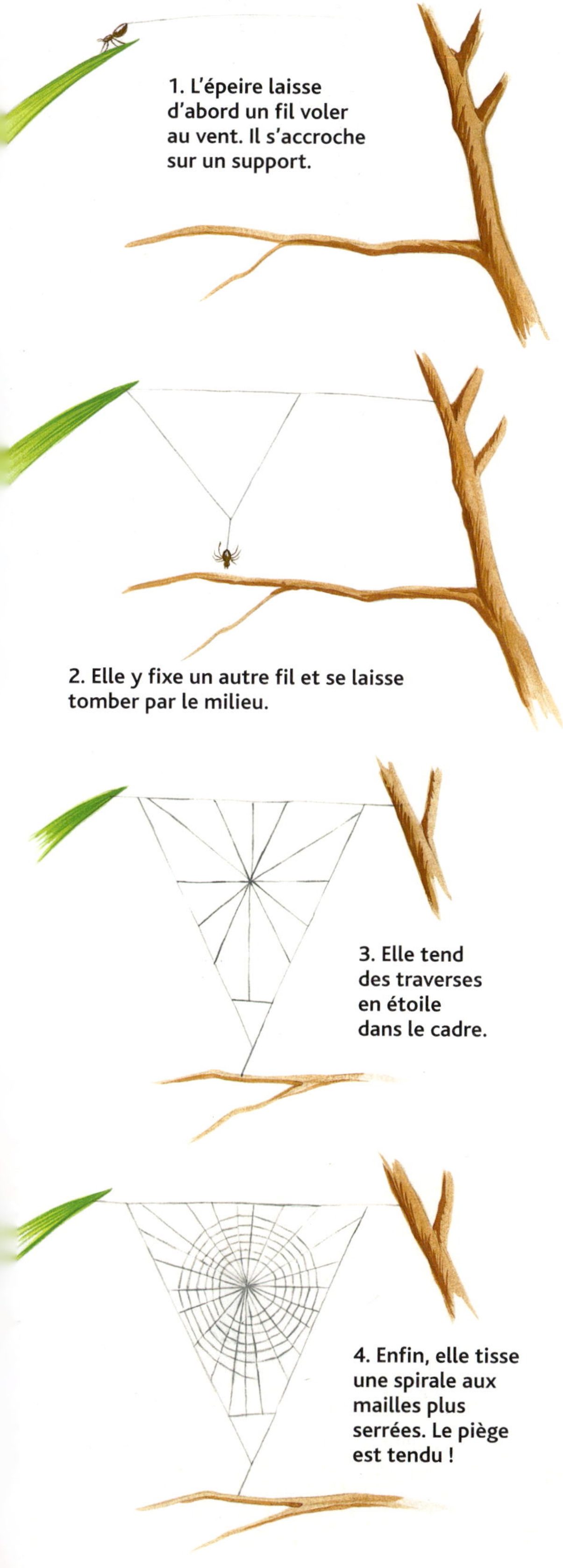

ÉTONNANT

- Une toile vieillissante est souvent mangée par l'araignée pour économiser la précieuse séricine.
- Les araignées cribellates possèdent des glandes à soie débouchant sur de nombreuses filières formant le cribellum. Il en sort une nappe de fils frisés.
- Les araignées bolas ou araignées pêcheuses sécrètent un fil de soie terminé par une goutte gluante lancée sur leur proie.
- Les araignées sociales vivent en groupe dans une toile commune atteignant plusieurs mètres.
- Des larves de phryganes tissent un filet qui retient les débris dérivant dans le ruisseau et dont elles se nourrissent.

Plusieurs fabricants

Les chenilles tissent la soie pour s'y accrocher durant les mues, pour arrimer leur chrysalide ou pour se protéger dans un cocon. Les larves de nombreux insectes, comme les phryganes, les puces et certains hyménoptères, savent aussi faire de la soie. Les araignées sont des championnes : elles se servent de soie pour tapisser leur terrier, construire des toiles, protéger leurs œufs dans un cocon ou pour s'arrimer à la végétation. Une araignée sans soie, ça n'existe pas !

L'argiope fasciée emmaillote sa proie dans la soie pour l'immobiliser, injecte sa salive, puis aspire l'intérieur.

Constructions soyeuses

Un point à l'endroit, un point à l'envers... Les petites bêtes tricotent des cocons et des toiles, petites œuvres d'art bien utiles.

Bien dans son cocon

Le cocon le plus connu est celui des chenilles de papillons de nuit, qui le tissent avant de se métamorphoser. Les araignées aussi fabriquent un cocon, mais pour y déposer leurs œufs. Elles étalent d'abord leur fil de soie en zigzag pour former un tapis. Elles pondent au milieu et le replient en un cocon sphérique qu'elles accrochent ou qu'elles transportent avec elles. Le plus gros cocon d'araignée est celui de la Theraphosa de Guyane. Il mesure 7 cm (comme une mandarine) et contient plus de 1 000 œufs !

Le plus gros cocon de papillon est celui du papillon comète de Madagascar. Son abri de soie mesure 10 cm de long !

Les chenilles processionnaires du pin vivent en colonies et s'abritent dans des nids de soie.

QUELQUES COCONS DE PAPILLONS

Les chenilles de certains papillons tissent un cocon pour s'y chrysalider.

Les jeunes chenilles de certaines espèces vivent dans un nid soyeux collectif.

Des toiles d'araignées

Seules les araignées fabriquent des toiles. Celles qui vivent dans un terrier en tapissent les parois. D'autres confectionnent des toiles en tube dans la végétation pour s'y abriter. Les araignées errantes tissent un abri de soie pour y muer à l'abri des prédateurs. Mais les toiles les plus connues sont celles qui servent à piéger les insectes volants. L'argyronète, elle, tisse une toile-cloche sous l'eau et la remplit d'air, tandis que les araignées rétiaires tropicales tissent un filet extensible collant, qu'elles plaquent sur les proies passant à leur portée !

Les araignées abritent leurs œufs dans un cocon de soie. Ici, celui de *Meta menardi*, une araignée des grottes.

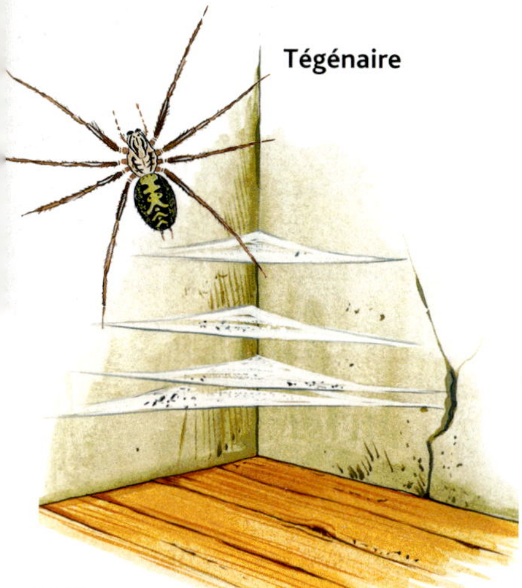

Toile en nappe de la tégénaire

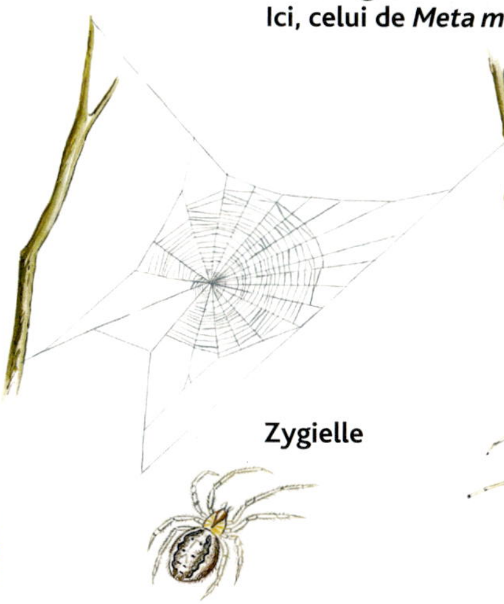

Toile de la zygielle avec 2 secteurs libres

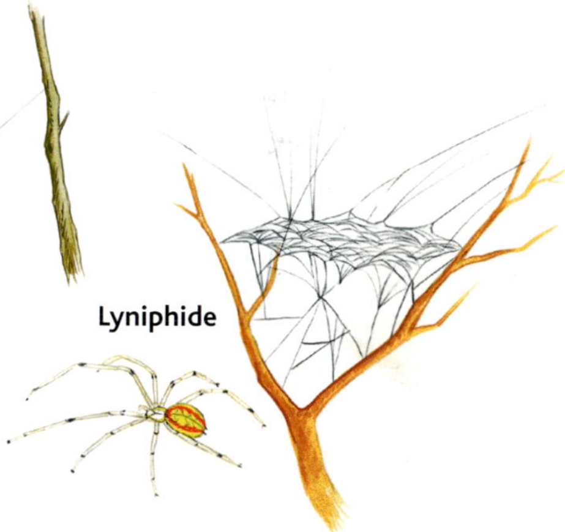

Toile de lyniphide avec maillage en 3 dimensions

Collectionne les toiles

Chaque espèce d'araignée tisse une toile différente. Tu peux en faire une collection étonnante.

MATÉRIEL :

- Du papier noir ou foncé
- Des pochettes en plastique transparentes
- Un classeur
- Une bombe de laque pour les cheveux

1. Repère une toile bien formée.
2. Pulvérise la laque sur la toile après avoir vérifié que l'araignée n'y est pas.
3. Applique la feuille à plat sur la toile, puis coupe les fils d'accroche.
4. Laisse sécher et range tes feuilles dans des pochettes plastique pour classeur.

Nids et abris

Les petites bêtes sont très affairées. Parfois, elles se lancent dans la construction d'un abri sophistiqué. Visite chez ces minuscules architectes...

Le nid de papier mâché des frelons est caché dans le creux d'un mur, d'un tronc, sous un toit...

Avec de la terre

Des abeilles solitaires et des guêpes creusent des terriers ou construisent des amphores de terre munies d'un tube d'entrée. Elles y amassent pollen ou proies paralysées pour leurs larves. Des bourdons creusent leur nid dans le sol. Les bousiers forent des puits verticaux qui se ramifient en salles. Ils y apportent des pilules de bouse ou de crottin sur lesquelles la femelle pond, tandis que de nombreux coléoptères, comme les cétoines, les hannetons et les chrysomèles, se nymphosent dans une coque de terre maçonnée avec leur salive ou leurs excréments !

La guêpe eumène construit une jarre de terre, y pond un œuf et y dépose quelques chenilles paralysées pour nourrir sa larve.

Certaines espèces d'abeilles façonnent leur nid avec de la terre. Elles y élèvent leurs larves.

Du papier et des bulles

En malaxant avec leurs mandibules des fibres de bois mêlées à leur salive, les guêpes et les frelons fabriquent une véritable pâte à papier pour bâtir leur guêpier. Les larves des cercopes et des cicadelles produisent, elles, des excréments fluides visqueux, qu'elles laissent s'accumuler sous leur corps. Puis une glande de leur abdomen y insuffle de l'air, ce qui fait mousser le liquide. Les bulles, formant ainsi le « crachat de coucou », les dissimulent aux prédateurs.

Les pucerons du pistachier sont abrités dans une excroissance du végétal, ou galle, que la piqûre de leur mère a provoquée.

Cigarier, 0,5 cm.

Avec des végétaux

Le cigarier fait... des cigares ! Ce charançon découpe une feuille, l'enroule et ligote ce futur abri pour sa larve avec de la soie. Des chenilles et des fourmis « cousent » des feuilles ensemble à l'aide de soie pour s'y cacher. Une abeille solitaire, l'anthidie, construit son nid à partir de poils cueillis sur diverses plantes velues. Des pucerons, des cynips et des acariens pondent dans des plantes choisies qui, sous l'effet de la piqûre, fabriquent une galle où les larves de l'insecte se développent.

Le cigarier commence par découper la feuille.

Ensuite, il la plie en deux le long de la nervure.

Puis il l'enroule et y pond un œuf.

UTILE ET BEAU

Les larves aquatiques des phryganes ainsi que les chenilles des papillons psychidés s'abritent dans un fourreau fabriqué de petits éléments collés par un fil de soie.

Fourreau de coquilles de la larve de phrygane à antennes jaunes

Les blattes et les mantes élaborent à partir de substances protéiques sécrétées par l'abdomen une enveloppe protégeant leur ponte, nommée oothèque.

La termitière

Difficiles à voir, les termites, car ils se cachent dans le noir. Mais leurs termitières sont beaucoup moins discrètes !

Bel édifice

On n'y voit rien ! La termitière est à l'abri de la lumière. C'est une construction creusée dans le sol, dans un arbre, ou bâtie en sable ou en terre. Elle comporte l'appartement royal, abritant la reine et le roi entourés d'ouvriers. De nombreuses chambres voûtées soutenues par des piliers abritent des milliers d'œufs en incubation, des matériaux ; d'autres sont des lieux de mue ou de repos. Des conduits souterrains partent de la termitière vers les lieux de nourrissage, parfois à plusieurs centaines de mètres ! L'architecture de la termitière varie selon les espèces.

Les termitières peuvent dépasser de plusieurs mètres au-dessus du sol.

Avec la climatisation

La termitière est souvent creusée de puits de climatisation, permettant l'écoulement de l'air ou de l'eau. Sa forme et son orientation sont calculées dans le but de réguler la température, ce qui explique son allure en forme de lames ou de champignons.

Réparation rapide !

Si la termitière est abîmée, une armée d'ouvriers encadrés de soldats intervient pour boucher le trou en moins d'une heure !

Profiteurs !

Les termitières hébergent toute une compagnie de petites bêtes opportunistes qui se nourrissent des termites, de leurs réserves ou qui simplement profitent de l'abri. On trouve ainsi des acariens, des araignées, des fourmis, des coléoptères, des mouches, etc. Certaines ressemblent aux termites, d'autres imitent leurs odeurs et leurs sécrétions pour ne pas éveiller les soupçons !

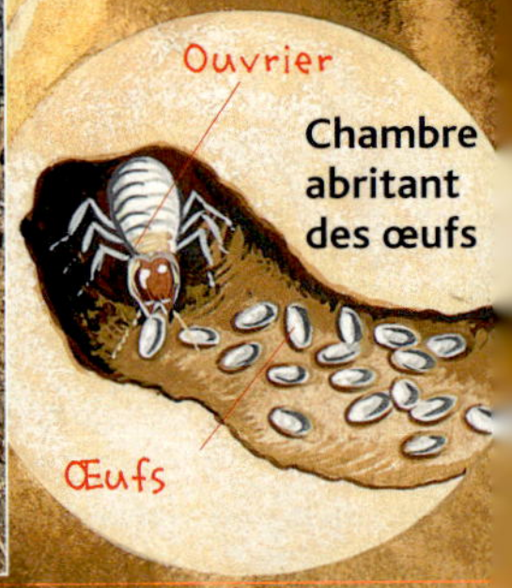

Les ouvriers termites et les soldats circulent dans les galeries qu'ils ont creusées dans le bois.

Tous ensemble

Une colonie de termites vit plusieurs années et compte plusieurs millions d'individus, dont 5 % de soldats. Les larves des termites sont actives dès leur naissance. Elles sont nourries dans leur jeune âge de gelée royale sécrétée par les glandes labiales de certains ouvriers. Selon la durée de ce nourrissage, elles deviendront ouvriers, soldats ou adultes reproducteurs. Cette gelée sert aussi à alimenter le couple royal.

Les différentes castes de termites

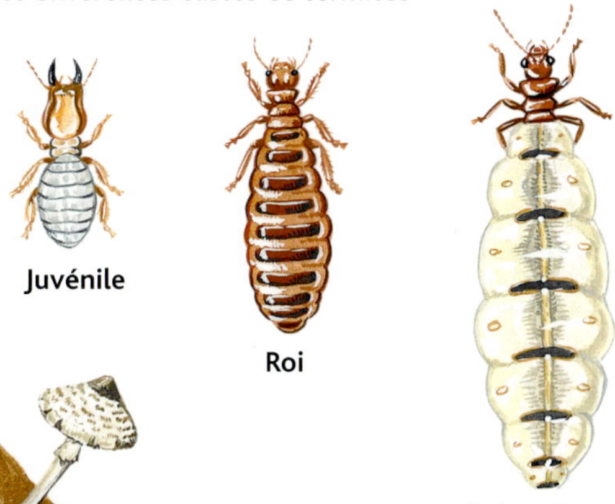

On compte jusqu'à 7 millions de termites par termitière.

La ruche

Elle bourdonne de toutes les abeilles qui s'y affairent. Visite guidée de l'antre où ces butineuses fabriquent le miel.

Un essaim d'abeilles s'est posé. Les ouvrières protègent la reine. Pendant l'essaimage, les abeilles ne sont pas agressives et ne piquent pas.

Des rayons et des alvéoles

La ruche sauvage est abritée dans une cavité naturelle. À l'intérieur, les rayons de cire verticaux sont plaqués aux parois à l'aide de propolis, substance collante récoltée sur les bourgeons. Les alvéoles, hexagonaux, servent au stockage du miel ou abritent les larves. En été, la ruche est rafraîchie par les abeilles ventileuses qui battent des ailes près de l'entrée et régurgitent de l'eau sur le couvain. En hiver, elle est gardée à 8 °C par les ouvrières qui s'activent frénétiquement, produisant ainsi de la chaleur.

Le parcours professionnel de l'abeille

Chez les abeilles, il n'y a pas de castes. Toutes exercent les différents métiers de la ruche, prenant avec l'âge des risques croissants.

- 0 à 3 jours : elle soigne et ventile le couvain à 35 °C.
- De 4 à 6 jours : elle soigne les larves plus âgées.
- De 7 à 14 jours : elle sécrète la gelée royale et la cire et bâtit les rayons.
- 15e jour : elle garde l'entrée de la ruche et la ventile, réceptionne nectar et pollen.
- 20e jour : elle sort butiner pendant 10 jours environ, puis périt au cours d'une de ses missions.

La danse des abeilles

Quand une abeille repère un tapis de fleurs à nectar, elle rentre à la ruche et décrit une danse décodée par ses congénères. Plus elle danse vite, plus le nectar est loin.

Angle avec la verticale = angle de la direction à prendre, par rapport au soleil.

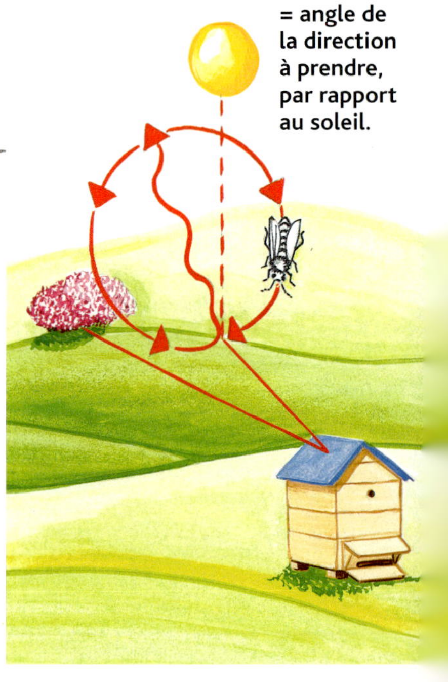

50 000 abeilles par ruche

La reine pond en permanence. Au moment de la ponte, soit elle féconde l'œuf et il donne une ouvrière, soit elle ne le féconde pas, et il donne un mâle ou « faux bourdon ». Une larve femelle nourrie de gelée royale devient une reine. La première des reines qui émerge tue les autres, l'ancienne quitte alors la ruche, accompagnée de 30 000 abeilles gorgées de miel pour fonder une autre colonie : c'est l'essaimage. Bientôt, la jeune reine effectue son vol nuptial, est fécondée et revient dans la ruche où elle est née.

D'OÙ ÇA VIENT ?

- Le miel : les butineuses ramènent le nectar des fleurs dans leur jabot. Dans la ruche, les abeilles se passent ce liquide sucré de jabot en jabot et le déposent dans un alvéole. L'eau s'en évapore, il se concentre et devient miel. C'est la nourriture des ouvrières.
- Le pollen : les butineuses ramènent le pollen des fleurs en pelotes attachées à la corbeille de leurs pattes arrière. C'est aussi la nourriture des larves.
- La gelée royale est produite par les glandes labiales des abeilles. C'est la nourriture de la reine, des futures reines et des larves de moins de 3 jours.
- La cire est fabriquée dans les glandes ventrales des abeilles et sert à construire les rayons.

Ouvrière, 10 mm, femelle stérile, vit 5 à 6 semaines l'été, 3 mois l'hiver. Plus de 50 000 dans la ruche.

FIL À PLOMB VIVANT

Les abeilles sauvages qui installent leur ruche déterminent la verticale en se suspendant les unes aux autres. Les abeilles sécrétant la cire s'appuient sur cette chaîne pour bâtir le rayon.

Fourmi tisserande, Afrique.

La fourmi parasol ou fourmi champignonniste, Amérique du Sud.

La fourmilière

Au jardin, tu les as vues : les fourmis marchent en procession, toujours sur les mêmes pistes. Suis-les jusqu'à la fourmilière.

> **ÉTONNANT**
>
> Les femelles fondatrices du genre Carebara sont incapables d'élever leurs premières larves seules. Elles essaiment en emportant accrochées au bout de leurs pattes quelques minuscules ouvrières de leur nid natal !

Quel labyrinthe !

La fourmilière est constituée d'un réseau de galeries et de loges creusées dans le sol. En surface, un amoncellement de terre ou de brindilles, prenant souvent appui sur une souche, trahit sa présence, à moins que le nid soit aménagé sous les pierres. Les grandes *Camponotus vagus* colonisent les arbres morts tombés. Les fourmis rousses amassent des débris végétaux et la fourmilière atteint 1 m de haut et 4 m de diamètre ! Un réseau de pistes rayonne tout autour des fourmilières vers les lieux de récolte de nourriture.

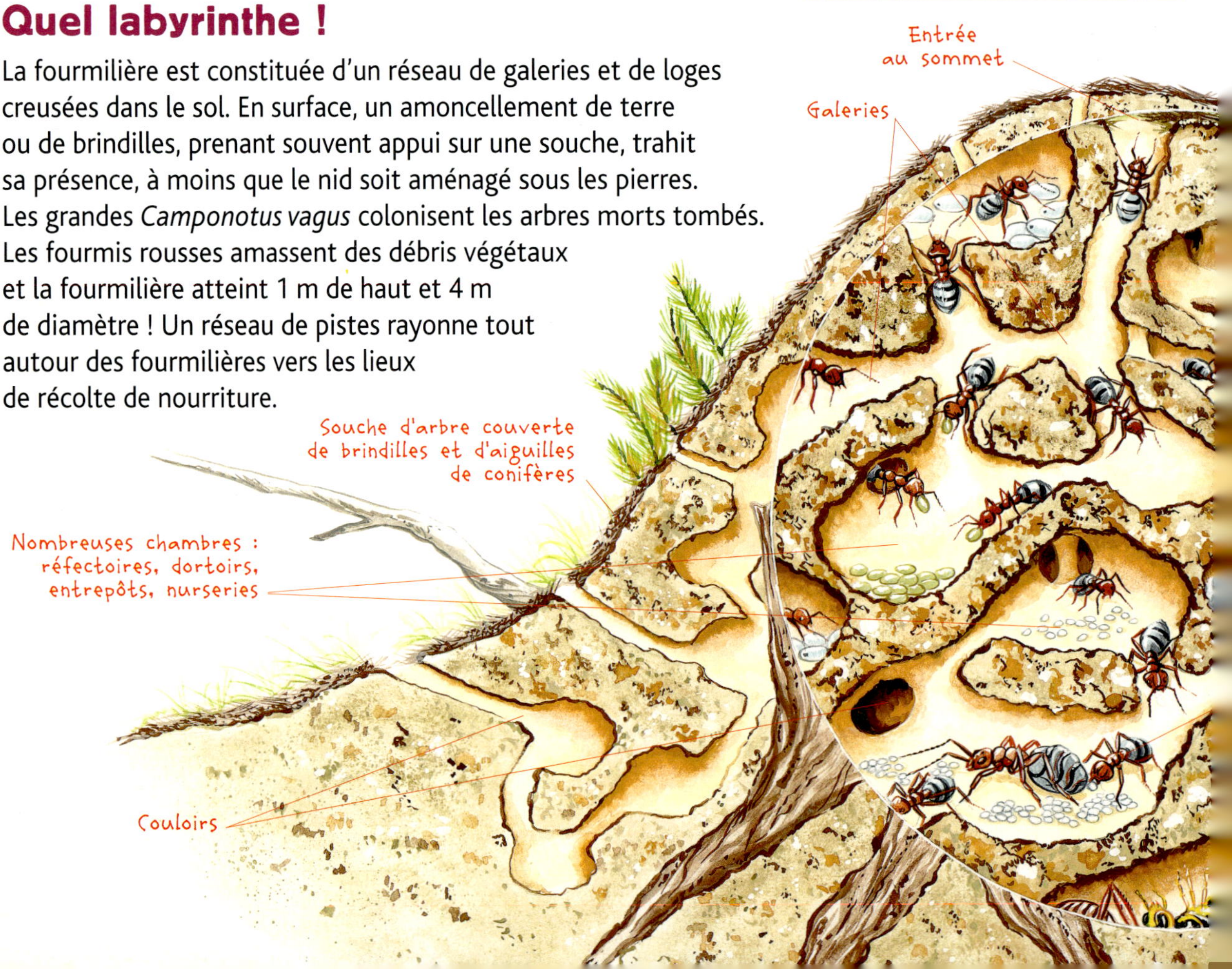

Très sociables

Toutes les fourmis vivent en société. Une ou plusieurs reines habitent la fourmilière, mais il n'y a pas de roi. Une reine peut vivre plus de 20 ans, une ouvrière 3 ans. Les ouvrières sont au nombre de quelques dizaines à un million selon les espèces ! Quand la colonie vieillit, les reines engendrent des mâles et des femelles ailés qui s'envolent tous ensemble un jour de beau temps. C'est l'essaimage. Chaque femelle est alors fécondée. Ensuite, chacune perdra ses ailes et fondera une nouvelle fourmilière.

Fourmi à miel, Australie.

Tu as vu une fourmi, puis 2, puis 3…

Sur leur chemin, dépose une goutte de confiture, un petit bout de fromage ou une chenille morte, etc. Tu les verras venir de plus en plus nombreuses, car certaines ont prévenu les autres qu'il y avait de quoi manger !

CHEZ LA FOURMI ROUSSE DES BOIS

- Les ouvrières, des femelles, vivent en moyenne 1 an et mesurent 4 à 7 mm. On en compte 500 000 dans la fourmilière.
- Les soldats et les portiers sont de grosses ouvrières. En cas d'attaque, ils bouchent les entrées avec leur tête, mandibules dehors.
- Les reines mesurent 10 mm. Elles vivent environ 10 ans.

Les plus grands

Titan, géant, goliath, empereur : ce n'est pas un hasard si ces insectes portent des noms de géants. Voici les plus grandes, les plus fortes, les plus lourdes des petites bêtes.

Une araignée géante
Theraphosa leblondi **est la plus grosse mygale du monde. Elle vit en Guyane et mesure 30 cm avec les pattes.**

Les plus longues ailes
Le papillon comète de Madagascar a les ailes les plus longues au monde. Les queues font déjà 20 cm, soit un double décimètre !

Impressionnants

La taille de ces insectes t'impressionne. Pourtant, il n'en existe pas de la taille d'un aigle. Pourquoi ? Un début d'explication se trouve dans le système respiratoire rudimentaire des insectes, qui ne permet pas d'oxygéner correctement un corps volumineux. En effet, l'air circule dans les trachées et alimente les organes en oxygène. Ce système est 40 fois moins performant que tes poumons alliés à ton système sanguin !

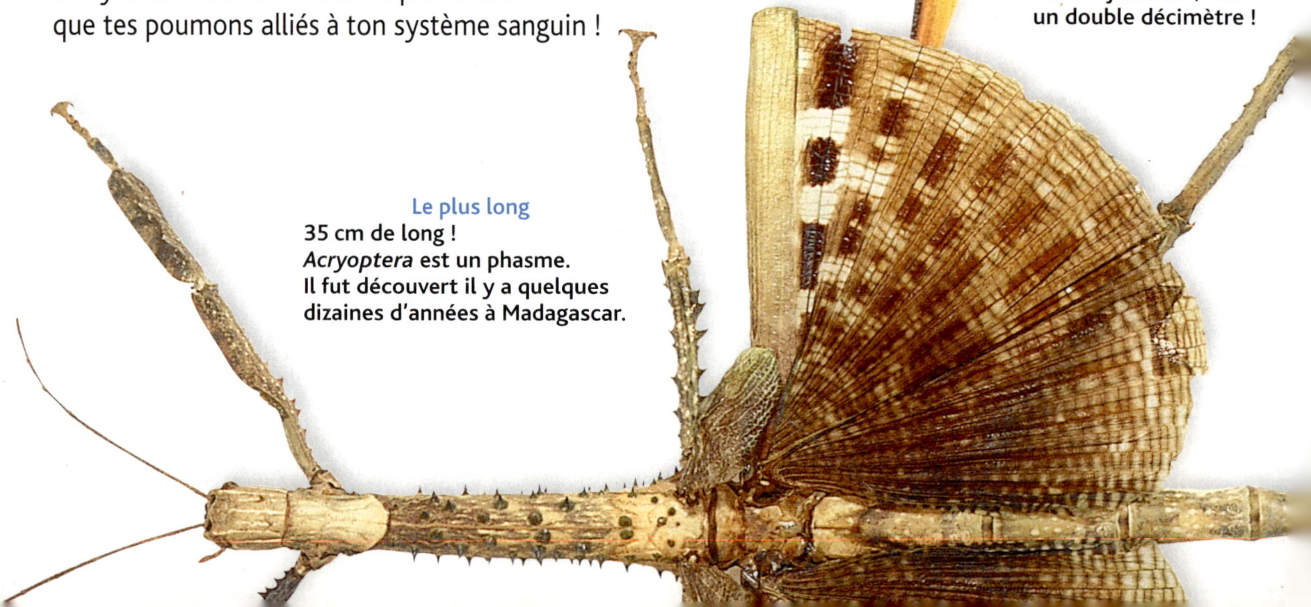

Le plus long
35 cm de long !
Acryoptera **est un phasme. Il fut découvert il y a quelques dizaines d'années à Madagascar.**

Quelle envergure !
Thysania est le papillon qui a la plus grande envergure au monde : jusqu'à 32 cm ! Pas tout à fait aussi grand que ce livre ouvert, tout de même ! Il vole la nuit en Amérique du Sud.

Le goliath géant
Le goliath est une énorme cétoine d'Afrique centrale atteignant 12 cm.

Un titan gigantesque
Capricorne de Guyane, il mesure de 12 à 20 cm pour les plus gros !

TAILLES EXTRÊMES

- Le plus petit insecte du monde est un chalcidien, sorte de guêpe parasite microscopique. Il ne mesure que 0,1 mm, mais il a tous les organes d'un insecte ! Ouvre les yeux, il tient dans le point qui est à la fin de cette phrase.
- Des escargots géants d'Afrique tropicale, les achatines, dépassent 1,5 kg. Lourds comme des poulets !

Un scorpion long comme ton avant-bras
Le pandinus empereur est un scorpion noir centrafricain qui atteint parfois 25 cm !

Force, entraide et longévité

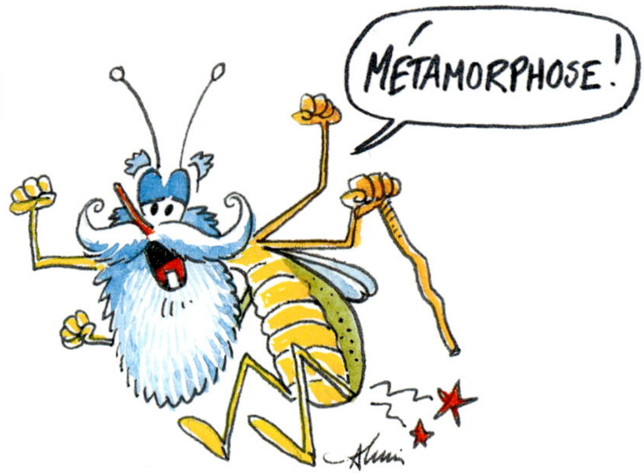

Ils sont petits, mais ils sont costauds, nombreux et bien organisés. Résultat : les insectes accomplissent des prouesses étonnantes.

Pas si éphémères

Tu penses que les petites bêtes ont une vie éphémère. Pourtant, leur vie a commencé alors que tu ne les voyais pas encore. Les insectes volent le temps de s'accoupler et de pondre, mais leurs larves, plus discrètes, se sont développées durant plusieurs mois, parfois plusieurs années. Tu peux comparer la présence d'un insecte adulte à celle d'une fleur : le végétal vit toute l'année, mais ne fleurit que quelques semaines pour se reproduire.

Des records

- La larve d'une cigale de Californie reste 17 ans sous terre avant de se métamorphoser en cigale !
- Les reines d'abeilles et de termites vivent parfois jusqu'à 20 ans !
- Certaines mygales vivent plus de 25 ans !

Reine de termite

Longévité naturelle n'est pas longévité dans la nature

Sous nos climats, la plupart des espèces vivent 1 an. Certaines réalisent 2 générations par an : la génération de l'été vit 3 mois, la génération qui passe l'hiver vit 9 mois, dont 6 mois de repos. Les pucerons font jusqu'à 20 générations par an ! Dans la nature, les petites bêtes meurent rarement de leur belle mort. En élevage, à l'abri des prédateurs et des intempéries, elles vivent plus longtemps.

Le pepsis, une guêpe sud-américaine, traîne dans son terrier des mygales pesant jusqu'à 100 g. Il faut dire qu'il mesure lui-même près de 8 cm !

Un coup de main

Les insectes sociaux d'une même colonie savent se grouper pour résoudre un problème. Les fourmis errantes forment une passerelle vivante afin d'aider leurs congénères à passer d'une branche à l'autre. Les fourmis tisserandes se groupent pour rapprocher 2 feuilles tandis que, pour les coudre, d'autres manipulent des larves sécrétant de la soie !

Les fourmis errantes devant franchir un cours d'eau se jettent à l'eau reliées entre elles afin de créer un pont flottant.

Tout le monde s'y met !...

Les cohortes d'insectes viennent à bout de tâches titanesques ! Ainsi, les chenilles du bombyx disparate défolient une forêt de chênes en quelques semaines, les chenilles de noctuelle du maïs dévastent de vastes champs sans difficulté et les processionnaires du pin dévorent des hectares entiers. Les larves du grand capricorne qui se succèdent dans le tronc d'un vieux chêne minent le bois jusqu'à ce que l'arbre vénérable tombe.

Tout dans les muscles !

Les petites bêtes ne sont pas dénuées de force. Les fourmis parasols portent sur des dizaines de mètres d'encombrantes feuilles qui pèsent plusieurs fois leur poids. Les scarabées adultes passent leur vie à façonner et à enterrer de lourdes pilules de crottin dans lesquelles la femelle pond un seul œuf, pour des larves qu'ils ne connaîtront jamais !

La mygale paralysée mais vivante servira de nourriture à la larve de la guêpe.

Super couleurs

Pachnode, cétoine africaine, 3 cm.

C'est un feu d'artifice ! Les petites bêtes brillent sous le soleil, exhibent leurs couleurs flamboyantes et pavoisent sous des motifs extravagants...

Les couleurs bleu métallisé des morphos sont dues à la dispersion des rayons lumineux sur les écailles de leurs ailes.

Camouflage ou exhibition

Les couleurs et les motifs des petites bêtes jouent un rôle important dans leur vie. Celles qui sont sans défense se dissimulent sous des couleurs mimétiques : des gris, des bruns, des verts qui n'attirent pas l'attention. Pour vivre heureux, vivons cachés ! D'autres, au contraire, préviennent les prédateurs, grâce à des couleurs vives, qu'elles sont toxiques ou dangereuses. Méfiance ! Chez les papillons de jour joliment colorés, les couleurs permettent aux congénères de se reconnaître à quelques mètres de distance.

Ocelle sur les ailes du paon du jour

Où se cachent les couleurs ?

- Les pigments cuticulaires se cachent dans la carapace et restent après la mort de l'animal, comme chez les papillons et les scarabées.
- Les pigments hypodermiques sont cachés dans la couche vivante de la peau. Ils disparaissent après la mort. On les trouve chez les sauterelles, les phasmes et les libellules, qui noircissent à leur mort.

Une tête de mort sur le thorax du sphinx tête-de-mort ? Seule ton imagination y voit un motif macabre.

La mante en attitude spectrale ouvre ses pattes pour intimider l'adversaire.

La chenille du sphinx de la vigne porte sur le thorax de gros (et faux) yeux !

Motifs très réussis

Ils contribuent souvent à renforcer le mimétisme, comme le liseré brun qui longe les ailes de la phyllie, faisant croire à une feuille abîmée ! En revanche, les faux yeux sur les ailes des grands papillons de nuit ou sur les pattes des mantes sont là pour tromper ou effrayer les prédateurs dans la journée. Ces dessins sont en général symétriques. Ils peuvent varier selon le sexe des individus, suivant que l'animal est né au printemps ou en été, etc. Ces variations sont expliquées par la richesse du patrimoine génétique et par l'influence de la température ou de l'humidité sur le développement.

Pigment ou reflet

Tout dépend des petites bêtes. Les couleurs pigmentaires sont des produits chimiques synthétisés par l'animal. Des bruns, des rouges et des verts proviennent de la chlorophylle consommée, des blancs et des jaunes sont voisins des pigments urinaires ; d'autres encore sont des produits d'oxydation telle la mélanine, qui donne le noir. Les couleurs physiques ou structurales sont dues aux reflets et à la décomposition de la lumière sur la carapace ou l'aile. Elles donnent des aspects irisés ou métallisés.

Change la couleur des papillons

La répartition des couleurs sur les ailes des papillons est déterminée durant les quelques heures qui suivent la nymphose.

Mets de jeunes chrysalides une demi-heure au frais ou 15 minutes dans une voiture en plein soleil : avec un peu de chance, tu obtiendras un papillon aux couleurs anormales.

Invisibles...

Les petites bêtes, championnes du mimétisme, sont passées maîtres dans l'art de l'imitation. Te tromperont-elles, toi aussi ?

Se fondre dans le décor

Sans défense, beaucoup de petites bêtes sont mangées si un prédateur les voit ! Alors elles ressemblent par leur aspect et par leur attitude à un élément du décor végétal ou minéral. Branche, épine, feuille, bourgeon, pétale, lichen, écorce, feuille rongée, tout est permis, même imiter une fiente d'oiseau ! Chez certaines, comme les mantes religieuses, ce mimétisme sert à la défense mais aussi à l'attaque, pour s'approcher des proies sans attirer leur attention...

PAPILLON BLANC, PAPILLON NOIR

Les phalènes du bouleau (ci-dessus) varient du blanc-gris au gris-noir. Les plus foncées sont décimées par les oiseaux qui les voient sur les troncs blancs des bouleaux. Mais dans les lieux pollués, c'est la forme noire qui survit, car la pollution noircit les troncs !

Le phasme à tiare mime une feuille morte enroulée.

La phalène du bouleau se confond avec l'écorce.

Mimer les gestes

Copier les couleurs, c'est bien ; rajouter l'imitation des comportements, c'est mieux ! Ainsi, le phasme-brindille fait le mort dans la journée en joignant les pattes et les antennes pour ressembler à une branchette ; la phyllie imite la feuille au vent en se dandinant. D'autres insectes volent aux mêmes heures que l'espèce toxique qu'ils imitent.

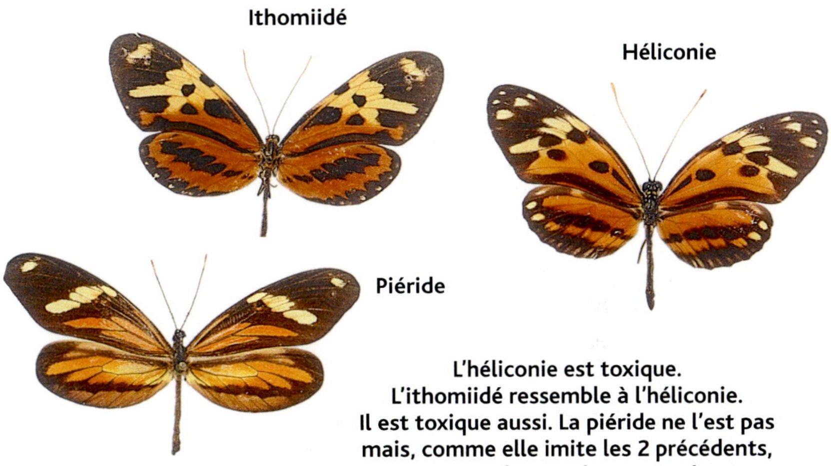

L'héliconie est toxique. L'ithomiidé ressemble à l'héliconie. Il est toxique aussi. La piéride ne l'est pas mais, comme elle imite les 2 précédents, aucun prédateur n'ose y toucher !

Imiter les autres

Astucieux ! Certaines petites bêtes sans défense en imitent une autre bien armée. On trouve des papillons « mangeables » qui ressemblent de près à d'autres qui sont toxiques. C'est le mimétisme batésien. Parfois, deux papillons toxiques appartenant à des familles différentes se ressemblent. Ainsi, le prédateur qui goûte à l'un ne s'attaque plus ni à l'un ni à l'autre. Cela renforce l'effet de protection. C'est le mimétisme mullérien.

LA TÊTE À L'ENVERS !

Farceurs ! Des papillons lycènes ont sur les ailes un papillon dessiné à l'envers. Des queues sur les ailes arrière imitent même les antennes, et des ocelles imitent la tête. Un oiseau une araignée attaquent ? Raté, le papillon s'envole dans l'autre sens !

La vue d'un seul faux œil du papillon-hibou fermé suffit pour effrayer les oiseaux.

Comme les caméléons

Quelques rares petites bêtes peuvent changer de couleur pour mieux se confondre dans les décors qu'elles fréquentent. Ainsi, le même criquet Œdipoda est gris ou brun selon le sol pierreux ou terreux sur lequel il se chauffe au soleil. L'araignée misumène adopte la couleur du végétal sur lequel elle est à l'affût. Elle peut ainsi passer du jaune au vert ou au blanc. Pratique pour changer de garde-robe, non ?

Les envahisseurs

Tout d'un coup, c'est l'invasion ! Des milliers de petites bêtes identiques déferlent au même endroit, prenant possession des lieux. Mais d'où sortent-elles ?

Les pucerons vivent toujours en colonies nombreuses, trop nombreuses de l'avis des jardiniers !

Au printemps, les coccinelles sortent d'hibernation et se rassemblent au soleil.

Qu'est-ce qu'une pullulation ?

On dit que des animaux pullulent quand ils sont soudain présents en grand nombre en un endroit, pour un temps limité. Ce n'est jamais un hasard. L'absence de prédateurs, l'abondance de nourriture ou une météo favorable entraînent une affluence inhabituelle. L'arrivée de l'hiver pousse aussi certaines espèces, comme les punaises, les coccinelles ou les grillons à se regrouper dans nos maisons. Enfin, des petites bêtes en migration forment des pullulations remarquables comme celles des papillons monarques aux États-Unis ou des belles-dames et des libellules à quatre taches en Europe.

NUAGES DE CRIQUETS

Le criquet pèlerin habite l'Afrique du Nord, le criquet migrateur, le sud de l'Afrique. Ils vivent solitaires quand la nourriture abonde. Ils sont alors plutôt verts. De temps à autre, ils se mettent à pulluler et se rassemblent en nuages de plusieurs milliards d'individus, deviennent beiges et jaunes, et migrent, guidés par les vents, dévorant la végétation sur leur passage !

Criquet migrateur

Criquet pèlerin

Des pucerons, comme le phylloxéra, s'attaquent même aux racines. Chaque espèce de puceron s'attaque à une plante donnée : rosier, fève, chou, etc.

ÉPOUSTOUFLANT

- Aux États-Unis, des migrations massives d'iules ont empêché les trains d'avancer, car les rails glissaient !
- En Afrique, quand passent les criquets migrateurs, impossible aux avions de décoller : leurs réacteurs seraient remplis d'insectes.
- Tu as déjà vu en bord de mer des milliers de coccinelles. Stoppées dans leur migration vers un lieu d'hivernage, elles se concentrent là quelque temps.

Tout se dérègle

Les invasions ont souvent pour origine un déséquilibre écologique. Cultiver une seule plante favorise les ravageurs. Ils se mettent alors à pulluler. Dans la nature, l'équilibre est rétabli par leurs ennemis qui sont plus nombreux à la génération suivante. Mais dans les vastes cultures, c'est l'invasion ! Un hiver trop doux et un été chaud et humide favorisent également les pullulations.

Des cycles naturels

Toutes les petites bêtes passent par des cycles qui font fluctuer les populations. Le machaon est plus abondant tous les 7 ans. La larve du hanneton grandit pendant 3 années et il y a des adultes tous les ans, mais beaucoup plus tous les 3 ans. Des proliférations correspondent à des émergences massives, comme celles des éphémères, ou à l'attroupement de papillons mâles autour de femelles, tandis que les spectaculaires essaimages de fourmis durent rarement plus d'une heure.

Les monarques en migration font étape en groupes sur les arbres.

Bon voyage

C'est parti ! De temps en temps, certaines petites bêtes s'envolent pour une longue migration…

1

Les monarques en migration se posent chaque année aux mêmes dates en des lieux précis sur les mêmes arbres.

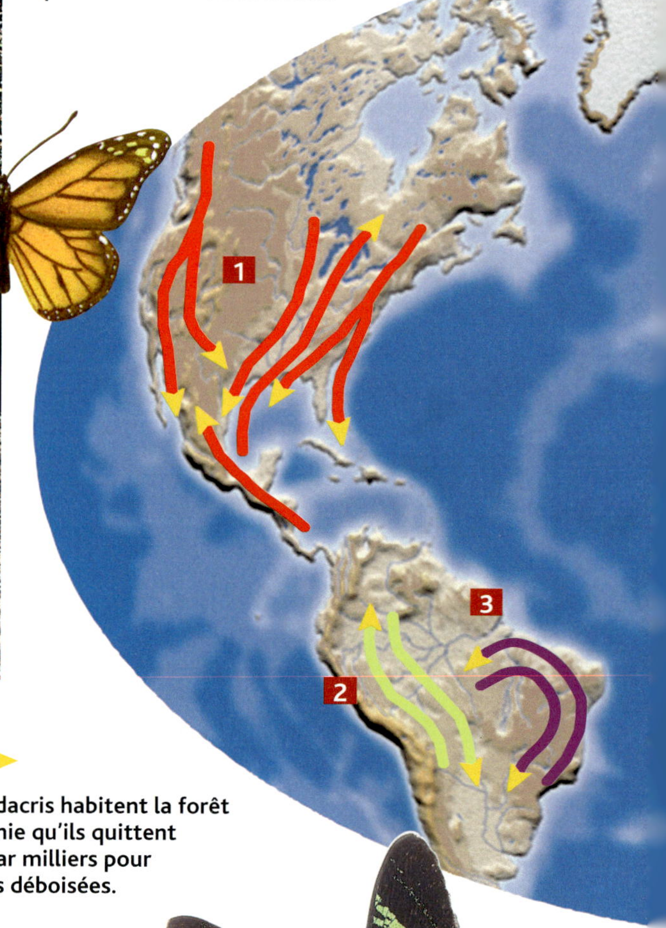

2

Les tropidacris habitent la forêt d'Amazonie qu'ils quittent parfois par milliers pour des zones déboisées.

Partir

La migration est le déplacement d'une population de petites bêtes d'une même espèce entre deux régions. Certaines, comme le papillon belle-dame, quittent leur région à l'approche de l'hiver et y reviennent au printemps. Les criquets migrateurs, eux, se déplacent quand ils ont épuisé les végétaux qu'ils dévorent. Certains déplacements sont encore inexpliqués : les uranies ou des piérides de la forêt tropicale migrent chaque année vers des régions proches où les conditions sont en apparence les mêmes qu'au point de départ…

3

L'uranie *leilus* effectue des déplacements en groupe dans la forêt amazonienne.

9 La belle-dame vient d'Afrique au printemps et se reproduit. Sa progéniture repart passer l'hiver en Afrique.

8 Le sphinx du liseron arrive en Europe au printemps et ses descendants repartent en Afrique et en Europe du Sud à la fin de l'été.

Micromigrations

- Au printemps, les chenilles processionnaires du pin et du chêne quittent le nid de soie où elles ont hiberné pour gagner, à la queue leu leu, un terrain meuble où elles s'enterreront pour se nymphoser.
- La libellule à 4 taches, une libellule d'Europe, surgit d'on ne sait où et disparaît quelques jours plus tard on ne sait où !

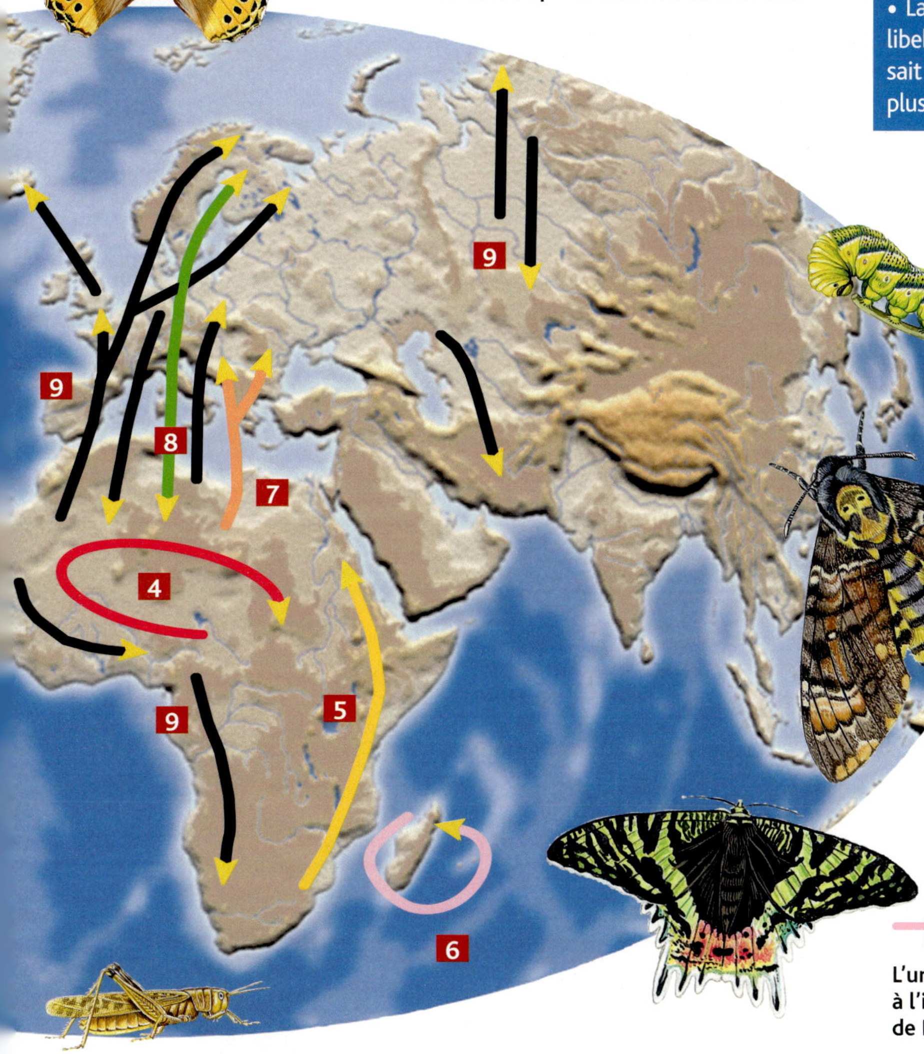

Chenille

Chrysalide

7 Le sphinx tête-de-mort vient d'Afrique. Les descendants de ceux qui remontent trop au nord meurent de froid en automne.

6 L'uranie *ripheus* se déplace à l'intérieur de l'île de Madagascar.

5 Le criquet migrateur migre à l'intérieur de Madagascar et au sud de l'Afrique.

4

Le criquet pèlerin fait des migrations dans les zones sahéliennes et en Asie occidentale.

Comment migrer ?

Papillons, libellules, cigales, criquets et certains coléoptères comme les coccinelles migrent en volant. Carabes, mille-pattes et chenilles migrent en marchant. Les scientifiques n'ont pas encore expliqué comment ils s'orientent : peut-être grâce aux étoiles, ou grâce au noyau ferreux de la molécule de leur lymphe, soumis au champ magnétique terrestre. Plus inexplicable : les unes font l'aller, se reproduisent, et leurs descendants font le retour sans jamais avoir connu leurs parents !

En Amérique

Des coléoptères étonnants, des papillons aux couleurs vives, quelle diversité ! La faune d'Amérique compte les criquets, fourmilions, punaises, coléoptères, mygales, demoiselles et noctuelles les plus grands du monde.

Morpho bleu, 15 cm.
C'est un géant diurne de la forêt tropicale péruvienne. Il vole au-dessus des rivières.

Fulgore porte-lanterne, 18 cm.
C'est une cigale cornue. Le nom de porte-lanterne vient du fait qu'un entomologiste avait capturé une luciole en même temps dans son filet !

Fourmilion géant, 20 cm.
C'est un carnassier discret de la forêt équatoriale. Il est attiré la nuit par les lampes. La femelle ne possède pas ces immenses mandibules.

Bélostome, 12 cm.
C'est la plus grande punaise du monde. Elle est aquatique et carnassière. Sa piqûre est très douloureuse.

Scarabée d'or, 3 cm.
Ces hannetons nocturnes vivent dans les forêts tropicales de la cordillère des Andes.

Pepsis géant, 10 cm.
Cette guêpe géante chasse les mygales qu'elle paralyse. Elle y pond un œuf et sa larve s'en nourrit.

Criquet de Latreille, 29 cm.
C'est le plus grand criquet du monde. Il vit dans les forêts de Colombie.

Dynaste hercule, 16 cm.
C'est un coléoptère géant de la forêt tropicale. On le rencontre la nuit près des lumières. Sa larve vit dans le bois pourri.

Capricorne vert doré, 8 cm.
Ce beau capricorne habite les forêts colombiennes. Les mâles sont batailleurs.

Héliconies, 8 cm.
Il existe plusieurs dizaines d'espèces. Elles sont toxiques. Leurs chenilles se développent sur les passiflores.

Planeur, 20 cm.
C'est le plus grand papillon de jour d'Amérique. Il vole des heures au sommet des arbres de la forêt amazonienne, descendant rarement au sol.

« 80 », 5 cm.
Les callicores sont de petits papillons. Le dessous de leurs ailes arrière semble marqué de « numéros ».

Papillons-hiboux, 15 cm.
Ces papillons gourmands volent surtout au crépuscule et à l'aube, dans le sous-bois de la grande forêt tropicale.

En Afrique

Dans la savane, les couleurs, plus ternes que celles des petites bêtes d'Amérique, miment le sol et les herbes sèches. L'Afrique abrite les escargots, scorpions, iules, phasmes et grillons les plus grands du monde.

Cétoine polyphème femelle, 3,5 cm.
La femelle ne porte pas de corne.
Elle pond dans le bois en décomposition.

Acraea, 2 à 6 cm.
C'est le cousin des héliconies américaines. Toxique, il est imité par nombre d'autres papillons, toxiques ou non.

Charaxe, 6 cm.
Les charaxes sont nombreux et communs. Ils volent habilement, mais on les attire facilement avec des fruits.

Uranie malgache, 10 cm.
Certains la considèrent comme le plus beau papillon du monde. Elle est très commune dans certains endroits de Madagascar.

Cétoine polyphème mâle, 6 cm.
Cette cétoine vole le jour autour des arbres des forêts claires et des savanes. Le mâle porte une corne nasale bifide.

Antimachus, 20 cm.
C'est le plus grand papillon de jour d'Afrique. Sa chenille vit sur les aristoloches, des plantes toxiques dont elle accumule le poison.

Sphinx *Xanthopan*, 10 cm.
Ce papillon de Madagascar possède la plus grande trompe au monde : 25 cm. Il est le seul animal à pouvoir féconder une orchidée dont le nectar est caché au fond d'une très profonde corolle.

Cétoine pachnode, 2 cm.
L'Afrique est connue pour la diversité et la beauté de ses cétoines.

Criquet bigarré, 9 cm.
Il vit à Madagascar, en colonies paisibles, sur les buissons. Ses couleurs annoncent qu'il est toxique. Il prolifère parfois.

En Asie et en Océanie

La jungle et les îles innombrables abritent des milliers d'espèces qu'on ne trouve qu'en ces lieux précis. L'Asie et l'Océanie détiennent les records des araignées à toile, moustiques, sauterelles, cigales, papillons de jour et de nuit les plus grands du monde.

Armandie, 8 cm.
Elle habite les prairies d'altitude dans l'Himalaya.

Néphile maculée, 15 cm.
Elle vit à Taïwan. Sa toile atteint 2 m de diamètre ! La femelle mesure 15 cm, et le mâle 1 cm seulement.

Sauterelle géante, 25 cm.
C'est la plus grande sauterelle du monde. Elle habite la Nouvelle-Guinée.

Papillon goliath mâle, 18 cm.
Sur l'île de Céram, il vit au sommet des arbres. Sa femelle est le plus grand papillon de jour du monde (25 cm).

Dynaste, 12 cm.
Il vit en Malaisie. C'est un cousin des hercules sud-américains.

Troides, 13 cm.
Véritables joyaux,
ils vivent en Malaisie
et sont protégés.

Buprestes, 4 cm.
Ce sont des insectes dont
les larves sont xylophages.

Lucane empereur, 7 cm.
Les lucanes sont très présents en Asie
et en Océanie. Leurs larves se développent
dans le bois en décomposition.

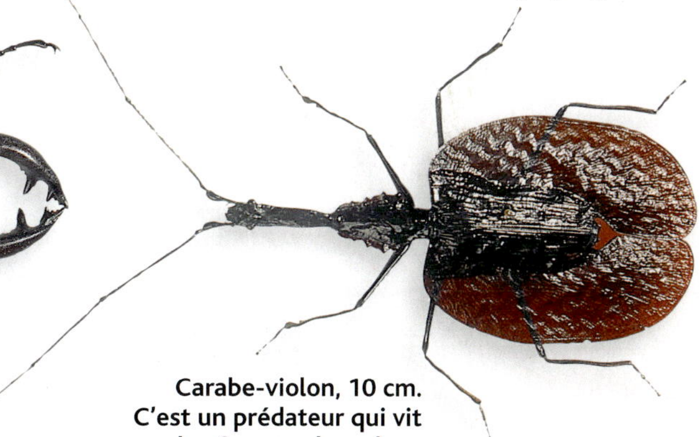

Carabe-violon, 10 cm.
C'est un prédateur qui vit
sous les écorces des arbres
dans la forêt malaise.

Capricorne de Wallace, 10 cm.
Il vit en Nouvelle-Guinée.
Parmi les insectes, c'est lui
qui a les plus longues
antennes.

César empereur, 25 cm.
Présent dans quelques îles
des Philippines, c'est le plus
grand de tous les papillons.
Sa surface atteint 1/20 de m^2 !

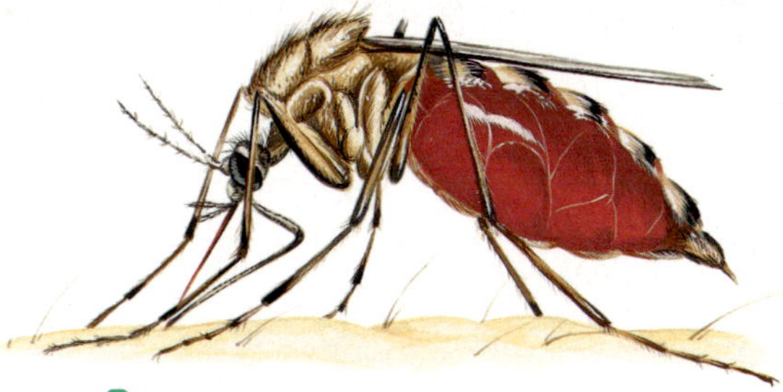

LES PETITES BÊTES ET L'HOMME

Les petites bêtes pollinisent les plantes de ton jardin, fabriquent le miel ou la soie. L'homme les chasse aux insecticides et rase les haies où elles s'abritent. Certaines piquent ou dévorent les cultures. Quelles sont nos relations avec ces petits êtres vivants indispensables ?

Indispensables pour l'agriculture

Discrètement, les petites bêtes se retroussent les manches et donnent un coup de main aux jardiniers et aux agriculteurs.

Minuscules ouvriers agricoles

On a toujours besoin d'un plus petit que soi... Les petites bêtes broient les végétaux morts, aèrent la terre, entraînent près des racines les matières organiques, pollinisent les arbres fruitiers, les tournesols, le colza, etc. Certaines dévorent les ennemis des cultures, comme les chrysopes et les coccinelles mangeuses de pucerons, ou les punaises prédatrices qui piquent les acariens suceurs de sève.

Un piège à phéromones, abrité de la pluie par un mini toit.

La lutte biologique

Pour combattre un ravageur, on lâche sur les cultures attaquées des auxiliaires élevés dans ce but. Les espèces les plus utilisées sont les coccinelles, les trichogrammes, des guêpes parasites et des punaises prédatrices. Pour se débarrasser d'un ravageur, il suffit de l'attirer ! On dépose donc des phéromones, odeurs émises par l'animal de l'autre sexe, sur un papier enduit de glu. Attirés, les insectes viennent s'y coller. Comme beaucoup d'individus d'un seul sexe sont piégés, il n'y a presque pas de descendance !

Éboueurs à 6 pattes

- Là où les herbivores sont petits, les bousiers, qui recyclent leurs excréments, sont petits. On trouve donc les plus gros en Asie et en Afrique, où vivent les éléphants !
- Au XVIIIe siècle, les Anglais importèrent en Australie chevaux et bovins. Les prairies furent couvertes de bouses que les bousiers australiens, spécialisés dans les crottes de kangourous, ne pouvaient éliminer. L'herbe ne poussa plus, jusqu'à l'introduction de bousiers européens !

Bourdons spécialisés

- Grâce à la longueur de leur langue, les bourdons sont les seuls insectes à polliniser efficacement le trèfle rouge, une plante fourragère.
- Le bourdon rouge est le seul pollinisateur des fleurs de la tomate. Les maraîchers le recherchent pour l'introduire dans leurs serres. Sans lui, ils doivent polliniser leurs plantes à la main !

Les larves des syrphes, sortes de mouches, font un carnage dans les colonies de pucerons.

À VOTRE SERVICE !

Toutes ces petites bêtes sont des auxiliaires. Elles nous rendent service en dévorant les invertébrés qui abîment les cultures.

Une bataille intelligente

Insecticides, acaricides, pesticides : quand on commence à traiter une culture avec des produits chimiques, on tue aussi les petites bêtes utiles à l'agriculture. Certains agriculteurs ont choisi de se battre autrement : ils favorisent autour de leurs champs la présence de nombreuses petites bêtes auxiliaires, qui interviennent naturellement quand les ravageurs menacent. Pour cela, ils gardent des haies, un peu de mauvaises herbes, et évitent d'avoir de trop grands champs. Les plantes obtenues sont plus petites, mais tellement meilleures ! C'est la culture biologique.

Un champ de tournesols ? Quelle aubaine pour les abeilles, les mouches, les petits coléoptères et les papillons qui butinent à qui mieux mieux, tout en pollinisant les fleurs.

Dans le jardin

Pour mieux les observer, attire-les dans ton jardin. Si tu leur assures de quoi manger et s'abriter, elles s'y installeront et même s'y reproduiront.

Au régal des insectes

Pour satisfaire les insectes butineurs, plante beaucoup de fleurs : chèvrefeuille, lavandes, romarins, cistes, reines-marguerites et le buddleia, appelé arbre à papillons. Au potager, laisse fleurir carottes, oignons et poireaux qui attirent des capricornes et des papillons. Dans le verger, garde les fruits petits ou mal formés : des vanesses s'y régalent le jour et des noctuelles sucent le jus sucré la nuit. Un parterre d'orties aura beaucoup de succès : vanesses, charançons et capricornes s'y reproduisent. Dans la haie de troènes, de lilas ou d'églantiers, les papillons viennent se reposer à l'abri du vent et de nombreux insectes butinent, s'abritent et se développent.

1. Le flambé, sur les buddleias.
2. Le bourdon rouge, sur les fleurs.
3. Le machaon : chenille sur la carotte.
4. Le robert-le-diable, sur les fleurs.

5. La fiancée, cachée sur un tronc. 6. L'azuré de la bugrane, sur les fleurs. 7. Un staphylin, sous les pierres.
8. L'escargot ligné dans la haie. 9. Le souci, sur les fleurs. 10. La notonecte, dans la mare ou la réserve d'eau.

Hôtels 4 étoiles

Le vieil arbre est tombé lors de la dernière tempête ? Il deviendra un merveilleux abri pour les carabes, les ichneumons, les chrysalides que tu trouveras sous son écorce l'hiver prochain. Laisse aussi les branches mortes sur les arbres fruitiers : elles seront colonisées par des capricornes et de jolis buprestes.

Maison de pierre

Dans un vieux mur ou un tas de pierres, les escargots, les mille-pattes, les cloportes, les staphylins et les carabes prendront leurs quartiers. Et le fin du fin, c'est la mare : un trou, une bâche, quelques briques pour la tenir, et le tour est joué ! Les libellules, les notonectes et les gerris te rendront bientôt visite.

11. Une libellule, près du point d'eau.
12. Un charançon, sur les feuilles.
13. La mouche verte, sur les ombellifères.
14. La petite tortue, dans les orties.

Le jardin mort
Un gazon rasé, pas une fleur, une triste haie de conifères ou de troènes, et des pesticides répandus régulièrement : c'est tout le contraire de ce qu'aiment les petites bêtes !

N'ARRACHE PLUS LES MAUVAISES HERBES !

Les chicorées bleues attirent les abeilles,les chardons nourrissent les cétoines. Sur les ronces, les pissenlits et les plantains, les chenilles d'écailles se régaleront.

15. L'hister, dans les pâtures. 16. L'abax, dans la terre. 17. La lepture cordée, sur les ombellifères et les marguerites.
18. L'iule et 19. le cloporte, sous les dalles. 20. La pyrale de l'ortie, sur les orties. 21. L'agapanthie, sur les chardons.

Des nichoirs

Nichoir de bois ? de pierres ? de terre ? Pour fabriquer un abri à petites bêtes, tu as le choix ! Prends tes outils, et bientôt elles emménageront.

Le HLM à coccinelles

Les coccinelles passent l'hiver dehors, réfugiées dans les fentes des écorces, etc. Construis-leur un abri de bois, protégé du vent. Elles viendront s'y blottir. L'interstice des entrées est de 0,5 cm.

Minuscules locataires

Au travail ! Dans tes nichoirs, les petites bêtes se mettront à l'abri de la lumière ou de la chaleur, s'abriteront pour hiberner ou aménageront un refuge douillet pour leur progéniture, à moins qu'elles ne se mettent tout simplement hors d'atteinte des prédateurs. Bientôt, grâce à ton aide, elles seront logées. Et toi, tu pourras les observer de plus près !

FOYER, DOUX FOYER

Pour ces petites constructions, utilise des matériaux naturels, non traités. Et n'oublie pas, un nichoir, c'est comme une maison : un endroit où l'on se sent en sécurité. Surveille les entrées et les sorties, mais ne dérange pas tes pensionnaires.

Le nid du bourdon

Pour les bourdons solitaires

Un pot de fleur enterré au flanc d'un talus, un bout de tuyau d'arrosage en guise de couloir de sortie : les bourdons solitaires s'installeront bientôt, surtout si tu garnis le pot des restes d'un nid de souris ; cela les attire.

Une maison sous l'eau

Pour les petites bêtes aquatiques

Découpe un rond dans du grillage à poules galvanisé. Dépose dessus de petites pierres ou des galets et ferme le tout comme une bourse avec un fil de fer. Immerge ton nichoir plutôt dans l'eau courante : les petites bêtes viendront se réfugier dans tous les interstices.

Le cube à tubes

Pour les abeilles solitaires

Beaucoup d'espèces d'abeilles vivent solitaires et élèvent leurs larves dans de mini tunnels. Fabrique une caissette de bois et remplis-la de tiges creuses, bambous, roseaux, sureau, d'environ 15 cm de long.

Un toit en ardoise

Pour les limaces, les mille-pattes, les cloportes, les fourmis, etc.

Choisis une belle grande ardoise noire et plate, pose-la dans un coin ensoleillé du jardin et ne la bouge plus. Attirées par la douce chaleur venue du dessus et par l'agréable humidité montant du sol, les petites bêtes auront tôt fait de s'installer !

Le rondin à trous

Choisis un rondin de bois tendre. Perce-le de rangées de trous de plus en plus gros, avec une chignole. Tu peux aussi percer le muret (avec une perceuse et l'aide d'un adulte !). Plus tard, si un trou est bouché, gagné ! C'est qu'il est habité par une larve d'abeille ou de guêpe solitaires.

Le ver à soie

C'est un ver pâle et boudiné. Ses parents sont de petits papillons blanchâtres venus de Chine. Pourtant, on élève le ver à soie avec soin depuis des siècles, car son cocon permet la fabrication de la soie, une précieuse étoffe.

En 3 ou 4 jours, la femelle pond plusieurs milliers d'œufs.

De Chine à la Provence

Les Chinois produisaient déjà de la soie 2 000 ans avant Jésus-Christ. Ce n'est qu'au VIe siècle que l'élevage du ver à soie gagna l'Europe par le bassin méditerranéen. Il arriva dans le sud de la France sous Saint Louis, qui encouragea les plantations de mûriers.

De l'arbre au tissu

Le ver à soie n'est pas un ver ! C'est la chenille du bombyx du mûrier. D'une génération à l'autre, les œufs sont conservés au frais tout l'hiver. On les remet à la chaleur dès le printemps. Après 2 semaines, les chenilles naissent. Vite, à manger ! De jeunes feuilles de mûrier hachées sont servies chaque jour. Les vers à soie sont élevés sur des claies de bois, dans un local chauffé à 22 °C minimum, la magnanerie. Autrefois, ils étaient élevés sous les toits !

Les vers à soie grignotent les feuilles de mûrier, méthodiquement.

Mûrier et mûres

Le mûrier est un arbre aux grandes feuilles de la famille des moracées, comme le figuier. Ne le confonds pas avec les ronces qui, elles aussi, donnent des fruits nommés mûres. Le ver à soie ne mange pas de ronces !

Pasteur et la pébrine

En 1845, les vers à soie tombent malades. À l'époque, on ne connaît pas les microbes. Un jeune savant inconnu, Louis Pasteur, s'intéresse au problème et enraye l'épidémie en instaurant des mesures d'hygiène strictes. Plus tard, il découvrira les microbes.

Les chenilles commencent à tisser chacune leur cocon, choisissant comme support une des tiges.

Bientôt prêts !

Les chenilles grandissent peu à peu et muent quatre fois. Les 8 derniers jours de l'élevage, quel travail ! Elles grossissent et dévorent des kilos de feuilles de mûrier. Enfin, elles perdent l'appétit et deviennent plus foncées. On dispose alors des brosses ou des fagots de bruyère. Les chenilles y grimpent et tissent leur cocon, ce qui dure 8 jours en tout ! Quelques-uns, bien choisis, donnent naissance en 3 semaines à des papillons qui s'accouplent et pondent, et le cycle recommence l'année suivante. Les autres cocons sont utilisés pour fabriquer la soie.

Les cocons sont enchevêtrés dans les brosses.

Bobinettes de soie

Les cocons sont bientôt détachés des fagots. Les éleveurs en amènent chacun plusieurs centaines de kilos à la filature. Là, ils sont « cuits » à la vapeur, les chrysalides qu'ils contiennent meurent. Quelques jours de séchage, et on les jette dans l'eau bouillante pour séparer les fils. On retire d'abord les fils extérieurs qui servaient à fixer le cocon dans les branches et on attrape l'extrémité du fil formant le cocon. Joint à celui de quelques autres, il est embobiné. Terminé !

L'élevage du ver à soie ou sériciculture : un vrai travail de patience...

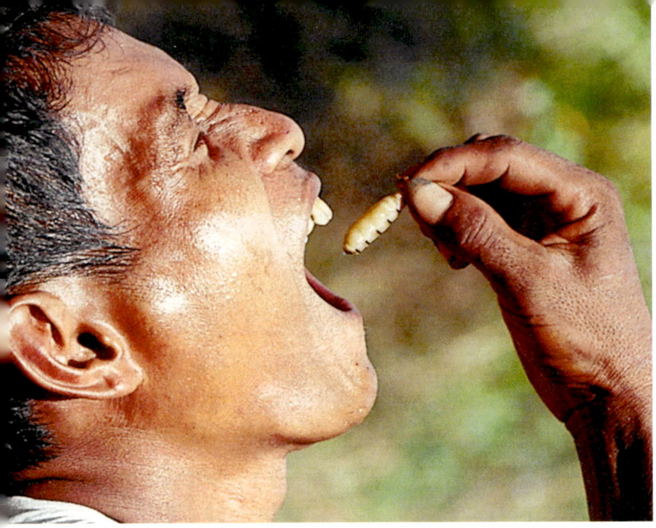

Précieuses petites bêtes

Les petites bêtes ne sont pas uniquement utiles à l'équilibre de la nature. Quelques espèces sont élevées par l'homme pour des usages parfois originaux.

En Asie et en Afrique, on mange couramment des insectes, ici une reine de termite.

On les mange

Tu manges des petites bêtes ? Oui, des escargots ou des crevettes, tout comme, sous d'autres climats, on mange des chenilles ou des criquets grillés. En Guyane française, les Indiens font cuire de grosses mygales et les consomment comme tu manges du crabe. Certains peuples de la jungle asiatique se régalent de larves de coléoptères, tandis que d'autres, en Australie, mangent en friandise les fourmis-réserves, gorgées de « miel », de certaines fourmilières.

Quels talents !

Mmm... tu t'es déjà régalé de miel : fabriqué par les abeilles ! Elles étaient déjà élevées pour cela par les Égyptiens il y a 7 000 ans. Elles récoltent le pollen et produisent la gelée royale, utilisés comme remèdes. Elles fabriquent la cire pour l'entretien du bois et la fabrication de bougies. L'abeille, encore elle, mais aussi la tarentule sécrètent des venins qui servent en pharmacie pour la fabrication de médicaments homéopathiques, tandis que le ver à soie est à l'origine d'une précieuse fibre, la soie.

GRÂCE AUX PETITES BÊTES

Tu n'y pensais plus.
Mais voici quelques produits qui n'existeraient pas sans elles.

1. Asticots et vers de vase pour la pêche
2. Étoffes de soie
3. Pain de cire d'abeille
4. Médicaments homéopathiques
5. Bougies de cire
6. Pollen
7. Miel et gelée royale
8. Gouache : une des utilisations du carmin des cochenilles vivant sur les cactus
9. Assiettée d'escargots
10. Terrarium pour l'observation des phasmes

Avant d'ouvrir la ruche, l'apiculteur brûle de l'étoupe. À l'odeur du feu, les abeilles se réfugient dans la ruche.

On les élève

On élève des petites bêtes pour des usages étonnants. Les asticots, par exemple, élevés pour les pêcheurs. Mais aussi des phasmes, des cétoines ou des papillons élevés dans un but pédagogique pour les écoles, les clubs, les insectariums et les musées. Sans compter les grillons, les vers de farine et les criquets migrateurs qui alimentent chaque année les petits reptiles des zoos. Enfin, on élève des coccinelles et d'autres auxiliaires pour lutter contre les ravageurs des cultures. Alors, utiles, les petites bêtes ?

LE CARMIN, UN COLORANT ANCIEN

Le carmin est un pigment rouge produit par la cochenille des cactus : *Dactylopius coccus*. On l'extrait en écrasant ces petites bêtes dans un creuset. Élevée au Mexique d'où elle vient, cette cochenille fut introduite en Europe, où elle suivit le « cactus à raquettes » ou Opuntia.

Prouvé par les insectes

Les insectes et autres petites bêtes sont de précieux indices pour les scientifiques. Plus le nombre d'espèces est élevé dans un endroit donné, plus ce lieu est riche. La preuve...

Quelle diversité !

Les petites bêtes forment toutes ensemble le second maillon de la chaîne alimentaire, après les plantes, avant les petits prédateurs comme les grenouilles ou les lézards, eux-mêmes suivis des prédateurs. Si les insectes se font rares, ceux qui les mangent crient famine et déménagent. Inversement, si les invertébrés pullulent, tous ceux qui s'en nourrissent accourent. Si bien qu'en mesurant la diversité des petites bêtes dans un lieu donné, on peut en déduire sa richesse écologique : on dit que les invertébrés servent de bio-indicateurs.

Le milieu aquatique

C'est dans les mares et les rivières qu'on a d'abord montré que le monde des petites bêtes changeait en cas de pollution.

Dans une rivière saine vivent, entre autres :

- 10 espèces de phryganes ;
- 8 espèces d'éphémères ;
- 10 espèces de libellules.

... alors que dans une rivière polluée vivent :

- 2 espèces de phryganes ;
- 1 espèce d'éphémères ;
- 2 espèces de libellules.

Quand une station d'épuration est installée, le nombre de petites bêtes remonte, ce qui prouve l'amelioration de la qualité de l'eau de la rivière !

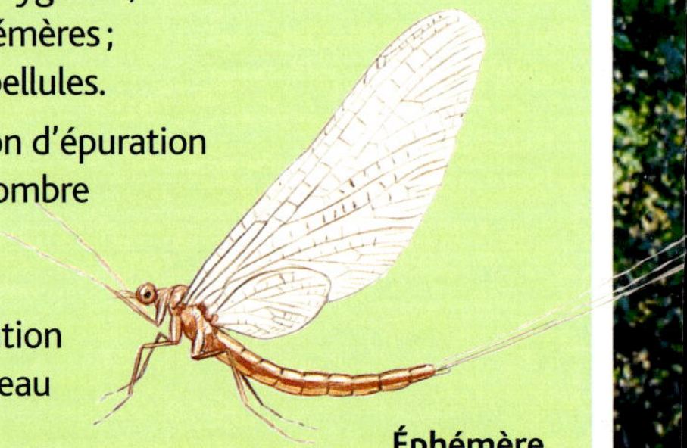

Éphémère de feu, 1,5 cm.

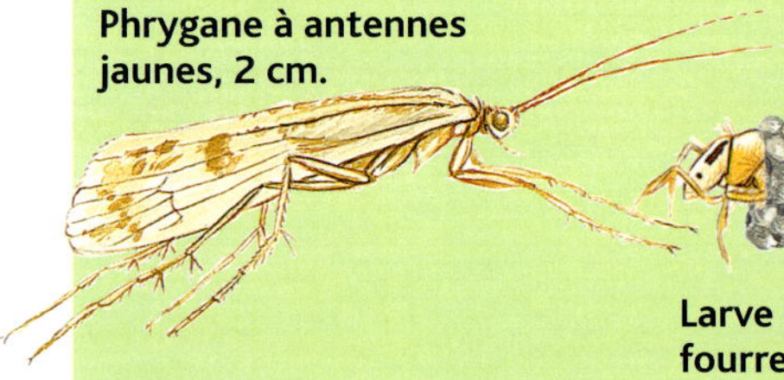

Phrygane à antennes jaunes, 2 cm.

Larve dans son fourreau de graviers

Cordulégastre annelé, 10 cm.

Jamais les uns sans les autres

La nature aime la diversité, c'est une question d'équilibre.
Exemple : plusieurs espèces assurent le butinage et la pollinisation des fleurs dans un pré. Malencontreusement, une maladie décime une des espèces butineuses. Vite, les autres prennent la relève !
Ainsi, tu vois que plus l'écosystème est riche, plus il peut faire face aux attaques naturelles ou artificielles. Mais s'il n'y a qu'une seule espèce, plus personne ne butine, les plantes ne sont plus pollinisées.

Un peu d'histoire

Une prairie abandonnée se couvre de buissons et devient un bois en 50 ans. Mais si elle est broutée, elle reste rase. Des plantes spéciales y poussent, des herbivores y abandonnent leurs bouses, et tout un cortège de petites bêtes s'installent peu à peu. Leur étude permet d'apprécier l'évolution de la prairie et même d'en retracer l'histoire !

Les petites bêtes : des rapporteuses !

Dans la forêt, la diversité végétale est faible. En étudiant seulement les plantes, on ne peut pas savoir si le milieu est en bonne santé ou en cours de dégradation.
En recensant les insectes des vieux arbres, on mesure mieux la biodiversité et on peut même deviner comment fut traitée la forêt dans le passé !

Scolytes, 0,5 cm.

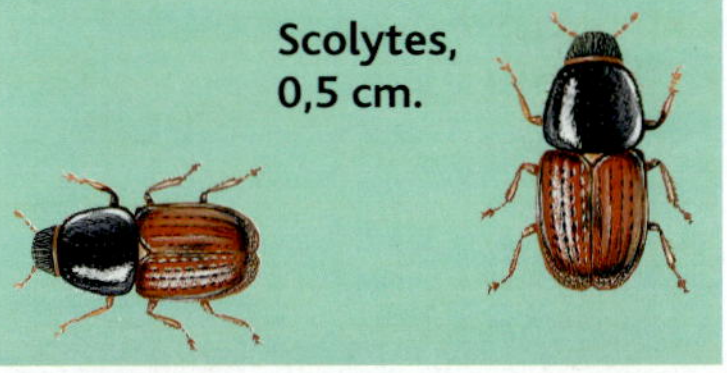

Deviens hydrobiologiste

Un coup d'épuisette, une bassine blanche, et te voilà devenu hydrobiologiste : ton enquête sur les petites bêtes de la rivière te permet de connaître son degré de pureté.

1 Si tu trouves beaucoup de larves de perles, d'éphémères ou de phryganes, le cours d'eau est en bonne santé et son eau plutôt pure.

2 Si tu trouves des tubifex, des vers de vase et peu d'autres larves d'insectes, c'est que l'eau de la rivière est trop polluée pour les accueillir.

La chenille de la livrée fait des dégâts dans les arbres fruitiers.

Indésirables dans les cultures

Qui n'a jamais trouvé un puceron dans la salade, un ver dans une pomme ou des chenilles sur les feuilles de chou ? Tous ces animaux qui se servent dans notre jardin avant nous sont des ravageurs…

De notre faute !

Un ravageur, c'est un animal qui prolifère et dévore une culture. Mets-toi à sa place : sa nourriture est soudainement abondante. Il arrive en masse, se reproduit et détruit les plantations avant que ses prédateurs aient eu le temps de se multiplier. Alors l'homme a inventé les traitements chimiques. Efficaces sur le coup, ils détruisent malheureusement de nombreuses petites bêtes utiles. Des insecticides qui circulent dans la sève de la plante sont un moyen « plus doux » d'élimination. La lutte biologique, elle, utilise les prédateurs naturels des ravageurs.

Mais encore…

- Au potager : la pomme de terre est abîmée par les larves des taupins, ou vers fil de fer. Ses feuilles sont dévorées par les doryphores. Les carottes, les oignons ou les betteraves sont parasités par de petites mouches.
- Pauvres arbres : les feuilles du platane blanchissent sous la piqûre du tigre, une petite punaise. Les arbres fruitiers sont grignotés par les chenilles de petits papillons. Les feuilles sont piquées par les pucerons et leurs cousins, les psylles. Leurs branches sont parasitées par des larves de capricornes et de buprestes, et leurs fruits habités par des vers.
- Dans la serre : les cochenilles, les acariens et de mini mouches blanches, les aleurodes, causent des soucis aux horticulteurs. Leurs semis sont détruits par les nématodes, microvers du terreau.

Les vers gris, chenilles des noctuelles, grignotent les racines au potager.

La chenille du cossus gâte-bois mine les troncs des arbres fruitiers.

Le papillon cossus gâte-bois émerge du tronc d'un arbre fruitier.

Les piqûres des pucerons épuisent les plantes, créant des déformations.

Tes salades fanent ? Les pucerons des racines œuvrent sous terre…

La chrysomèle de la lavande et ses larves broutent la lavande.

Les adelges, pucerons farineux, ponctionnent la sève des épicéas.

De minuscules guêpes et mouches provoquent l'apparition de galles.

Des trous sur les feuilles des navets, des radis ? C'est l'œuvre des altises.

Ils piquent ou ils mordent

Le moindre bourdonnement t'inquiète ? La vue d'une araignée t'affole ? Pas de panique ! Seules certaines petites bêtes piquent ou mordent.

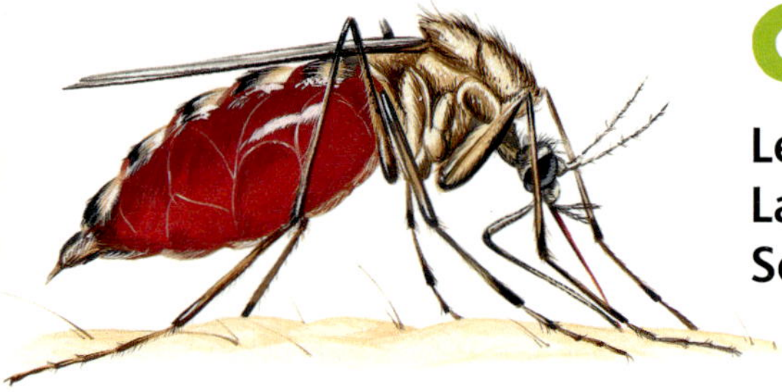

Moustique
Piqûre irritante, mais bénigne.

Toujours une bonne raison

Les petites bêtes ne piquent jamais par hasard. Celles qui se nourrissent de sang, comme les moustiques, sont les seules à te piquer spontanément, pour se nourrir. D'autres ne t'agressent que si tu les déranges : pour elles, il s'agit de se défendre. Observe plutôt les petits animaux venimeux et leur comportement. Un jus d'orange parfumé ? Si tu étais une guêpe, tu accourrais ! Éloigne le verre alléchant, elle s'en ira...

Frelon
Plus gros, il injecte plus de venin. Méfiance.

Fourmi
Certaines piquent de leur aiguillon, d'autres mordent et déposent une goutte d'acide formique, qui brûle !

Guêpe
Piqûre douloureuse. Si tu es allergique, consulte un médecin.

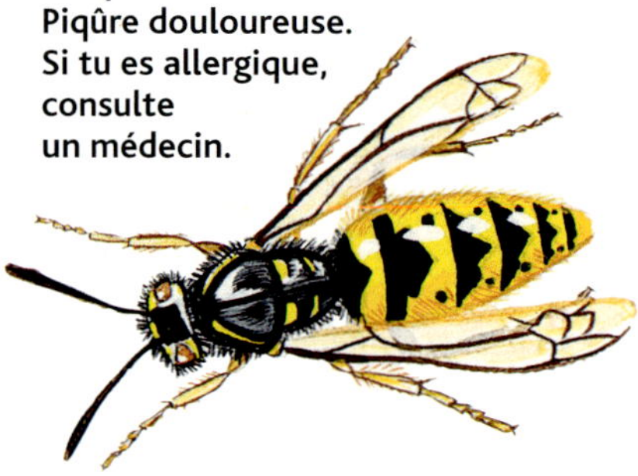

Abeille
Pique rarement et en meurt.

Scorpion languedocien
Le seul scorpion venimeux français.

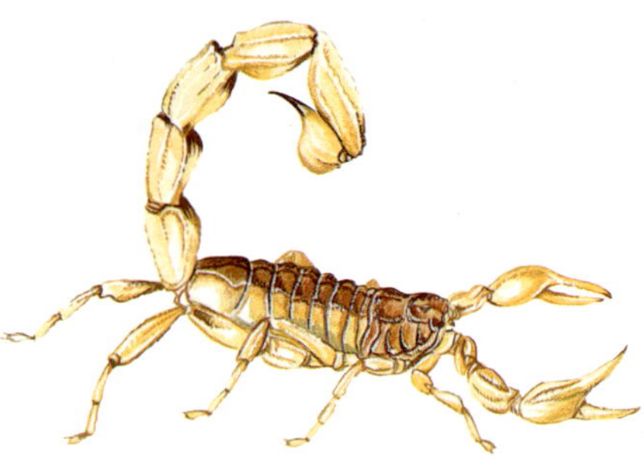

Par-derrière

Attention à l'aiguillon ! Les abeilles et les guêpes piquent par-derrière, avec leur aiguillon qui est en fait leur organe de ponte modifié. Les abeilles piquent seulement pour se défendre ou défendre la ruche. Les guêpes piquent pour immobiliser leur proie, et pour se défendre, mais elles sont souvent plus agressives. Les scorpions, eux, ont le dernier segment de l'abdomen modifié en organe vulnérant. C'est un dard courbe muni d'une glande à venin. L'animal s'en sert pour neutraliser sa proie et pour se défendre.

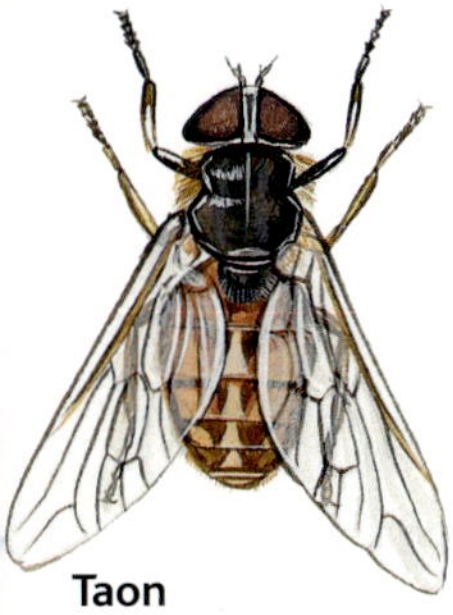

Taon
Piqûre douloureuse.

Danger par-devant

Les moustiques, les taons, certaines punaises et certains acariens s'attaquent aux grands animaux pour leur ponctionner un peu de sang, injectant une salive anticoagulante avec leur stylet. Ça démange ! Les scolopendres aussi sont venimeuses : elles mordent à l'aide de leurs mandibules creuses, les forcipules, tout comme les larves de dytiques, et injectent un suc digestif à leur proie. Les araignées, enfin, mordent de leurs chélicères venimeux mais seules certaines espèces très agressives mordent si on les dérange.

IL M'A PINCÉ !

Beaucoup d'insectes, si tu les saisis, te pincent ou mordillent à l'aide de leurs mandibules. Bien plus petits que toi, ils se défendent comme ils peuvent ! N'aie pas peur : les criquets, les sauterelles, les mantes, les lucanes ou encore les grands capricornes te font cette farce, mais ils ne sont pas venimeux du tout.

Petit lucane

Larve de dytique
Dans les mares et les étangs.

Punaise des lits
Dans les lieux insalubres.

Scolopendre
Piqûre douloureuse.

Malmignathe
Piqûre rare mais dangereuse.

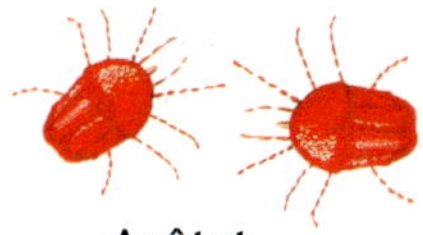

Aoûtat
Piqûre irritante.

ILS TRANSMETTENT DES MALADIES

Les piqûres de certains insectes nous inoculent des maladies. Le pou du corps transmet le typhus. La tique du chevreuil donne la maladie de Lyme, qui fait gonfler les articulations. La puce du rat propage la peste noire. Sous les tropiques, la punaise triatome donne la maladie de Chagas, provoquant des taches noires sur la peau. La célèbre mouche tsé-tsé transmet la maladie du sommeil, tandis que le moustique anophèle donne la malaria, ou paludisme.

Puce

VIES EXTRÊMES

Les scorpions ont mauvaise réputation, à cause de leur aiguillon, mais ce sont des animaux merveilleusement adaptés au désert. Ils résistent à la soif, vivent dans un terrier et chassent la nuit des proies rares et précieuses. Plus loin, dans les grottes inhospitalières vivent d'autres animaux très bien adaptés à leur environnement. Il fait noir, il fait froid, mais les grottes sont des milieux stables. Il n'y a pas de saison et la température est toujours de 12 °C environ. Les chauves-souris se chargent d'approvisionner les lieux en matières organiques, avec les déjections des repas qu'elles font à l'extérieur ! Des petits animaux ont conquis ces milieux depuis des millions d'années. Ils n'ont pas d'yeux, pas de couleurs, ils n'hibernent pas. On trouve surtout des collemboles, des coléoptères, des blattes, quelques punaises ou sauterelles prédatrices.

Ce ténébrion du désert de Namibie marche sur la pointe de ses longues pattes pour s'éloigner du sable brûlant.

Si tu veux être entomologiste

L'entomologie est la science qui étudie les animaux possédant une carapace articulée, plus spécialement les insectes. C'est le plus vaste domaine des sciences naturelles. Être entomologiste, c'est travailler au contact des petites bêtes, qui ont toujours quelque chose à nous apprendre !

Étudier en détail

Les entomologistes systématiciens, ou taxinomistes, étudient la classification et nomment les insectes. Certains parcourent le monde à la recherche d'espèces nouvelles et en découvrent des centaines chaque année. D'autres déterminent les animaux ramenés. Leur nombre est si vaste qu'on ne peut être spécialiste que d'un seul ordre ou d'une famille !
Les entomologistes biologistes étudient la vie des insectes, surtout ceux qui sont utiles ou qui posent un problème à la médecine, à l'agriculture. Ils expliquent ainsi comment les multiplier ou au contraire comment lutter contre eux.
Les arachnologues sont spécialisés dans l'étude des arachnides.

Ta vocation d'entomologiste débutera peut-être un filet à la main...

L'entomologiste de terrain

Les entomologistes font aussi l'inventaire des petites bêtes. Ils recensent celles qu'ils voient. Mais il faut aussi piéger, car beaucoup d'espèces sont discrètes, et recommencer chaque saison. Il faut même revenir plusieurs années de suite, car certaines échappent aux premières observations. Un travail long et minutieux !

Sur le terrain, l'entomologiste collecte les insectes. C'est la première phase de longs travaux d'étude.

On peut aussi exercer sa passion de l'entomologie dans l'élevage des petites bêtes ayant un intérêt économique ou pédagogiques : vers à soie, criquets, grillons, phasmes, etc.

Les entomologistes chercheurs étudient et expérimentent en laboratoire pour élucider les mystères de la vie des arthropodes. La détermination de ces animaux nécessite l'utilisation de puissantes loupes binoculaires afin de visualiser les détails minuscules permettant de les différencier.

Faire connaître

Quelques entomologistes travaillent dans des musées. Ils entretiennent, restaurent et inventorient l'immense patrimoine que constituent les collections de millions d'insectes conservés depuis plus de 50 ans, décrivrant des espèces éteintes ou devenues rares dans la nature. Ils préparent aussi des expositions pour que le grand public découvre ces richesses. D'autres entomologistes exercent dans une serre à papillons ou un insectarium, qui sont des lieux où des petites bêtes tropicales ou locales sont élevées et présentées vivantes.

Les grands entomologistes du passé

Carl von Linné (1707-1778)

Ce naturaliste suédois est un pionnier : au XVIIIe siècle, il a nommé puis classé des dizaines de milliers de plantes et d'animaux, dont des milliers d'insectes. C'est pourquoi son nom suit souvent celui d'un animal dans les guides de détermination.

Alfred Russel Wallace (1823-1913)

Ce naturaliste anglais a beaucoup voyagé sous les tropiques. Il est à l'origine, avec Darwin, de la théorie de l'évolution.

Jean Henri Fabre (1823-1915)

Cet entomologiste français a passé sa vie à observer et à décrire celle des insectes. Il a écrit ses *Souvenirs entomologiques* en plusieurs tomes. C'est une lecture passionnante.

Alerte, disparition !

Sur toute la planète, on constate une diminution du nombre des petites bêtes. Les causes sont multiples, mais la civilisation des hommes est souvent responsable…

Les talus et bords de route sont des refuges. Mais s'ils sont tondus trop tôt ou trop souvent, leurs petits habitants doivent déménager.

Expulsées

Plus rien à manger, nulle part où s'abriter. C'est le sort de beaucoup d'animaux. Disparus, les vieux arbres où les insectes s'abritaient ! Asséchés, les marécages où virevoltaient les libellules ! Rasées, les haies fleuries où butinaient les abeilles, où dormaient les escargots et où chassaient les coccinelles. Tout cela pour augmenter les surfaces à bâtir ou à cultiver. Chaque seconde, l'équivalent de plusieurs terrains de football est déboisé en forêt tropicale. Il disparaît ainsi des centaines d'espèces qu'on ne connaît pas encore, et qu'on ne connaîtra jamais !

Trop de lumières

Les éclairages publics des villes et maintenant des villages attirent papillons de nuit, capricornes, bousiers, hannetons, etc. Désorientés, ces animaux meurent. Sans compter les milliards d'insectes écrasés sur les calandres des véhicules.

Certaines cultures reçoivent plusieurs dizaines de traitements pesticides par saison. Les insectes qui y habitent aussi...

Empoisonnées

Alerte aux armes chimiques ! Les herbicides entraînent la disparition des plantes fleuries qui poussaient dans les champs, provoquant la raréfaction des papillons. Les insecticides et les acaricides s'attaquent directement aux petites bêtes. Tous ces pesticides sont répandus pour obtenir des récoltes parfaites.

Les rejets de toutes sortes évacués dans les rivières empoisonnent la faune. Les petites bêtes aquatiques comme les phryganes, les perles et les éphémères, mais aussi les libellules ou les dytiques, se raréfient à cause de la pollution.

SOS bousiers !

On traite le bétail contre les vers. Mais ces produits de traitement se retrouvent dans la bouse ou les crottes et tuent les bousiers !

Sous ta protection

Enfin un petit espoir. Conscients de l'utilité des petites bêtes, les protecteurs de la nature ont obtenu que certaines soient protégées. Il ne faut pas y toucher...

L'écaille chinée vole encore dans le sud-ouest de la France, mais s'est raréfiée ailleurs.

La loi avec eux

Insecticides, disparition des haies, les petites bêtes sont en danger ! Malgré leur multitude, elles n'arrivent pas toujours à faire face aux attaques de l'homme. Alors des entomologistes ont tiré la sonnette d'alarme. Leurs études ont permis d'établir une liste d'insectes que la loi protège, confiant à chacun, et donc à toi aussi, le soin de ne pas y toucher et de respecter leurs lieux de vie. Mais il reste beaucoup à faire...

Quelques espèces protégées

1976, première loi française de protection de la nature

En 1976, face aux menaces de disparition, la France prend des mesures de protection de la faune et de la flore. Elle protège les espèces qu'il est depuis interdit de détruire ou de déranger intentionnellement. L'arrêté du 22 juillet 1993 fixe une liste de 10 libellules, de 3 orthoptères, de 13 coléoptères et de 35 papillons protégés sur le territoire national. Cette liste est complétée pour la région Île-de-France et certains départements d'outremer.

Parmi les 35 papillons protégés en France :

- L'isabelle (*Graellsia isabellae*) ;
- Le machaon de Corse (*Papilio hospiton*) ;
- L'alexanor (*Papilio alexanor*) ;
- Le cuivré des marais (*Lycaena dispar*).

Le grand paon de nuit est protégé en Île-de-France.

Le sphinx proserpine est très rare.

L'alexanor ne vit que dans le sud des Alpes.

Le machaon de Corse ne vit que là-bas.

L'Isabelle et sa chenille ne vivent que sur quelques hectares au monde dans les Alpes, les Pyrénées et au centre de l'Espagne.

Parmi les 13 coléoptères protégés en France :

- L'osmoderme ou pique-prune (*Osmoderma eremita*) ;
- Le grand capricorne du chêne (*Cerambyx cerdo*) ;
- La rosalie des Alpes (*Rosalia alpina*).

Parmi les 3 orthoptères :

- La magicienne dentelée (*Saga pedo*).

Parmi les 10 libellules :

- La cordulie splendide (*Cordulia splendens*).

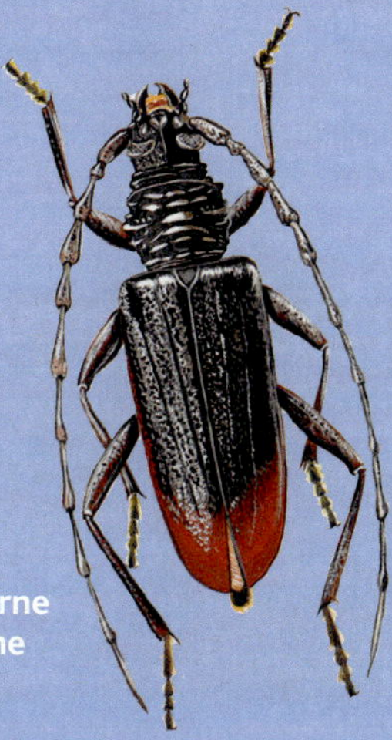

Grand capricorne du chêne

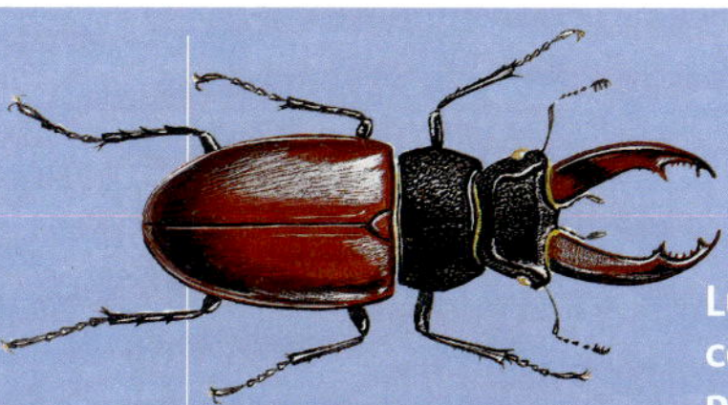

Lucane cerf-volant, protégé en Europe.

1979, la convention de Berne, et 1992, la directive Habitats

La convention de Berne et la directive Habitats, signées entre les États membres du Conseil de l'Europe, expliquent qu'il est impossible de protéger une espèce sans protéger son habitat naturel. Elles énoncent plusieurs listes d'espèces animales dont une cinquantaine de petites bêtes pour lesquelles « sont notamment interdits [...] toutes formes de capture intentionnelle, de détention et de mise à mort intentionnelle, la détérioration [...] des sites de reproduction [...], la détention et le commerce de ces animaux, vivants ou morts, y compris naturalisés, et de toute partie ou de tout produit, facilement identifiables [...] de l'animal [...]. » (sic)

La directive Habitats précise que leur présence en un lieu peut entraîner la protection de ce lieu s'il est menacé d'aménagement.

- Les espèces protégées ne sont pas toutes rares et les plus rares ne sont pas toutes protégées. Ce sont surtout des espèces spectaculaires à valeur marchande qui sont convoitées par les collectionneurs.
- Les pays tropicaux interdisent presque tous les captures. Les petites bêtes sont confisquées par la douane et le contrevenant risque une sévère amende, parfois même la prison.
- Toutes les lois, directives et conventions nationales et internationales subissent des mises à jour régulières, et de nouvelles espèces entrent dans leurs listes de protection.
- Il existe aussi des mesures de protection régionales et départementales. Renseigne-toi auprès de la préfecture ou des associations entomo- logiques avant d'entamer une récolte.
- Dans les forêts domaniales et les parcs nationaux, il faut demander une autorisation pour récolter quelques insectes.
- En France, l'élevage des animaux sauvages est réglementé. Or, à part l'abeille à miel, le ver à soie et la drosophile, toutes les petites bêtes du monde sont des animaux sauvages ! Il est donc nécessaire pour les élever d'obtenir un certificat de capacité à la détention de la faune sauvage, à demander auprès des services vétérinaires de ton département. Si tu n'élèves que quelques espèces, ils t'en dispenseront sans doute.

Magicienne dentelée, sauterelle géante des garrigues méditerranéennes.

1973, la convention de Washington

Cette convention appliquée par la France depuis le 9 août 1978 réglemente le commerce international des espèces animales et végétales, vivantes ou mortes. Il est interdit de les vendre et de les détenir, sauf si le détenteur possède un numéro d'identification individuel notifié par un certificat à présenter aux forces de l'ordre sur leur demande. Les papillons *Troides* et les ornithoptères d'Asie et d'Océanie, l'armandie d'Asie ou encore les mygales *Brachypelma* sud-américaines figurent sur ces listes.

Rosalie des Alpes

Adresses utiles et idées

Pour obtenir des souches d'insectes vivants d'élevage :

OPIE Office pour l'Information
éco-entomologique
BP 30
78041 Guyancourt Cedex
Tél. : 01 30 44 13 43

Pour visiter un insectarium

Le vivarium du Moulin
6, rue du Moulin
68610 Lautenbach
Tél. : 03 89 74 02 48

Le vivarium et le microzoo
du Jardin des plantes
57, rue Cuvier
75005 Paris
Tél. : 01 40 79 30 00

Micropolis
La cité des Insectes
Le Bourg
12780 St-Léons-en-Levezou
Tél. : 05 65 58 50 50

Écosphère,
la Cité des insectes
87120 Nedde
Tél. : 05 55 69 95 22

Le musée éducatif de Levens
06670 Levens
Tél. : 04 93 18 03 33

La Cité des abeilles
Chemin des crêtes
64110 Saint-Faust
Tout sur les abeilles et l'apiculture

Le parc Phœnix
405, promenade des Anglais
06200 Nice
Tél. : 04 93 18 03 33

Pour voir des collections d'insectes

Muséum national
d'histoire naturelle
Grande galerie de l'évolution
36, rue Geoffroy-St-Hilaire
75005 Paris
Tél. : 01 40 79 39 39

Laboratoire d'entomologie du Muséum
45, rue Buffon
75005 Paris
Collections d'arthropodes

De nombreux musées d'histoire naturelle de province (Besançon, Dijon, Grenoble, Lille, Lyon, Marseille, Nantes, Nîmes, Toulouse, Troyes, etc.), présentent des collections de petites bêtes et des vivariums.

Des lieux pour découvrir le monde des insectes

Le musée Jean Henri Fabre
12780 St-Léons-en-Levezou
Tél. : 05 65 58 80 54
Maison natale de Fabre,
collections, vivariums.

Micropolis
La cité des Insectes
Le Bourg
12780 St-Léons-en-Levezou
Tél. : 05 65 58 50 50

Les associations entomologiques

UEF
L'Union de l'entomologie française
64, rue Vannerie
21000 Dijon
Tél. : 03 80 67 52 89
fédère la majorité des associations entomologiques françaises.
Adresse-toi à elle pour connaître les associations entomologiques de ta région.

SEF
Société entomologique de France
45, rue Buffon
75005 Paris
Tél. : 01 40 79 33 84
La plus importante et une des plus anciennes associations françaises

Des magasins spécialisés dans le matériel et les livres pour l'entomologie

Nature et Passion
2, rue Dupont-de-l'Eure
75020 Paris
Tél. : 01 40 30 50 01

Nérée Boubée
87, rue Monge
75005 Paris
Tél. : 01 47 07 53 70

Sciences-Nat
2, rue André-Mellenne
60200 Venette
Tél. : 03 44 83 31 10
Tous les ouvrages d'entomologie par correspondance.

Livres et films

Insectes d'Europe occidentale,
M. Chinery, éd. Arthaud.
Le guide indispensable

Souvenirs entomologiques,
J. H. Fabre, coll. Bouquins, éd. Laffont.

Microcosmos, le peuple de l'herbe,
Un film de C. Nuridsany et M. Pérennou, éd. Montparnasse.

Pour mieux connaître les invertébrés marins :
Petites bêtes des bords de mer,
L. Rogez, éd. Milan.

Copain des mers, F. Claro et V. Tracqui, éd. Milan.

Lexique

A

Aiguillon :
organe vulnérant lisse permettant d'inoculer le venin chez la guêpe et le scorpion.

Alvéole :
loge en cire construite par les abeilles sur les rayons de la ruche.

Annélides :
embranchement regroupant les vers ou invertébrés dépourvus de pattes et constitués de nombreux segments ou anneaux.

Antennes :
appendices situés par paire(s) sur la tête de certains arthropodes.

Arachnides :
classe d'arthropodes regroupant entre autres les araignées et les scorpions.

Arthropodes :
animaux invertébrés au corps couvert d'un squelette externe articulé. Ils comprennent les myriapodes, les arachnides, les crustacés et les insectes.

Article :
élément d'une antenne ou d'un tarse.

C

Carnassiers :
animal consommant des proies vivantes.

Céphalothorax :
avant du corps des scorpions et des araignées, composé de la tête et du thorax soudés.

Chélicères :
paire de pièces buccales spécialisées des arachnides.

Chémoréception :
réception de messages chimiques.

Chenille :
larve de papillon.

Chilopode :
sous-classe des myriapodes comportant principalement les scolopendres.

Chrysalide :
nymphe des papillons.

Classification :
présentation organisée du monde animal et végétal essayant de retracer leur évolution.

Collemboles :
ordre d'insectes primitifs aptères.

Copulation :
accouplement d'un mâle et d'une femelle.

Coxa :

élément de la patte des arthropodes l'articulant au corps.

Crustacés :

classe d'arthropodes vivant pour la plupart en milieu marin ou aquatique. Le cloporte est le seul crustacé terrestre.

D

Dard :

organe vulnérant barbelé permettant d'inoculer le venin chez l'abeille.

Détritivore :

se nourrissant de détritus, débris et résidus divers.

Diplopodes :

sous-classe des myriapodes comportant principalement les iules.

E

Ecdysone :

hormone commandant la mue chez les anthropodes.

Entomologie :

science des insectes et arthropodes associés.

Évolution :

série de transformations effectuées par les être vivants au cours des temps géologiques.

F

Exuvie :

voir mue.

G

Fausse chenille :

larve des tenthrèdes.

Flagelle :

éléments d'une antenne comportant les articles 3, 4 et jusqu'à l'extrémité.

G

Glande :

organe fabriquant et sécrétant une substance.

Gonade :

glande sexuelle qui produit les cellules reproductrices, ou gamètes.

Grégaire :

qui se tient en groupe.

H

Herbivore :

qui consomme des plantes.

Hermaphrodisme :

état d'un individu possédant des organes mâles et des organes femelles.

I

Insectes :
invertébrés arthropodes à 6 pattes.

J

Jabot :
poche de stockage située sur l'œsophage.

L

Labium :
lèvre inférieure des arthropodes.

Labre :
lèvre supérieure des arthropodes.

Larve :
jeune de certains animaux, très différent de l'adulte.

M

Mandibules :
paire de pièces buccales broyeuses.

Maxilles :
paire de pièces buccales masticatrices.

Métamorphose :
transformation du corps et du mode de vie chez certains insectes.

Microfaune :
ensemble des animaux microscopiques et de petite taille.

Mue :
perte de la carapace permettant la croissance des arthropodes à carapace rigide. Carapace abandonnée, appelée aussi exuvie.

Myriapodes :
classe regroupant tous les mille-pattes.

N

Nymphe :
stade de croissance des insectes à métamorphose complète, situé entre la larve et l'adulte.

O

Ocelle :
œil simple d'un invertébré. Dessin en forme d'œil.

Œuf :
premier stade de vie de nombreux animaux.

Ommatidie :
élément d'un œil composé.

Onychophore :
invertébrés arthropodes ayant la forme d'une limace.

Oothèque :
enveloppe contenant une ponte chez les mantes, les blattes et les criquets.

P

Parthénogenèse :
capacité de certaines espèces à se reproduire par des œufs non fécondés.

Pédicelle :
deuxième article d'une antenne.

Pédipalpes :
paire d'appendices buccaux des arachnides.

Pleures :
éléments latéraux composant un somite.

Pupe :
nymphe des mouches.

R

Rayon :
élément vertical en cire de la ruche.

Rostre :
bouche transformée en trompe rigide piqueuse ou suceuse.

S

Scape :
premier article des antennes.

Soie :
sécrétion durcissant à l'air sous forme de fil solide.

Somite :
segment d'un corps annelé.

Sternite :
plaque ventrale d'un somite d'arthropode.

T

Tergite :
plaque dorsale d'un somite d'arthropode.

Trilobites :
important groupe d'arthropodes marins fossiles.

Trochanter :
premier élément de la patte des arthropodes.

V

Vénéneux :
qui contient du poison et envenime par ingestion.

Venimeux :
qui inocule un poison par piqûre, morsure ou griffure.

Venin :
substance dangereuse produite par un animal ou une plante.

Vulnérant :
se dit d'un organe qui provoque une blessure.

X

Xylophage :
qui consomme du bois.

Index

Q

R

S

Crédit photographique

Agence Colibri
Pages : 16 D. Bernardin ; 29 (b) P. Polette ; 30 (h + b) J.-M. Prévot ; 31 (h) O. Rossini, (m) P. Chefson ; 32 (bg) J.-M. Prévot ; 35 A. Jeser ; 36 A. Labat ; 38 (b) A. Saumer ; 40 (b) J.-L. Paumard ; 41 (m) L. Triolet ; 65 (bd) J.-M. Prévot ; 67 (h) B. Baranger ; 68 (bd) J.-M. Prévot ; 69 (bg) J.-M. Prévot, (bd) E. Laffont ; 70 (bg) P. Etcheverry ; 71 (mh) B. Bonnal, (b) Polette-Lecarpentier ; 72 (mg) J.-M. Prévot ; 73 (bd) A. Jeser ; 75 (hg) J.-M. Prévot ; 80 (d) B. Tauran ; 108 (g) P. Etcheverry ; 110 (bg) J.-L. Paumard ; 112 B. Tauran ; 115 (b) A. Jeser ; 119 (h) A. Labat ; 140 (d) ; 142 J.-M. Prévot ; 145 (b) C. Testu ; 146 (h) E. Janini, (b) R. Leguen ; 147 Polette-Lecarpentier ; 150 E. Bellieud ; 152 Clavier-Fridlender ; 154 J.-L Paumard ; 156 (m) J.-M. Prévot ; 158 A. Jeser ; 160 J.-L. Paumard ; 165 Guerrier-Vialle ; 180 R. Leguen ; 182 J.-L. Paumard ; 183 J.-L. Paumard ; 188 B. Tauran ; 193 (h) J.-M. Prévot ; 199 G. Bonnafous ; 202 (h) B. Tauran ; 204 P. Etcheverry ; 215 (hg) B. Tauran, (hd). J.-M. Prévot ; 218 (g) R. Toulouse ; 238 (h) D. Alet ; 248 J.-M. Brunet.

Agence Jacana
Pages : 29 P. Lorne ; 31 (b) M. Colas ; 33 (bd) J.-P. Saussez ; 39 (hg) G. Thouvenin, (hd) S. Parker/PHR, (m) Rouxaime, (bg) P. Biron, (bd) P. Volot ; 41 (h + bg) R. Konig, (bd) M. Hoang Cong ; 64 P. Lorne ; 65 (bg) Rouxaime ; 68 (m) H. Dalton ; 70 (bm) E. Froissard ; 73 (h) F. Robereau, (bg) P. Lorne ; 76 (bd) P. Lorne ; 80 (g) P. Lorne ; 108 (d) M. Hoang Cong ; 113 (h) H. Schwind ; 117 (h + b) J.-P. Saussez ; 118 (h) H. Schwind, (m) J.-P. Varin ; 120 J.-P. Saussez ; 136 H. Chaumeton ; 162 F. Robereau ; 166 Lobivia ; 189 D. Collobert ; 191 J.-P. Hervy ; 193 Y. Lanceau ; 200 (h) S. Cordier ; 205 Egers ; 208 (hg + hd) J.-P. Varin ; 209 (h) J.-P. Varin ; 216 (h) H. Chaumeton ; 219 (b) R. Hansen/PHR ; 220 (h) D. Guravich/PHR ; 245 (b) Muller.

Agence Cosmos / SPL
Pages : 32 (m) M. Dhorn ; 33 (hg + hd) M. Dohrn ; 72 (md) J. Burgess ; 75 (b) J. Burgess ; 76 (hd) J. Burgess ; 108 A. Syred ; 110 (h) A. Syred ; 113 (bd) D. Scharf ; 114 A. Pasieka ; 115 (h) J. Burgess ; 119 (b) D. Scharf ; 149 A. Syred ; 168 J. Burgess ; 169 D. Scharf ; 176 J. Burgess.

Patrick Lorne
Pages : 12 (m) ; 32 (h + bd) ; 33 (bg) ; 37 (h + mg + bg + bd) ; 38 (h) ; 40 (h) ; 67 (b) ; 68 (h + bg) ; 69 (h) ; 72 (b) ; 73 (mh) ; 74 (g + d) ; 75 (hd + m) ; 76 (hg) ; 77 (h + bg + bd) ; 78 (hg + hd + b) ; 79 (hg + hd + b) ; 81 (h) ; 110 (bd) ; 111 (h) ; 115 (m) ; 122 (g + d) ; 143 (h) ; 144 (h) ; 145 (h) ; 150 (d) ; 151 (g + d) ; 163 (h) ; 164 (h) ; 167 (g) ; 170 (h) ; 171 (h) ; 173 (b) ; 177 (b) ; 178 (b) ; 181 (m) ; 196 (h) ; 197 (b) ; 201 (h) ; 202 (bg + bd) ; 205 (h) ; 215 (m) ; 218 (d) ; 231 (h) ; 237 (h + m) ; 242 (h) ; 249 (b).

Paul Starosta
Pages :34 (h) ; 38 (m) ; 66 (b) ; 69 (m) ; 70 (bd) ; 70 (h + mb) ; 72 (hg) ; 76 (bg) ; 77 (m) ; 113 (bg) ; 118 (b) ; 137 (h) ; 167 (d) ; 192 (m) ; 198 (g + m + d) ; 200 (b) ; 236 (h) ; 237 (b).

D. Chauvet/Milan
Pages : couverture (b) ; 10 ; 11 ; 26-27 ; 29 (h) ; 42-43 ; 47 ; 48 ; 52 ; 53 ; 57 ; 58 ; 62-63 ; 73 (mb) ; 82-83 ; 86 ; 92 ; 104-105 ; 123 ; 126-127 ; 128 à 133 ; 134-135 ; 156 (h) ; 186-187 ; 190 ; 210 ; 211 ; 214 ; 216 (b) ; 217 (hd + b) ; 222 à 227 ; 228-229 ; 230 (b) ; 239 ; 240 ; 241 ; 246 ; 247 (bg).

P. Massacret/Milan
Pages : 91 (b) ; 220 (bd).

Association des Amis de Jean Henri-Fabre
Pages : 124 (h) ; 247 (bd).

B. Fléchon/INRA Jouy-en-Josas
Page 195 (b).

I. Rogez-Ochin
Pages : 230 (m) ; 242 (m) ; 243.

L.A. Rogez
Page 217 (m)

L. F. Rogez
Page 3.

D. Bernardin
Pages : 236 (b) ; 250 (h + m + bg + bd) ; 251 (m).

Institut Tessin
247 (md)

Jacques Rosès
10 *Punaise grise;*
26 *Tenthrède;*
42 *Cicindèle champêtre (Cicindela campestris);*
62 *Petit paon de nuit (Eudia pavonia) chenilles;*
82 *Aurore (Anthocharis cardamines) mâle;*
104 *Aurore (Anthocharis cardamines) tête;*
126 *Robert-le-diable (Polygonia c-album);*
134 *Dolomède (Dolomedes fimbriatus);* 148 *Opilion;*
186 *Réduve rouge (Rhinocoris iracundus) larve;*
228 *Cétoine noire (Potosia morio).*

Illustrations

Benoît Charles
a illustré les pages 84 à 103, les pages 106, 130-131 et 141 (bd) ainsi que les activités des pages 15 (h), 21 (m), 35 (h), 44 (b), 46 (b), 47 (b), 48 (b), 51 (b), 53 (b), 54 (d), 55 (h).

Anne Eydoux
a illustré tous les animaux et leurs détails (sauf pages 86, 93, 106, 124, 130, 136, 141, 160), ainsi que les illustrations des pages 146-147, 204-025, 206-207, 208-209, 212-213.

Jean Grosson
a illustré tous les milieux naturels (pages 12-13, 14-15, 16-17, 18-19, 20-21, 22-23, 24-25, 34-35, 36, 124 (y compris animaux) 136-137 (y compris animaux), 141, 152-153, 154, 156-157, 171, 174-175, 177, 232-233.

Alexis Nouailhat
a réalisé toutes les illustrations humoristiques.

Frédéric Pillot
a illustré les animaux des pages 86, 93, 160.

Nathaële Vogel
a illustré les enfants en activité (sauf pages 87, 96 et 103), ainsi que les illustrations des pages 132-133, 234-235, 248-249.